숲에서 배우다

숲에서 배우다

초판 1쇄 펴냄 | 2013년 4월 10일
지은이 | 도쿠무라 아키라
옮긴 이 | 소진열
편집 | 최은영
표지 글씨 | 박찬우
디자인 | 인디나인
펴낸이 | 정낙묵
펴낸 곳 | 도서출판 고인돌
주소 | 경기도 파주시 교하읍 문발리 617-12 1층 우편 번호 413-832
전화 | (031) 943-2152
전송 | (031) 943-2153
손전화 | 010-2261-2654
전자 우편 | goindol08@hanmail.net
인쇄 | 미래 프린팅
출판 등록 | 제406-2008-000009호

한국어판 저작권 ⓒ 박진주 2013

값 14,500원
ISBN 978-89-94372-55-6 03300

「이 도서의 국립중앙도서관 출판시도서목록(CIP)은 e-CIP 홈페이지 (http://www.nl.go.kr/ecip)와
국가자료공동목록시스템(http://www.nl.go.kr/kolisnet)에서 이용하실 수 있습니다.
(CIP제어번호: CIP2013001561)

숲에서 배우다

도쿠무라 아키라(德村彰) 지음

소진열 옮김

고인돌

차례

머리말

　고 소진열 씨가 번역한 《숲에서 배우다》가 한국에서 출판되는 것이 저자로서 기쁘기 그지없습니다.

　재작년 12월, 부인 박진주 씨로부터 편지를 받았습니다. "남편의 유품으로 남아 있는 《숲에서 배우다》의 번역 원고를 남편의 생전의 뜻을 이루기 위해서 책으로 출판하고 싶다. 오지지가 승낙해 주셨으면 좋겠다."라고 쓰여 있었습니다. 기쁘고 고맙기도 했지만 한편으로는 놀랐습니다.

　소진열 씨는 숲을 통해서 저와는 10년의 지기입니다. 그는 이 홋카이도의 숲을 사랑해서 몇 번이나 찾아왔습니다. 그의 근면함과 성실함에 저는 깊이 매료되었습니다. 그도 또한 저와 아내를 '일본에서의 아버지, 어머니'라고 불러 주었습니다.

　숲 속의 오두막에 한국식 온돌을 설치할 것을 진지하게 검토하기도 하고, 제가 심한 빈혈을 앓고 있었을 때에는 숲 속에 기거하면서 눈치우기, 장작 패기 등을 도와주기도 했습니다. 그런 사이인데도 저는 소진열 씨의 한국에서의 생활이나 활동에 대해서 거의 아무것도 아는 게 없었습니다.

　그런 이유의 하나가 언어의 문제입니다. 저는 한국어를 전혀 모르고, 그의 일본어도 정치나 문화에 대해서 자유롭게 토론할 정도의 수준은 아니었습니다. 그는 저의 책을 한국어로 번역해서 '숲의 사상'을 한국에도 전파하겠다고 확실하게 말했습니다.

그러나 그것은 먼 훗날, 그가 일본어를 보다 잘하게 되고 난 후의 일이라고 생각하고 있었습니다. 그래서 박신주 씨의 출판에 판한 이야기는 커다란 놀라움이었던 것입니다.

그런 소진열 씨가 한 권의 책을 출판하기에 이르기까지 번역할 수 있었던 것은 그의 강한 의지력과 탁월한 노력의 결과입니다.

그는 병을 앓고 있었다고 들었습니다. 저는 생각합니다. 병을 앓고 있다는 것 자체가 그의 강한 자존심에 상처를 입혔고, 그것을 극복하게 위해 높고도 어려운 목표를 내걸고, 자신의 모든 것을 다 걸고 그것(병)을 직시하는 것. 그것이 바로 이 번역이었던 것입니다. 그는 불가능을 가능하게 한 것입니다. 소진열 씨였기에 가능했다, 저는 진심으로 그렇게 생각합니다.

그렇기 때문에 이것은 단순한 번역이 아닙니다. 피가 배어 나오는 듯한 투쟁의 한 걸음 한 걸음입니다. 자신의 신념과 숲 속에 대한 사랑을 걸고 한 순간 한순간, 한 시간 한 시간, 하루하루의 생활의 경험 속에서 이루어진 것입니다. 이 책은 제 책의 번역서라기보다 '소진열이 쓴 책'입니다.

숲 속에서 생활한 지 올해로서 23년째를 맞이하고 있습니다. 《숲에서 배우다》를 출판한 지도 10년이라는 세월이 흘렀습니다.

저는 홋카이도의 숲뿐만 아니라 지금은 봄과 가을을 합쳐 두 달간 아키타 현 오쿠모리요시(秋田縣奧森吉)의 풍성한 너도밤나무의 숲에서 지내고 있습니다. 하루하루가 배움입니다. 배움에는 끝이 없습니다.

혹시 인류에게 내일이 있다고 한다면 그것은 숲과 인간과의 새로운 사랑의 관계를 개척하는 것밖에 방법이 없다고 숲이 가르쳐 주었습니다.

숲에 심취하고 심취하여 푹 빠졌을 때, 사랑하고 사랑하여 하나가 되었을 때, 숲은 스스로 몸을 열어 부드럽게 저를 끌어안고서 영력이라고 할까 불가사의한 힘을 전해 줍니다. 인간 중심주의를 버리고, 나무와 풀을 비롯한 숲의 모든 생명의 말에 귀를 기울일 때입니다. 저는 그것을 '숲의 만다라' 라는 개념으로 추구하려고 생각하고 있습니다.

모든 생명은 다 연관되어 있고, 아무렇게나 해도 좋은 생명 따위는 하나도 없습니다. 자기 자신도 무수히 많은 생명 중에서 조그만한 하나에 지나지 않는다는 것을 실감했을 때, 인간의 행복도 기쁨도 무한대로 커지고 깊어져 갑니다.

숲 덕분에 그것을 머리로만이 아니라 몸으로 느낄 수 있게 되었습니다. 소진열 씨가 살아 있다면, 저의 나날의 행복, 거기에서 생기는 미래로의 설렘에 대해서 서로서로 이야기를 나누었을 것이라고 생각합니다.

소진열 씨를 통해서 많은 한국 사람들과 알게 된 것은 대단히 고마운 일입니다. 그의 유지를 이어 줄 한국의 젊은이도 이곳 숲에 오기 시작했습니다. 이 책의 출판을 기회로 많은 분들이 숲에 관심을 가져 주실 것을 기대해 마지 않습니다.

　　제 책이 한국에서 읽히게 되는 것도 기쁨의 하나입니다. 일본의 식민지 지배에 의해 한반도의 사람들에게 견딜 수 없는 고통과 모욕을 준 것은 명백한 사실입니다. 그와 동시에 긴 역사를 되돌아보면 혈연관계도 있습니다. 이 책이 혈육지간의 증거가 될 것을 진심으로 바라고 있습니다.

　　마지막으로 이 책의 출판에 있어 한국어의 교정을 담당해 주신 강종식 씨, 최문자 씨, 도움말을 주신 도마 토오루(東間徹) 씨께 진심으로 감사드립니다.

　　특히 강조하고 싶은 것은 부인 박진주 씨의 이만저만이 아닌 노력과 열의입니다. 소진열 씨에 대한 사랑에 힘입은 박 진주 씨의 헌신없이는 이 책은 결코 출판되지 않았을 것입니다.

　　아울러 제 아내(오바바)도 숲의 동반자로서 출판을 진심으로 기뻐하고 있음을 밝혀 둡니다.

깊은 감사를 드리며
2013년 2월 28일 도쿠무라 아키라(德村彰)

첫머리에

나 '오지지'와 아내 도키코는 1971년에 요코하마 히요시(橫浜市 日吉)에서 해바라기문고를 만들었습니다. 그 무렵 이시이 모모코(石井桃子) 씨의 《아이들의 도서관》이 출판된 것이 계기가 되어, 일본 곳곳에서 아동 문고가 활발하게 생겨났습니다. 아이들 독서 운동 조직도 몇몇 있었지요.

하지만 나는 그저 아이들이 좋고, 아이들 책이 좋아서 해바라기문고를 만든 것은 아니었습니다. 1960년대에 나는 중병에 걸려서 이름난 의사로부터 '당신에게 남은 시간은 이제 2년' 이라는 선고를 받은 상태였습니다. 죽음을 선고받고 처음에는 좌절하여 이성을 잃었지요. 조금이나마 마음의 안정을 찾게 되자, 내 목숨이 얼마 남지 않았다면 죽음을 앞두고 '이것도 못 해 봤는데……, 저것도 해 보고 싶었는데…….' 라고 때늦은 후회나 하며 살고 싶지 않다는 생각이 들었습니다.

그 무렵 나는 장인어른 나카이 마사카즈[1]의 사상에 매료되어 있었습니다. 특히 태평양 전쟁 후, 오노미치(廣島縣尾道市) 도서관을 중심으로 폭넓은 문화 운동을 펼친 장인의 실천력에 관심을 두고 있었지요. 나는

---

1) 나카이 마사카즈(1900~1952): 철학자, 평론가, 사회 운동가, 히로시마 출신. 국립국회도서관 부관장 역임. 대표 논문을 비롯한 그의 저작은 전전 전후를 통해 진보적인 문화인을 중심으로 광범위하게 영향을 미쳤음.

장인어른과 같은 운동을 하고 싶었습니다. 아이들의 도서관, 아동 문고 운동이 활발하다는 것은 나에게는 금상첨화인 셈이었습니다. 그때 우리는 작은 서점을 열었는데, 비록 좁긴 했지만 우리 집을 송두리째 개방해서 아이들을 받아들였습니다.

처음에 찾아온 건 꼬맹이들이었어요. 60명 정도 되는 아이들이 우리 가정의 모든 생활과 활동을 순식간에 뒤흔들어 버렸습니다. 아이들을 싫어하는 것은 아니었지만, 그 넘쳐 나는 에너지에는 압도당할 수밖에 없었어요.

그 무렵 아이들에게는 함께 놀 또래 친구도, 놀 만한 곳도 점점 사라져 가고 있었습니다. 때마침 새로 나타난 우리 해바라기문고가 아이들 눈에는 즐겁게 놀기에 딱 알맞은 장소로 비쳤는지도 모릅니다. 아이들은 빌린 책을 아무렇게나 내팽개치고서 아침부터 저녁때까지 뛰어놀고는 했지요. 나에게는 화나는 일도 많이 있었지만, 그동안 사라졌던 골목대장이나 또래 집단이 다시 생겨나는 것을 보는 즐거움이 있었습니다.

나는 아이들을 책 속의 세상에만 가두어 놓고 싶지가 않았어요. 아이들이 가진 힘을 한껏 드러내게 해 주고 싶었습니다. '어린이가 주인공', '일탈에는 이유가 있다', '책이 없어도 아이는 자란다', '놀이를 대신할 책은 없다' – 그때 내가 아이들에게 배운 것들을 이렇게 표현했습니다.

이러한 생각은 지금도 내 신념의 일부가 되어 있습니다. 이런 표현들은 일부 아동 독서 운동가들로부터 많은 비판을 받기도 했지만, 그와 동시에 따뜻하게 받아 주시는 분들도 있었습니다. 나는 돌아가신 사이토 쇼고(斎藤彰吾) 씨를 중심으로 한 '부모와 아이 독서 센터' 여러분에게

서 용기를 얻을 수가 있었지요.

'어린이가 주인공'은 가장 먼저 아이들에게서 큰 호응을 얻었습니다. 60명으로 시작한 해바라기문고는 몇 년 뒤에는 3,000명 남짓한 큰 단체로 자라났습니다. 우리 집으로는 더 수용할 수가 없어서 마을 회관으로 자리를 옮겨 히요시 지구에 열 개나 되는 작은 문고가 더 생겼습니다.

아이들의 바람으로 장난감도 손수 만들기 시작했어요. 예로부터 전해 내려오는 전통 장난감과 아이들이 직접 고안해 낸 것들까지, 거의 100가지가 넘는 손수 만든 장난감들을 아이들에게 골고루 나누어 주었습니다. 이것은 일본 각지에 있는 문고에 널리 퍼졌습니다. 어린이 시장, 어린이 잔치, 캠프에도 성행하기 시작했습니다. 아이들이 기존의 캠프장 생활에 갈수록 흥미를 잃게 되자, 캠프는 야생적인 방향으로 발전을 거듭하게 되었습니다. 6년이 지나자 때로는 군마 현(群馬県)의 깊은 산속, 더군다나 곰이 나타나는 곳에서 장기간에 걸친 캠핑을 하기에 이르렀지요.

아이들이 중심을 이루면 아이들 단체는 강해집니다. 아이들은 어른들 마음대로 쥐락펴락하지 않는 자유로운 어린이 집을 갖고 싶다며 서명운동을 펼쳐서 시청에 신청까지 했습니다. 그런데 시청에서 받아들여지지 않는다는 사실을 알게 되자, 이번에는 아예 '어린이 마을'을 짓고 싶다고 했습니다.

나는 아직까지도 아이들을 잘 알지 못합니다. 하지만 아이들이 늘 해오던 일상에서 완전히 벗어나 새롭게 나아가는 모습이 정말로 아름답다는 것을 알게 되었습니다. 문고를 만든 덕분에 늘 이 아름다움에 감동할 수 있게 되었지요. 어린이 마을을 갖고 싶다는 얘기를 들었을 때 어쩌면 아이들이라면 나를 넘어서서 그곳에 다다를 수 있을지도 모른다는 생각이 진심으로 들었습니다.

우리는 어린이 마을을 세우기 위해 먼저 홋카이도(北海道)[2]의 타키노우에(瀧上)라는 동네로 이주했습니다. 다행히 그 마을에서 우리에게 공유림을 공짜로 빌려 줬습니다. 이곳이 바로 지금까지 내가 살고 있는 숲입니다.

1983년, 제1회 여름 어린이 마을이 열렸습니다. 전국에서 800명 남짓의 어린이들이 참여했지요. 전기를 비롯해 편리한 것이라고는 아예 없는 숲 속에서의 오랜 캠핑, 물질의 풍요로움을 즐기는 이 세상에서 굶주림마저 경험할 수 있는 거친 야외 생활……. 우리의 새로운 시도는 과연 널리 이목을 끌었던 것일까요?

그 무렵을 되돌아보면, 어쩌면 내 마음속에 무엇을 해도 다 잘될 것이라는 오만함이 자리 잡기 시작하지 않았나 싶습니다. 순풍만범[3]일 때일수록 '좋은 것'을 끊는 용기와 보잘것없는 자신을 바로 볼 수 있는 겸손함이 필요했습니다.

1985년, 결국 큰 사고가 터지고 말았습니다. 어린이 마을이 후반부에 접어들었을 무렵 아바시리 시까지 통하는 길을 나흘 만에 걸어가는

---

2) 홋카이도(Hokkaido, 北海道): 일본의 북쪽 끝에 있는 지역. 홋카이도 본섬과 부속 도서로 이루어져 있고, 서쪽으로 동해, 북쪽으로 오츠크 해, 동쪽과 남쪽으로 태평양에 접해 있다. 냉대 기후로 여름과 겨울의 기온 차가 매우 크며 낙농업과 어업이 발달했다. 동해 쪽에는 겨울에 눈이 많이 내리고, 태평양 연안에는 여름에 바다 안개가 발생하며, 오호츠크 해 연안에서는 겨울에 유빙을 볼 수 있다.

3) 순풍만범(順風滿帆): 돛이 뒤에서 부는 바람을 받아 배가 잘 달리는 모양.

'4일간 걷기'라는 프로그램 도중 아이들 행렬에 승용차가 돌진해서 두 명이 죽고, 세 명이 다치는 큰 사고가 난 것입니다.

아이들의 힘을 믿고 뭔가를 하려면 위험은 따르기 마련입니다. 아이들의 손을 놓고 아이들이 대담하게 행동하는 것을 조용히 지켜보는 일은 중요한 일이지요. 하지만 아이들의 힘을 끌어내려면 한편으로는 세심하게 신경을 써서 혹시라도 일어나게 될 여러 사태들을 예상하고 검토하여 아이들과 함께 안전에 대해서 조금도 허술함이 없도록 주의를 기울이는 것이 전제 조건이 되어야 합니다. 이것은 아이들의 행동을 간섭하고 관리하는 것과는 또 다른 문제입니다. 어떤 작은 목숨도 살아서 빛을 낼 권리를 가지고 있습니다. 그것을 얼마나 소중히 해야 하느냐 하는 근본적인 문제입니다.

작은 성공에 기고만장해 있던 나는 이 소중한 사실을 잊고 있었던 것이지요. 그게 사고로 이어진 것입니다. 남들이 보기에는 단순한 교통사고일지 몰라도, 아이들을 죽게 만들고 상처를 입힌 책임은 모두 나에게 있습니다.

눈앞에서 생각지도 못한 사태가 벌어지자 그 무렵의 나는 부끄럽게도 몹시 당황해 허둥거렸습니다. 나에 대한 날카롭고 거친 비판도 나왔습니다. 목숨을 잃고 상처를 입은 아이들의 아픔, 유족들의 슬픔에 충분히 대응하지 못하고, 걸핏하면 자신을 두둔하며 변명을 늘어놓기에만 바빴던 나는 어떤 비난을 받아도 할 말이 없었습니다.

어린이 마을을 일시 중지해야 한다는 의견도 있었습니다. 한편으로는 꼭 지속해 줬으면 한다는 아이들의 성원도 있었습니다. 나는 누구의 말이 옳은지 판단이 서지 않았고, 지금도 마찬가지입니다. 정답을 알 수 없는 바에야 아이들의 바람을 존중하자는 생각이 들었습니다. 결국, 여름 어린이 마을을 지속하는 것으로 결정하게 되었습니다. 이 사고 때문에 소중한 친구나 젊은이 가운데 일부는 나를 떠났습니다.

이 사고는 생명의 소중함을 어떻게 해야 지켜낼 수 있을까라는 어려운 과제를 나에게 던져 주었습니다. 이것은 머리로만 생각해서 답을 얻을 수 있는 문제가 아닙니다. 나는 온몸과 마음으로 그것을 느끼고 싶었어요. 하지만 어떤 방향으로 가야 할지 갈피를 잡지 못해 답답한 시간만 흐르고 있었습니다. 나는 우울한 상태에 빠져 여름 어린이 마을 40일 동안만 빼고, 방에 틀어박혀 어둠 속을 헤매며 때로는 죽음까지도 생각했습니다.

그랬던 나를 일으켜 세운 친구들이 있었습니다. 해바라기문고와 어린이 마을 출신의 젊은이들이었습니다. 여름마다 찾아오는 아이들이었습니다. 함께 생활하는 식구들이었습니다. 이 사람들이 나를 잡아 주지 않았다면 나는 나 자신을 견디지 못했을지도 모릅니다.

또한, 숲과의 만남은 우연처럼 보이지만, 결코 그렇지 않았어요. 생명의 소중함을 온몸으로 느끼게 해 주는 그 뭔가가 숲 속에 있을 것 같다는 생각이 자꾸만 들었습니다. 나 자신이 아예 끝장을 보겠다는 각오로 숲 속에 틀어박혀서 한번 깊은 생각에 잠기고 싶다는 마음이 확실히 있긴 있었지만, 한편으로 망설이고 있었습니다. 그런 나를 숲이 부르고 있는 것 같은 생각을 지울 수가 없었습니다. 영하 30도나 되는 겨울에 숲 속으로 들어간다는 것은 죽으러 가는 것이나 마찬가지라며 주변 사람들에게

야단도 많이 들었지만, 나의 마음은 이미 숲으로 향하고 있었습니다.

　1991년 걸프 전쟁이 한창이던 겨울, 나는 숲에서 살기로 다짐했습니다. 그로부터 12년, 생명의 소중함을 깨달았다는 거창한 말까지는 못하더라도, 나무도 생명, 풀도 생명, 새나 벌레나 동물들까지 모두 나와 똑같은 생명으로 바라볼 수는 있게 되었지요. 사람을 다른 생물들 위에 두는 것이 아니라 그들로부터 배우고 싶다는 생각이 진심으로 들었습니다. 풀 하나 베는 일에도 망설이게 되는 그런 마음이 겨우 내 안에 싹트기 시작했습니다. 어찌 되든 상관없는 생명이란 단 하나도 없다는 사실을 몸소 느낄 수 있게 되었습니다.

　또한, 숲은 사람이 허상뿐인 풍요로움, 편리함 따위 때문에 내버리고는 뒤돌아보지 않게 된 것들에 관한 소중함도 가르쳐 주었습니다. 그야말로 아이누[4] 사람들이 말하는 것처럼 무엇을 가지고 싶은 욕망도, 무엇을 먹고 싶다는 욕구도 없이 그저 행복하게 사는 일상을 실감 나는 기쁨으로 느끼게 해 주었습니다.

　나는 숲을 '𣳦'이라고 적습니다. 나무(木)가 많이 있다는 걸 뜻하는 숲(森)이 아니라, 나무(木)와 물(水)과 흙(土) 사이에서 모든 생명들이 빛

---

4) 아이누(Ainu): 일본의 홋카이도(북해도)와 러시아의 사할린, 쿠릴 열도 등지에 분포하는 소수 민족. 15~18세기만 해도 아이누 사람들은 홋카이도를 중심으로 동쪽으로는 캄차카(Kamchatka) 반도의 남부, 북쪽으로는 사할린의 남부, 남쪽으로는 일본 혼슈의 동북부 지역까지 널리 분포하고 있었다. 사할린과 쿠릴 열도의 아이누는 북방 민족이나 러시아의 영향을 많이 받았기 때문에 홋카이도의 아이누와는 문화적 차이를 나타내며, 강제 이주 등으로 오늘날에는 거의 존재하지 않는다. 홋카이도의 아이누도 급격한 인구 감소와 민족 정체성의 상실 위기를 겪고 있다. 홋카이도에 거주하는 아이누의 수는 1993년에 23,830명이었지만, 2000년 3월에는 23,767명으로 자꾸만 줄어들고 있다. 근대 이후 일본 정부와 사회는 아이누의 문화와 전통을 미개하다 여기고 그들을 일본인으로 동화시켜야 한다는 인식을 지니고 있었다. 아이누 사람들을 하이(蝦夷, 오랑캐)라 부르며 멸시했다. 메이지 정부는 아이누의 전통 생활 관습을 강제로 금지시켰으며, 홋카이도 개척 과정에서 아이누를 강제로 이주시키고 그들의 토지를 약탈했다. 이에 따라 오랜 기간 독특한 문화를 가꾸어 왔던 아이누의 전통 문화는 파괴되었으며, 아이누 사람들은 억압과 차별을 받아 왔다.

을 내며 자라는 곳 – 바로 이곳이 숲(森)이라고 생각합니다. 나는 앞으로의 시대가 분명 '숲(森)의 시대'가 올 것이라 확신하고 있습니다.

　나는 아이들에게서 생명을 얻었고, 이제는 숲에서도 계속해서 생명을 얻고 있습니다. 나는 하루하루 숲의 생명들한테서 살아가는 힘을 얻고, 그들에게 배울 수 있다는 사실을 진심으로 기쁘게 생각합니다. 이 기분을 많은 사람들과 나누고 싶습니다.

　'어린이 마을'을 '숲 속 어린이 마을'로 바꾼 것도, 미래를 짊어질 아이들이 숲과 만나길 바랐기 때문입니다. 지금 '숲 속 학교'를 만들려 하는 것도, 숲의 생명들로부터 배움으로써 사람이 마주하고 있는 위기 상황을 깨달아 새로운 시대로 나아가는 길을 함께 찾아갈 수 있는 자리를 만들고 싶었기 때문입니다.

　숲에 살고, 숲에서 배우는 길은 새로운 숲의 시대를 갈구하는 나 자신의 길임과 동시에 내 잘못으로 목숨을 잃게 된 아이들에 대한 끝없는 속죄의 길이기도 합니다.

1장 숲 속 학교

'숲 속 학교' 창설에 즈음하여

'숲 속 학교'가 필요한 때이다

'산천초목실개성불(山川草木悉皆成佛)'

'숲 속 학교' 창설에 즈음하여

지금 우리는 엄청난 시대를 마주하고 있습니다.

수백 년 동안, 사람들은 근대 과학에 기초한 문명이 좋다며 이에 의지하고 물질의 풍요로움과 강함, 편리함과 빠름을 계속해서 갈망해 왔습니다. 그 결과 사람 이외의 수많은 생명들을 멸종시키거나 멸종 위기로 몰아가고 있습니다. 숲을 파괴하고 바다와 강, 흙까지도 오염시키고 있습니다.

이대로 가다가는 머지않아 인류도 모두 시라질 위기에 놓이게 될 것입니다. 실제로 사람들은 곳곳에서 서로 죽이고 상처를 입히며 돈의 노예로 전락하여 몸과 마음이 병들어 있습니다.

이제 바야흐로 대전환기가 찾아오고 있습니다.

지금까지 사람들이 의지해 왔던 가치관, 세계관, 자연관, 삶의 방식들이 소리 내어 무너져 내리고 있습니다. 이제 아주 새로운 가치관, 아주 새로운 세계관, 아주 새로운 삶의 방식을 찾아 나설 때입니다. 이것은 인류에게 주어진 지극히 혹독하고 가혹한 시련이 될 것입니다. 나는 새로운 시대를 향한 새로운 길은 지금과 같은 '과학만능주의'의 연장선상에 있다고는 생각하지 않습니다. 지금처럼 물질의 풍요로움을 탐욕스럽게 추구하는 길과도 달라야 할 것입니다.

우리는 이제 그 길을 아주 새로운 지평선 너머로 찾아 나서야만 합니다.

한편, 숲에 살고 있는 우리 자신도 하나의 전환기를 맞이하고 있습니다.

숲에 살기 시작하면서 올해로 꼭 10년이 지났습니다. 홋카이도 몬베츠 군 다키노우에 정 다키니시(北海道 紋別郡 瀧上町 瀧西)에 어린이 마을을 세운 지는 올해로 20년째, 요코하마에서 해바라기문고를 시작한 지는 30년이 지났습니다.

우연처럼 보일 수도 있겠지만, 우리는 어림잡아 10년마다 새로운 전환기를 맞이하며 그때마다 새로운 도약을 시도하였습니다. 10년이라는 세월이 지나면 새로웠던 것들도 낡아지고, 무엇이든 정체되기 마련입니다. 그 사실을 깨닫지 못하면 머지않아 보수(保守)의 늪에 빠지게 될 것입니다. 그래서 '익숙한 것(좋은 것)'을 끊을 수 있는 용기가 중요하다고 생각합니다. 많은 사람들이 '좋은 것'이라고 인정하게 되면 모든 게 낡아지기 시작했구나, 정체되기 시작했구나 하고 생각해야 합니다.

우리가 숲에 살기 시작했을 때, 엄동설한 속에 숲을 찾아오는 사람은 아무도 없었습니다. 여름 말고는 숲과 아이들 사이의 연결 고리는 없었습니다.

하지만 지금은 많은 사람들이 1년 내내 이 숲을 찾아옵니다. 매우 좋은 일이긴 하지만, 이 숲 속 어린이 마을 또한 새로운 도약을 위한 전환기에 접어들었다는 증거이기도 합니다.

숲에서 살아온 10년 동안, 많은 것을 숲에서 배웠습니다. 특히 '생명'에 관해 깊이 생각해 보게 되었습니다.

숲은 '森', 나무(木)와 물(水)과 흙(土) 사이에서 온갖 살아 있는 것들이 빛을 내며 자라나는 곳입니다. 나무도 생명이고, 풀과 곤충도 생명입니다. 비단 사람만이 생명인 것은 아닙니다.

숲이나 자연이 풍요로운 것은 다양한 생명이 존재하기 때문입니다. 여기서는 온갖 생물들이 섬세하고 교묘하게, 그리고 복잡 미묘하게 서로 얽히고 얽혀 생명의 고리를 이루고 있습니다. 어떤 한 생명이 사라지면 생태계에는 흠이 생깁니다. 있어도 그만 없어도 그만인 생명은 단 하나도 없습니다.

숲의 생명들이 아름다운 것은 자기가 살아남기 위해 다른 생명들을 희생시키는 일이 없기 때문입니다. 세나가 고목(枯木)에 세나 버섯들이 모이듯이 죽어서도 다른 생명들을 키우고 있지요. 그러나 사람은 스스로를 만물의 영장이라 부르며, 자연의 모든 생명 위에 자신을 두고서 자기 이익을 위해 다른 생명들을 희생시켜 왔습니다. 그 때문에 현재 온 지구 위에서 일어나고 있는 환경의 위기 상황이 비롯되었습니다.

모든 생명은 본디 평등합니다. 생명들 사이에 차별을 두고 싶어 하는 것은 사람뿐입니다. 피부색으로 차별하고, 성별로 차별하고, 직업으로 차별하고, 빈부로 차별하고, 학업 성적으로 차별하고, 강한 자가 약한 자를 차별하고 있습니다.

인간 중심, 강자 중심의 생명관을 근본부터 뜯어고쳐야 할 때입니다.

숲에 있으면 마음이 편안해집니다. 숲에서 땀을 흘리고 있노라면 행복을 느끼곤 하지요. 모든 것이 불편하고 성가시지만(편리한 것은 무엇 하나 없지만) 숲에서 몸을 움직이고 있으면 마음이 윤택해지는 건 어째서 일까요?

예를 들어, 겨울에 백 몇 십 일에 걸쳐서 가마쿠라[5]를 지으려고 눈을 쌓아 올리고 있을 때, 옆에서 보기엔 같은 작업의 단순 반복이 시간 낭비처럼 보일 수도 있습니다. 그러나 실은 순간순간 행복을 쌓아 올리고, 기쁨을 쌓아 올리며, 살아 있다는 느낌을 계속해서 쌓아 올리고 있는 것입니다.

시곗바늘 소리에 쫓기듯이 살고 있는 도시에서, 당신은 하루하루 '살아 있다'고 생생하게 느끼고 계십니까? 물질이 넘쳐 나는 사회에 있으면서 당신은 매시간 '행복하다'고 생각하고 계시나요?

아이누 민담에는 '무엇이 갖고 싶다는 생각도 들지 않고, 무엇이 먹고 싶다는 생각도 들지 않으며, 그저 행복하게 살아왔습니다.' 라는 말이 자주 나옵니다.

숲에 산 지 어언 10년, 이제야 이 '행복'의 느낌을 조금씩 이해할 수 있게 되었습니다. 행복은 돈으로도 살 수 없으며, 어떤 잣대로 잴 수 있는 것도 아닙니다. 숲에서 느끼는 행복이란 더없는 행복이자, 새로운 시대를 창조하는 에너지원 가운데 하나라고 생각합니다.

지금 도시의 상황은 어떻습니까? 그곳에 사는 분들에게는 미안한 얘기지만, 지금의 도시 특히 대도시에서는, 사람은 자신의 신체 오감을 스스로 둔화시키지 않으면 도저히 살아갈 수 없을 것 같다는 생각이 듭니다. 인공물에 지배된 풍경, 광기와 같은 소음, 불쾌한 냄새와 피부의

---

5) 가마쿠라(かまくら): 아키타(秋田) 현에서 음력 1월 15일에 어린이들이 하는 행사. 눈으로 집을 지어 제단을 만드는 일, 또는 그 집.

감촉, 패스트푸드로 대표되는 화학적이고 반자연적인 맛, 그 모든 것이 사람의 오감이 허용하는 범위를 훨씬 넘어서고 있습니다. 스스로 신체 오감을 둔화시키도록 자신을 억제하는 것은 사람이기를 반쯤 포기하는 것과 다르지 않습니다.

숲에서는 오감뿐만 아니라 육감까지도 예민해지지 않으면 살아갈 수 없습니다. 숲에서는 자연의 일원으로서 사람이 본디 가지고 있는 힘을 최대한으로 끌어낼 수가 있습니다. 오지지(지은이를 그렇게 부름-옮긴이 주)는 숲에서 생명을 얻고 나서부터, 칠순을 넘기고도 30대일 때보다 더 좋은 힘과 건강을 유지하고 있습니다.

정보가 너무나 넘쳐 나고, 그 전달 속도가 너무나 빠르기 때문에 농·산촌에서도 의식적인 면이나 생활 모습에서 급속한 도시화가 진행되고 있습니다.

사람이 스스로 사람임을 느끼고 진정 살아 있는 생명임을 몸으로 느낄 수 있는 것은 숲으로 대표되는 자연 말고는 없습니다.

도시 중심의 시대는 이미 그 끝이 보이기 시작했습니다. 이제 새로운 시대는 '숲의 시대'가 되지 않으면 안 되고, 분명 그렇게 될 것이라 확실히 믿고 있습니다. 이 말은 모든 사람이 무조건 숲 속에 살아야 한다는 걸 뜻하는 것이 아니지요. 어디에 살든 나무와 물과 흙을 소중하게 여기고, 그런 가운데 생명이 넘치는 '자신의 숲'을 발견해 나가야 하는 시대가 틀림없이 다가올 것임을 말하고 있습니다.

앞서 얘기한 내용들을 정리해 보면, 새로운 '숲의 시대'를 뒷받침해 주는 '숲의 문화·숲의 사상'의 근간에 흐르고 있는 것이 어떤 것인지 어렴풋이 보이기 시작할 것입니다. 그것은 다음과 같은 것이라 할 수 있지 않을까요?

> 사람은 무수한 생명 가운데 하나에 지나지 않는다. 다른 생명들 위에 서 있다는 오만함을 버리고, 모든 생명을 존중하며, 거기에 감동하고, 그들로부터 배우는 마음가짐을 가지지 않으면 안 된다. 다양한 생명들의 다양한 연결 고리가 곧 풍요로움이자 아름다움이라는 관점, 있어도 그만 없어도 그만인 생명이란 단 하나도 없다는 신념, 풀 하나를 베더라도 망설이는 마음을 갖는 것, 이런 것들을 배울 수 있느냐 없느냐에 앞으로 인류의 행복과 더 나아가 어쩌면 인류의 생존 문제까지도 달려 있다.

하지만 이런 것들은 말이나 영상만으로는 결코 터득할 수 없습니다. 숲에서 직접 진짜 생명을 보고, 그것을 피부로 느끼지 않고서는 결코 자기 것이 될 수는 없을 것입니다.

'홀딱 반하는 일'이 중요한 것 같습니다. 숲에, 강에, 바다에, 자연에 홀딱 반하고 그 가운데 생명의 빛을 온몸으로 느껴야 합니다. 반해 보지도 않고, 그저 머리로만 생각하면서 '자연보호다', '숲을 지켜라' 하고 역설하는 사람들의 말이 우리에게는 공허하게만 들립니다.

숲에 홀딱 반한다는 것은 숲에 안기는 것, 숲에 감동하는 것, 숲에서 느끼는 행복을 더할 나위 없는 행복이라고 말할 수 있을 정도로 철저하게 빠져든다는 뜻입니다.

'배움'이란 무슨 뜻일까요?

지금과 같은 시대에 '배움'이란 대부분의 경우 단순히 지식을 넓히는 일, 정보량을 늘리는 일에만 그치고 있습니다. 숲에서 살아가는 가운데 우리는 처음으로 '배움'의 진정한 뜻을 알게 되었다고 생각합니다.

배운다는 것은 그저 눈집을 짓거나 장작을 패거나 오두막집을 짓거나, 아니면 눈에 뒤덮인 숲 속을 묵묵히 걷기만 해도 됩니다. 이렇게 얼핏 보기엔 아무것도 아닐 것 같은 일에 온 힘을 다하고 땀을 흘려 자신 안에 여태껏 생각지도 못했던 새로운 자신, 푸릇푸릇한 자신을 발견하는 것, 그리고 그것이 진심으로 즐겁게 느껴지는 것, 배움의 본질이란 바로 이런 것이라 생각합니다. 아이들에게도 숲 속에서 자유롭게 온 힘을 다해 노는 것……, 이것이 훌륭한 '배움'이라 할 수 있습니다.

이러한 '배움' 속에서 새로운 시대에 걸맞은 새로운 힘이 틀림없이 싹트게 될 것입니다.

모든 목숨 가운데 인류는 가장 뒤늦게 이 세상에 나온 생명입니다. 아프리카에서 출발해서 서아시아를 거쳐 전 세계로 흩어진 우리의 먼 조상들은 그래서 철저한 '배움의 민족'이었고, 그 발자국도 '배움의 여행길'이었습니다. 다른 생명들에게서 배우는 일을 잊어버리고, 다른 생명들을 지배하려 들기 시작했을 때 스스로 멸망으로 이어지는 길이 시작된 것입니다.

지금 새로운 시대를 개척해 나가는 데 가장 필요한 일은 우리가 다시 한 번 철저한 '배움의 민족'이 되는 것입니다.

현대의 아이들 문제, 젊은이들의 문제는 흔히들 말하는 학교라든가 교육이라든가 하는 좁은 범위에만 해당되는 문제가 아닙니다. 새로운 인류사를 어떻게 쓰기 시작할 것인가라고 하는 커다란 문제의 한 부분을 차지하는 것입니다. 이 어렵고 큰 문제의 해결책에 한 발짝이라도 더 다가서기 위해 새로운 '배움의 민족'을 키우는 새로운 '배움터'가 필요하다고 우리는 생각했습니다. 이것은 지금 있는 모든 학교와는 아주 다른 개념이 될 것입니다.

우리는 이와 같은 '배움터'의 하나로서 '숲 속 학교'를 만들고자 했습니다.

지금 이 시대는 낡은 가치관, 세계관, 생활 방법을 대체할 수 있는 것이 아직 나타나지 않았기 때문에 참고할 수 있을 만한 본보기나 교과서 따윈 없습니다. 이 길이 옳다, 저 길은 틀렸다, 그 누구도 이렇게 단정할 수가 없는 시대입니다. 더구나 새로운 가치관이나 생활 방법이란 누군가 뛰어난 인물이 나타나서 가르쳐 주는 것도 아닙니다.

수많은 사람의 대담하고도 자유로운 시도와 도전 속에서 많은 시행착오를 거치고 더듬어 가면서 발견하고, 그것들을 차곡차곡 쌓아 가는 과정에서 새롭게 창조될 것입니다.

이미 있는 관념에 규제받지 않고 자유롭게 시도할 수 있다는 뜻에서는 우리는 지금 아주 멋진 시대에 살고 있다고 할 수 있습니다. 다행히도 우리는 '숲'이라는 배움터를 만날 수 있었습니다.

    지난 10년 동안 숲을 찾아온 수많은 사람들과의 만남을 통해, 이 시대의 풍조와 도시의 삶에 만족하지 못하고, 새로운 삶의 방식을 찾는 사람들이 결코 적지 않음을 알게 되었습니다. 숲을 찾고 있는 사람들은 많습니다. 실제로 이곳 다키니시에는 도시 생활에서 희망을 찾지 못하고 새로운 삶을 찾고자 하는 젊은이들이 모여들고 있습니다.

    바로 이곳에 같은 뜻을 가진 사람들의 손으로 지금 새로운 배움터 '숲 속 학교'를 세우는 것은 매우 뜻 깊은 일이라 생각합니다. 이 '숲 속 학교'를 통한 배움 속에서 새로운 시대로 이어지는 작은 실마리라도 찾을 수만 있다면 우리는 이 격동의 시대에 진정 '살아 숨 쉬며 이곳에 있는 시간의 순간순간을 놓치지 않는 삶'을 살게 될 것입니다.

    '숲 속 학교'는 여름 어린이 마을과 더불어 숲 속 어린이 마을의 근간을 이루고 있습니다. 하지만 이것은 아주 새로운 시도이며, 앞서 간 일이 없는 길입니다. 어떤 모양으로, 어느 정도의 크기로, 그리고 어떤 방법으로 운영을 하면 될지 지금 단계에서는 그 어떤 말도 할 수가 없습니다. 만들어 나가면서 서로 이야기를 나누며 한 걸음 한 걸음 많은 사람의 지혜를 모아 앞으로 나아갈 때 비로소 앞길이 열릴 것입니다.

    지금은 다음과 같은 일을 생각하고 있습니다.

    * '숲 속 학교'는 숲을 경험하고 숲 속에서 행복을 느끼고 싶다, 도시나 현대 사회에서 병든 몸과 마음을 치유하고 싶다, 그리고 이를 통해 숲의 생명들로부터 뭔가를 배우고 싶다고 하는 사람들을 위해 열

고자 합니다.

　＊ 숲 속 어린이 마을에서는 어린이가 주인공입니다. 이것은 30년 동안 우리가 소중하게 지켜 온 큰 원칙입니다. 그래서 '숲 속 학교'는 그 누구보다도 가장 먼저 아이들에게 열리게 될 것입니다. 우리는 특히 초등학생들이 꼭 참가했으면 하는 바람입니다. 아이들이야말로 새 시대를 살아갈 사람들이니까요. 숲에서 마음껏 뛰놀고 몸을 움직이며 실물을 보고 수많은 생명들과 어울리기를 바라고 있습니다. 숲에서 생활함으로써 풀 하나를 베더라도 망설이는 마음, 나뭇가지 하나를 꺾더라도 아파하는 마음을 스스로 키워 나갔으면 하는 바람과 숲의 생명의 다양함이 곧 풍요로움이요, 아름다움이라고 생각할 수 있는 마음을 어릴 때부터 간직해 주었으면 하는 바람입니다. 그래서 '숲 속 학교'의 중심에는 꼭 초등학생들을 두고 싶다는 마음이 간절한 것입니다.

　우리는 나중에 태어날 세대가 반드시 앞서 태어난 세대를 뛰어넘는 힘을 갖추고 이 세상에 나오게 될 것이라 굳게 믿고 있습니다. 아이들이 초등학교 시절에 스스로 원해서 숲에서 살게 되면, 스스로 얻고 깨달은 것으로 새로운 시대를 열어 갈 수 있으리라 생각합니다.

　참가 방법은 여러 가지로 생각해 볼 수가 있겠지요. 이런 문제도 모두 다 같이 함께, 아이들과 함께 생각해 나가고자 합니다. 아이들의 자주·자치 능력을 믿고, 그것을 키워 주고자 하는 바람입니다.

　＊ 물론 숲에 오고 싶으신 분들이라면 누구든지 며칠이든, 몇 주일이든 부담 없이 오셔서 숲을 즐기고, 숲에서 배우며, 숲과 하나가 되는, 그런 마당이기도 합니다.

'숲 속 학교' 는 빈틈없는 '배움터' 가 되어야 하며, 가르치는 사람
이 따로 없는 곳이길 바랍니다. 남녀노소 모든 사람들이 있지만, '스
승' 은 어디까지나 숲이며, 숲의 생명들입니다. 숲에서 배운 일들에 관
해 어른들은 어른들의 말로, 아이들은 아이들의 말로 서로 이야기를
나누며 배우면 되는 것입니다. 다만 나이든 사람이 그동안 살아온 경
험 속에서 소중했던 것들에 관해 아이들에게 전해 주고, 아이들은 신
선하면서도 대담한 생각이나 행동으로 어른들을 일깨워 주는 것도 하
나의 '배움' 이 되겠지요.

　* '숲 속 학교' 에서 무엇을 할 것인가. 기본적으로는 숲을 파괴
하지 않는 한 숲에서 살아가기 위해 필요한 것, 하고 싶은 것, 할 수 있
는 것들은 무엇이든 자유롭게 하고 행동하며 그 속에서 얻은 것들을 모
두가 함께 나누는, 그런 관계가 이루어졌으면 좋겠습니다. 다만 숲을
정말로 좋아하게 되려면 나무나 풀이나 야생 동물, 새, 곤충, 버섯, 산
나물들에 관해 좀 더 깊이 아는 것이 중요합니다. 예를 들어 나무나 풀
의 이름을 알게 되면 숲이 훨씬 더 가깝게 느껴집니다. 이것은 우리들
의 경험을 통해서도 말씀드릴 수 있는 부분입니다. 아이들은 마음껏 뛰
놀며 새로운 숲의 놀이나 삶을 일구어 나갔으면 좋겠습니다. 시를 사랑
하는 이는 숲을 읊조리고, 그림을 사랑하는 이는 숲의 모습을 그려 줬
으면 좋겠습니다. 숲 생명들의 있는 그대로의 아름다움에 관해 이야기
했으면 좋겠고, 사진에 담았으면 좋겠습니다. 뭔가를 새롭게 만들고 싶
은 이는 숲이 주는 소재를 이용해 창작함으로써, 숲과 사람과의 새로운
연결 고리를 발견해 줬으면 좋겠습니다. 이런 것들은 '숲의 문화' 의 한

부분이라 생각합니다. 이 밖에도 많은 일이 있을 수 있지요.

    * '숲 속 학교'에는 다양한 개성, 다양한 재능, 다양한 경험을 가진 분들이 찾아와 주셨으면 좋겠습니다. 장애가 있으신 분, 외국 분들도 크게 환영합니다. '배움터'는 곧 '만남의 터'이기도 하니까요.

    '숲 속 학교'의 첫걸음은 우리들 손으로 학교를 세우는 일에서 시작하고자 합니다. 장소는 지금 동사무소와 의논하고 있는데, 숲 속이거나 그 바로 옆이 될 것입니다. 불편할 것이라는 건 잘 알지만, 요리도 할 수 있고, 옷감 따위도 짤 수 있고, 이로리(방바닥의 일부를 네모나게 잘라 내고 그곳에 재를 깔아 취사용이나 난방용으로 불을 피우는 일본식 난로)에 둘러앉아 다 같이 이야기를 나눌 수도 있고, 잘 수도 있는……, 그래서 매우 큰 규모가 될 것으로 예상하고 있습니다. 집 짓기 전문가나 경험자가 있다면 더할 나위 없이 좋겠지만, 굳은 의지만 있다면 반드시 해낼 수 있습니다. 실제로 우리는 예전에는 개집조차 만들 수 없었는데도 서투름과 무지를 부끄럽게 여기지 않고, 배워 가면서 숲 속에 오두막집 몇 채를 지어, 지금은 그곳에서 겨울에도 잘 지내고 있습니다. 다행히 우리는 쓸모없다고 버린 재목을 많이 모아 두었는데, 앞으로도 계속 모을 생각입니다. 그래도 턱없이 부족하겠지요.

    '숲 속 학교'의 목적과 뜻을 같이하는 분들에게 부탁 말씀을 드리고 싶습니다. 기둥 하나, 판자 하나라도 좋으니 후원을 부탁합니다. 안 쓰고 가지고 계신 연장이나 도구 중에 사용할 수 있는 것, 섀시, 마룻바닥용 널빤지 중에 보내 주실 수 있는 것들이 있다면 꼭 좀 부탁합니다. 이 밖에도 '숲 속 학교'에 필요할 것 같은 것들이 생각나시면 알려 주십시오.

지금으로서는 6월부터 시작할 생각입니다(5월에는 너도밤나무 산악 여행을 떠납니다). 부디 힘과 지혜를 빌려 주십시오. 참여하고 싶으신 분은 며칠 동안이라도 상관없습니다. 함께 땀을 흘립시다. 자세한 계획은 나중에 다시 알려 드리겠습니다.

이상으로 '숲 속 학교'의 목적과 주요 내용을 간추려 적어 보았습니다.

여기서 특별히 꼭 보태야 할 내용이 있습니다. 그것은 1985년 여름 어린이 마을에서 두 아이의 생명을 잃게 만들었다는 사실입니다. 하염없이 후회되는 사고이며, 그 가장 큰 책임은 나, 오지지에게 있습니다. 그 어떤 목숨도 다쳐서는 안 되며, 모든 생명은 살아서 빛을 낼 권리가 있습니다. 그것을 배우고 마음속 깊이 새기기 위해 오지지는 숲에서 살아갈 결심을 했고, 지금도 이어서 그것을 생각하고 있습니다. 다시는 일어나서는 안 될 이 슬픈 사고의 교훈 없이는 숲에서의 배움도 없었다고 해도 지나치지 않을 것입니다. 우리는 죽을 때까지 이 잘못의 심각성과 이를 통한 배움을 마음 깊이 새겨 나갈 것입니다. 이 가르침은 '숲 속 학교'에서도 꼭 이어 나가야 합니다.

'숲 속 학교'는 뭐니 뭐니 해도 미지의 세계를 향한 도전입니다. 실수할 수도, 넘어질 수도, 그리고 우왕좌왕할 수도 있겠지요. 다만, 우리의 신념만큼은 깊고 강합니다. 우리는 앞으로 삶의 모든 것을 여기에 쏟아부을 다짐을 하고 있습니다.

여러분이 우리의 이 뜻에 대해 어떻게 생각하시는지 알고 싶습니다. 세상 물정에 어두운 데다 돈도 없지만, 꿈과 의지만큼은 매우 큰 우리입니다. 어떤 작은 일이라도 괜찮습니다. 이렇게 하면 좋다, 저렇게하는 게 낫다, 이런 지원이라면 해 줄 수 있다⋯⋯. 이런 게 있으시다면 솔직한 의견을 주십시오. 물론 날카로운 비판도 달게 받겠습니다.

'숲 속 학교'가 필요한 때이다

꼭 1년 전에 나는 '숲 속 학교 창설에 즈음하여'라는 호소문을 〈숲속 어린이 마을 통신〉에 실은 적이 있습니다. 그 첫머리에 이렇게 적었습니다.

지금 우리는 엄청난 시대를 마주하고 있습니다.

수백 년 동안, 인간은 근대 과학에 기초한 문명이 좋다며 이에 의지하고, 물질의 풍요로움, 강함, 편리함, 빠름을 계속해서 갈구해 왔습니다. 그 결과 사람 이외의 수많은 생명을 멸종시키거나, 또는 멸종 위기로 몰아가고 있습니다. 숲을 파괴하고, 바다와 강, 흙까지도 오염시키고 있습니다.

이대로 가다가는 머지않아 인류도 멸망의 위기에 놓이게 될 것입니다. 실제로 사람들은 곳곳에서 서로 죽이며 상처를 입히고 있고, 돈의 노예로 전락하여 몸과 마음이 병들어 있습니다.

이제 바야흐로 대전환기가 찾아오고 있는 것입니다.

지금까지 사람들이 의지해 왔던 가치관, 세계관, 자연관, 삶의 방식들이 소리 내어 무너져 내리고 있습니다. 이제 아주 새로운 가치관, 아주 새로운 세계관, 아주 새로운 삶의 방법을 찾아 나설 때입니다.

이것은 인류에게 주어진 지극히 혹독하고 가혹한 시련입니다.

새로운 시대를 향한 새로운 길은 지금과 같은 '과학만능주의'의 연장선상에 있다고는 생각되지 않습니다. 지금 이상의 물질적 풍요로움을 탐욕스럽게 계속해서 추구하는 길과도 다를 것입니다. 우리는 이제 그 길을 전혀 새로운 지평선 너머로 찾아 나서야만 할 것입니다.

20세기는 전쟁의 세기였습니다. 21세기는 꼭 평화로운 100년이길 바랬는데, '부시의 전쟁' 때문에 그 바람은 물거품이 되었습니다. 나는 어떤 까닭으로도 사람이 사람을 죽이는 일에 대해 반대합니다. 그런데 부시의 '새로운 전쟁'은 반테러를 이유로, 가장 부유한 나라가 자행한 가장 빈곤한 나라에 대한 대학살 행위였습니다. 무수한 사람들이 죽었습니다. 또 무수한 사람들이 다쳤습니다. 수백만 명에 이르는 난민들이 사경을 헤매고 있습니다. 클러스터 폭탄, 기화 폭탄을 서슴없이 뿌려 대고, 최근에는 이라크 같은 나라에 대하여 핵 선제공격까지도 마다하지 않겠다는 말까지 하고 있습니다. 이렇게까지 사람이 사람을 업신여기고 오만해질 수가 있다니 ! 이렇게까지 생명을 경시할 수가 있다니 !

그런 한편, 일본 안에서는 '무네오 현상'[6]처럼 수전노들이 이 나라의 정치를 좌지우지하고, 뿐만 아니라 미국의 꼭두각시가 되어서 사실

---

6) 무네오 현상 : 스즈키 무네오는 자신의 이름을 딴 '스즈키 무네오 사건'이라는 일련의 외교·정치 비리 사건의 중심인 물로서, 청문회가 열리는 등 당시 큰 물의를 일으켜, 국민과 매스컴의 큰 질타를 받았는데, 사회의 매우 큰 이슈가 되어서 무네오 현상이라는 말까지 생겨났다.

상 헌법을 개악(改惡)하여 다시 일본 국민을 전쟁의 길로 나서게 만들려 하고 있습니다. 핵, 환경 호르몬, 클론, 광우병까지 이 모든 것들은 과학 문명이나 사람이 발을 들여놓지 말았어야 할 분야까지 발을 들여놓은 결과로 만들어졌으며, 사람들의 몸과 마음의 병은 계속해서 확산되고 있습니다. 비정상이고 심각한 상황입니다.

나는 사실 이미 30년 전에 죽었다 해도 이상할 게 없는 사람이었습니다. 그만큼 병약했죠. 그랬던 것이 아이들한테서 생명을 얻게 되었고, 이제 다시 하루하루 숲에서 생명을 얻고 있습니다. 나는 이 비정상이면서도 심각한 상황에 대비하여 내가 할 수 있는 모든 일에 남은 목숨, 남은 삶을 걸기로 마음먹었습니다.

최근에 같이 살고 있는 아이들과 이런 이야기를 한 적이 있습니다.

"일본에 따오기가 있다고 생각하니?" "있어요." "어디에?" "사도 시 (佐渡市)에 있는 따오기 센터에요." "그건 따오기가 맞니?" "따오기 맞잖아요."

따오기를 따오기라 부르며 따오기가 한 종으로서 살아 있을 때에는 따오기와 연결된 무수한 생명의 고리들이 복잡 다양하게, 그리고 치밀하면서도 정교하게 관계하여 따오기를 지탱하고 있었던 것이라 생각합니다. 따오기가 일본에서 멸종했을 때, 이 생태계의 사슬 또한 무너져 버린 것이 아닐까요? 중국에서 따오기를 데리고 와서 부화에 성공했다 하여도 생태계가 원래대로 돌아오지 않는 한, 그건 따오기로 보여도 따오기라 할 수 없습니다.

이와 같은 얘기는 사람에게도 해당이 됩니다. 먼 옛날 사람은 분명 생태계의 한 부분으로 목숨을 이어 왔습니다. 한 종으로서의 인간, 수많은 자연의 생명 가운데 하나로서의 인간이기 위해 필요하고 또한 그걸 지탱해 주었던 무수한 생명의 고리를 사람은 오랜 시간에 걸쳐 스스로 파괴해 왔습니다.

사람이 현재 자연의 생명 가운데 하나로 살아가는 일이 무척 어려워진 단계에 와 있다는 것만은 틀림없는 사실입니다. 나는 지금까지 수없이, 대도시에서는 사람이기를 포기하고 신체 오감을 둔화시키지 않고서는 살아갈 수 없게 되었다는 주장을 되풀이해 왔습니다. 하지만 이건 결코 대도시에만 한정된 얘기가 아닙니다.

어떤 이는 사람은 이제 생태계 밖으로 밀려나게 됐다고 말합니다. 확실히 그런 면도 없지 않아 있지요. 하지만 자연의 생명으로 회복할 수 있는 힘, 그 가능성이 아직 남아 있다, 이제부터라도 늦지 않았다는 그런 희망을 가지고 싶지는 않으십니까?

내가 숲에 산 지 이제 12년째에 접어들었습니다. 그래도 숲과 숲의 생명들이 가진 능력의 깊이는 아직 아는 게 거의 없습니다. 다만 숲의 생명들 – 풀도 나무도, 새나 동물들, 물고기나 균류, 곤충까지도 같은 생명으로서 바라볼 수는 있게 되었습니다. 대부분의 사람들은 나무를 단순히 목재로밖에는 보지 않습니다만, 나에게는 생명으로 보입니다. 잡초라는 이름의 풀도 없고, 잡목이라는 나무도 없습니다. 모든 생명은 꼭 필요하며, 까닭이 있어서 그곳에 있는 것입니다.

있어도 그만, 없어도 그만인 생명은 단 하나도 없습니다. 그와 같은 생명들이 서로 연결되고 맺어지면서 복잡하고 다양한 생태계를 이루고 있습니다. 숲의 생명들은 다양하기 때문에 힘이 넘치며, 아름답고, 풍요로운 것이라는 걸 이제야 이해할 수 있게 되었습니다. 숲 속은 신비함으로 가득 찼습니다. 사람의 지혜가 미치지 못하는 신비함도 풍요로움이요, 아름다움이라는 걸 느낄 수 있게 되었습니다.

일본 국토를 차지하는 숲의 면적은 67%입니다. 이는 세계 2위(참고로 1위는 핀란드)인데, 나무 종류의 다양함, 풍부함으로 따지자면 단연 으뜸입니다. 세계 4대 문명이 번영했던 곳 대부분이 지금은 사막이거나 거칠고 메마른 땅으로 바뀌었습니다. 문명은 숲을 파괴하는 역사 위에 일구어져 왔던 것입니다. 1만 년이라는 오랜 기간에 걸쳐서 휘황찬란한 조몬[7] 문화를 일궈 왔던 일본에만 여전히 풍요로운 숲이 있습니다. (지금도 국가라는 이름 아래 숲의 대량 파괴는 이 나라에서도 계속 자행되고 있어서 마음을 놓을 수 없습니다만…….)

이상하다는 생각이 들지 않나요? 왜 그럴까라는 의문이 들지 않습니까? 매우 중요한 일이라는 생각이 들지는 않나요? 나는 바로 여기에 앞으로의 새로운 시대(저는 '숲의 시대' 라 부르고 있습니다.)에 대한 실마리가 있을 것이라는 생각이 끊임없이 듭니다.

---

7) 조몬(繩文): 조몬은 빗살무늬를 뜻한다. 조몬 시대는 구석기 시대 이후 약 1만 2천 년 전부터 2천 3백 년 전에 이르는 1만 년 정도의 시대를 말한다. 조몬 토기는 낮은 온도에서 구운 갈색 토기로, 새끼줄무늬(繩文)가 새겨져 있는 것이 많다. 또, 수혈 주거(땅을 파고 그 위에 움집을 짓는 양식)가 보급, 패총이 형성되었다. 조몬 시대에는 아직 본격적인 농경과 목축이 시작되지 않았으며, 지역에 따라 생활 방법은 다르나, 풍부한 자연환경의 혜택을 잘 이용한 수렵과 채집을 기초로 한 사회로서 다양성과 상징성이 풍부한 토기 문화를 발달시켰다. 또한, 수렵에 활과 화살을 사용하였는데, 이를 조몬 시대의 수렵 혁명이라고도 부른다. 화살 끝에는 독을 묻히기도 하고, 가벼운 석족(石鏃)을 달기도 하였다. 또, 함정이나 덫을 이용하기도 하였다. 조몬 인들이 남긴 흔적을 보면, 토우(土偶)에는 주로 풍요를 기원하는 뜻의 여성상이 많으며, 완전한 형태보다는 일부러 부수어 놓은 듯한 모양이 많다. 이는 상처가 나거나 병든 몸을 대신하여 부수어 병의 치유를 기원하는 등의 주술용으로 쓰였던 것으로 보인다. 손발을 일부러 굽혀 매장하는 굴장(屈葬)의 풍습도 있었는데, 이에 대해서는 재생을 기원하는 것이라고 보기도 하고, 또 반대로 죽은 자의 소생을 방지하기 위한 것이라고 보기도 한다.

환경 파괴가 이렇게까지 심각해지자 이제 많은 사람들이 숲을 갈구하고 있습니다. 몸과 마음의 치유에 대한 해답을 숲에서 찾는 사람들이 늘고 있습니다. 매우 바람직한 현상이라 생각합니다.

다만, 지금 이 시대는 여기에만 머물지 않고 새로운 시대를 개척해 나가기 위해서라도 숲에서 온몸으로 배워야 합니다. 숲의 역사는 3억 년이고, 너도밤나무, 물참나무의 역사도 수백만 년입니다. 신인류로 탄생한 지 겨우 수만 년밖에 되지 않은 사람이 과학이나 지식을 내세운다 해도 숲의 힘과 깊이를 이해할 수 있을 것이라고는 생각하지 않습니다. 사람 중심의 오만함을 버리고, 모든 생명에 관해 겸허해질 수 있는 사세가 필요합니다.

숲에게 배우는 일은 쉬운 일이 아닙니다. 미디어의 보급으로 인해 아이들까지 포함한 많은 사람들이 숲이나 자연에 대해 잘 알고 있는 것처럼 착각을 하고 있지만, 사실 그것은 그저 단순한 지식에 불과합니다.

예를 들어 나는 숲에 산 지 몇 년 뒤에나 비로소 '풀 하나 베더라도 망설이는 마음', '나뭇가지 하나 꺾더라도 마음 아파하는 마음'이 겨우 몸에 배기 시작했습니다. 이것은 TV나 책으로는 결코 배울 수 없는 마음입니다. 하지만 지금과 같은 시대에는 절대적으로 필요한 마음이기도 합니다.

나는 숲에서 생활함으로써 아주 새로운 세계관·가치관이 뒷받침된 새로운 사상·문화를 터득하지 않고서는 '새로운 숲의 시대'를 열어 갈 길을 발견할 수는 없다고 생각합니다. 나에게도 온통 모르는 일투성이 지만, 숲을 온몸으로 느끼는 일이 숲에서 배움을 얻을 수 있는 대전제 가운데 하나라고 생각합니다.

숲에 살며 숲에서 땀을 흘리고 있노라면 말로 표현할 수 없는 행복, 평온, 안도감, 기쁨, 감동을 느끼며 살아 있음을 실감할 수 있게 되었습니다. 아니 이렇게 표현해도 실제로 느끼는 것과는 역시 거리가 있습니다. 말이나 글(더구나 영상)로는 온전히 나타낼 수 없는 기분, 어머니 품에 안긴 아이의 느낌과도 비슷하지만, 더 정확히 묘사하자면 어머니 배 속의 양수에 떠 있는 느낌이라고나 할까……, 아무튼 그것을 느끼는 일이 숲에서 배움을 얻는 데 더할 나위 없이 중요한 일임을 알게 되었습니다.

가마솥 목욕통[8] 안에 들어가, 엄동설한의 계곡물을 덮어썼을 때, 나도 모르게 입 밖으로 튀어나오는 '오늘 하루도 살게 해 주셔서 감사합니다.' 라는 말, 산악 여행에서 너도밤나무 숲에 안길 때 그 더없는 행복감……. 이 몸에 새겨지는 감성, 숲과 하나 된 느낌 없이는 숲의 철학도, 숲의 문화도, 그리고 숲의 사상도 새로운 시대에 걸맞은 것이 될 수가 없다고 생각합니다.

'숲 속 학교' 창설을 담은 메시지에 관해 많은 분들의 후원을 받았습니다. 진심으로 감사합니다. 그 호소문 가운데 '첫걸음은 학교를 세우는 일로 시작하고 싶다' 고 말씀드린 바 있는데, 이제는 생각이 바뀌어 건물은 '배움' 속에서 많은 분들의 협조 가운데 자연스럽게 완성될 것이라 생각하고 있습니다.

---

8) 가마솥 목욕통(고에몬부로, 五右衛門風呂): 가마솥 밑에 직접 불을 때는 무쇠 목욕통. 탕 안에 들어갈 때 위에 띄운 나무 뚜껑을 가라앉혀 깔고 앉아서 목욕을 하는 일본 전통 목욕 방법.

'배움'이 첫째입니다. 숲에는 배움이 넘쳐납니다. 즐거움, 땀을 흘리면서 숲의 가르침을 몸에 새기는 일이 건물이나 그 무엇보다도 앞선다는 생각이 들었습니다. 게다가 그 어느 때보다 숲에서 배우는 것이 중요하고 긴장이 고조된 적이 없습니다. 부시의 미국 중심, 과학문명 중심, 오만하고 차별적이며 살인광적인 사상과 행동을 접했을 때 그런 생각이 강하게, 아주 강하게 들었습니다.

'산천초목실개성불(山川草木悉皆成佛)'

이것은 불교에서 전래된 사상이라기보다는 조몬 시대부터 일본인의 마음속에 줄곧 이어져 왔던 사상이 불교와 결합되어 탄생한 일본 고유의 사상입니다. 모든 생명에, 산이나 강이나 돌에게조차 신성이 깃들어 있음을 믿고 공경하는 마음, 사람 중심이 아니라 모든 생명은 평등하며, 서로 지탱해 주고 강하게 연결되어 있다는 사고방식, 쓸모가 없고 어찌 되든 상관없는 생명이라는 것은 하나도 없다는 사상, 진정 부시와는 극과 극을 이루는 사상입니다. 이와 같은 사고방식을 넓히고 새로운 각도에서 다시 배우는 것 말고는 인류가 살아남을 수 있는 길은 없지 않을까, 그런 생각이 들곤 합니다. 구미, 특히 미국 문명은 이제 멸망의 길에 접어들었다고 감히 단언할 수 있습니다.

풍요로운 숲이 자리한 숲의 생명 문화가 끊임없이 이어져 온 이 일본의 숲에서야말로 새로운 시대의 새로운 삶의 방식을 배울 수 있지 않을까요?

미야자와 켄지(宮澤賢治)[9]는 일찍이 그 사실을 간파했던 것 같습니다. 그 사상의 근간에는 조몬 시대 사람들, 에미시(蝦夷) 부족[10], 숲의 주민의 마음이 줄곧 뿌리내리고 있었고, 인류 미래 삶의 방식에 대해 시사하는 내용도 그의 작품에서 적잖이 찾아볼 수 있습니다.

〈비에도 지지 않고〉는 누구나 다 아는 유명한 시인데, 이것은 켄지가 지향했던 보살(상불경보살, 常不輕菩薩)도를 시사하고 있는 내용 같습니다. 숲에서 배우고, 새로운 숲의 시대를 개척해 나가는 처지에서 다시 읽어 보면 한 구절 한 구절, 한 낱말 한 낱말이 새로운 뜻을 지니면서 앞으로의 과제를 나에게 던져 주고 있습니다. 여기에 이 시의 전문을 새삼 적어 볼까 합니다. 스스로를 경계하는 마음을 담아서…….

비에도 지지 않고

비에도 지지 않고

바람에도 지지 않고

눈이나 여름철 더위에도 지지 않는

튼튼한 몸을 가지며

욕심은 없고

---

9) 미야자와 켄지: 일본의 문인이자, 교육자이며 우리나라에서도 널리 알려진 애니메이션 '은하철도 999'의 원작인 '은하철도의 밤'의 작가이다.

10) 에미시(蝦夷): 일본의 도호쿠(東北) 지방과 홋카이도(北海道) 지역에서 수렵과 채취를 주로 하는 조몬 문화를 계승하여 살았던 부족으로 일본열도의 선주민이다. 774년부터 811년까지 있었던 일본(야마타) 조정의 야만인 정벌에 저항하여 끝내 귀속 및 동화를 거부했다.

결코 화내지 아니하며

늘 조용히 웃으며

하루에 현미 네 홉과

된장과 나물을 조금 먹으며

모든 일에 제 이익을 따지지 않고

잘 보고 듣고 깨달아

그리고 잊지 않고

들판 솔숲 그늘에

지붕을 새로 이은 작은 오두막에 살며

동쪽에 병든 아이 있으면

가서 돌봐 주고

서쪽에 고단한 어머니가 계시면

가서 그 볏단을 져 주고

남쪽에 다 죽어가는 사람이 있으면

가서 두려워할 것 없다고 말해 주고

북쪽에 싸움이나 소송이 있으면

부질없는 짓이니 그만두라고 말리고

가뭄이 들면 눈물 흘리고

추위 닥친 여름에는 어찌할 바 몰라 허둥거리고

모든 사람에게 바보 소리를 들으며

칭찬도 듣지 않지만

걱정거리도 되지 않는

그런 사람이

나는 되고 싶다.

새로운 시대로 이어지는 길은 어쩌면 켄지의 '바보' 의 길, 보살도와 비슷한 것인지도 모릅니다. 적어도 여기에는 현대인들의 가치관과는 정반대인 사상이 담겨 있습니다. 나의 10년 남짓한 숲 속 생활 느낌도 그것과 비슷합니다.

지금 같은 시대에 무엇이 옳고 무엇이 잘못되었는지에 대해서는 그 누구도 장담을 못합니다. 어차피 장담할 수 없다면 '이 길이다' 라고 생각되는 길에 실패를 두려워 말고 도전해 보십시오. 나에게 그 길은 바로 '숲에 살며 숲에서 배우는 길' 입니다.

나는 올 3월 26일로 만 74세가 됩니다. 아직 늙지 않았습니다. 숲에 살고 배우기 위해 삶의 모든 것을 바치고 싶습니다. 하지만 이것은 한두 명이 할 수 있는 일이 아닙니다. 숲에 깊은 관심을 가진 많은 사람들과 힘을 합쳐야 비로소 그 첫걸음을 뗄 수 있는, 그만큼 중대하고 힘든 일이라는 걸 깨달았습니다.

따라서 '숲 속 학교' 의 제1회 '배움의 모임' 을 올해 9월에 열고, 그 뒤 연 2회씩(가을과 봄, 혹은 가을과 겨울) 정기적으로 열어서 학교의 기초 토대를 쌓고 싶다는 생각이 들었습니다.

이와 같은 일에 될 수 있는 대로 많은 사람들과 이야기를 나누고 의견을 듣기 위해 3월 20일부터 4월 9일까지 3주 동안 여행을 떠나기로 마음먹었습니다. 10년 이상 줄곧 숲의 생명들에게 둘러싸인 환경에서 살아온 나에게 도시 여행은 너무 힘겨울지도 모릅니다. 하지만 그런 한가한 소리를 할 때가 아니라는 생각이 들었습니다. 부디 많은 도움을 주시기 바랍니다. 9월에 '숲 속 학교 제1회 배움의 모임'을 열려고 합니다. 구상은 다음과 같이 생각하고 있습니다.

〈숲 속 학교 제1회 배움의 모임〉

주제: 숲의 신비함과 생명 느끼기

때: 2002년 9월 5일~9월 25일

곳: 홋카이도 몬베츠 군 다키노우에 정 어린이 마을 숲

생활: 기본적으로 텐트 생활(텐트는 우리가 준비했습니다.)

참가 자격: 특별히 없음. 아이부터 어른까지 누구나 가능.

하는 일: 보름 정도로 기간을 길게 잡은 것은, 숲에 익숙해지고 숲에서 뭔가를 배울 수 있으려면 이 정도 시간은 필요하다고 생각했기 때문입니다. 아침에 버섯 채집, 낮에는 장작 패기, 목욕물 데우기, '학교'의 기초 공사로 땀을 흘리거나 숲을 탐구하며 즐기고, 저녁에는 모닥불을 둘러싸고 이야기를 나눕니다. 때로는 오지지나 오바바의 이야기도 들어 주셨으면 좋겠습니다.

2장 좋은 것을 끊다

좋은 것을 끊다
생명의 숲
세 개째 가마솥 목욕통
너도밤나무 숲에서
어린이 마을의 숲이 파괴되다 !
말이나 글자를 초월하는 것
아름다운 것은 아름다운 곳에서 태어난다
인류는 이제 숲으로 돌아갈 때이다
산사람의 시

좋은 것을 끊다

이상 기후가 이어지고 있습니다. 지난해 겨울에는 비정상적으로 눈이 적게 내렸는데(올해는 완전히 바뀌어 폭설이 내리고), 지난해에는 산나물, 나무 열매, 버섯에서도 이상 징후가 포착되었고, 이상 낙엽 현상도 목격되었습니다. "올해는 좀 이상하네."라는 말로 넘겨 버리기에는 너무나 큰 이변이, 멍하니 쳐다보고만 있으면 느낄 수 없는 상황이 밑바탕에서 확실하게 진행되고 확대되고 있습니다. 우리가 마주하고 있는 시대는 엄청난 시대입니다. 이런 시대에 사람들은 과연 어떻게 살아가야 하는가, 나는 올해 연하장에 적은 말을 늘 곱씹고 있습니다. 거기에 이렇게 적었습니다.

'본인도 타인도 이걸로 됐다(좋다)고 했을 때 정체가 시작된다. 이를 깨달아 '좋음'을 끊어 버리고, 끊임없이 새롭고 파릇파릇한 자기 자신을 계속 추구하는 것, 이것이 이 시대의 삶의 방식이다' 라고.

이런 생각은 지난해 가을에 도호쿠 지방[11]의 너도밤나무 숲에 안겨 있을 때, 마치 하늘의 계시처럼 번쩍 떠올랐습니다.

사람은 어지간히 칭찬받기를 좋아하는 종족인가 봅니다. 뭔가 새로운 일에 도전해서 그게 좋다고 칭찬을 받으면 금세 기고만장하여 칭찬받았을 때의 자기 모습을 반복해서 보여 주려고 합니다. 그리고 시간이 지

---

11) 도호쿠 지방(Tohoku, 동북 지방): 일본 혼슈 동북부에 있는 아오모리 현, 이와테 현, 미야기 현, 아키타 현, 야마가타 현, 후쿠시마 현의 6현을 말한다. 면적은 66,889km²로 혼슈 전체 면적의 약 30%에 해당한다. 동일본(히가시니혼)에 속하지만, 기후나 역사 지리학 등에서는 홋카이도와 함께 북일본(기타니혼)으로 분류한다.

남에 따라 그것을 교묘하게 연출하기 시작하지요. 얼핏 보기에는 새로운 일을 하고 있는 것처럼 보여도 그래 봐야 진부한 일의 반복일 뿐입니다. 그리고 곧 보수라는 이름의 수렁에 천천히 빠져들고 맙니다.

나 스스로도 칭찬을 받으면 마냥 기분이 좋아지는 또 다른 내가 내 안에 있다는 걸 잘 알고 있습니다. 타인에게 잘 보이고 싶은 내가 있다는 것 또한 자각하고 있습니다. 그와 동시에 그것이 곧 나의 '마음의 적'이라는 것을 한시라도 잊지 않으려고 노력합니다. 결코 쉬운 일이 아니라고 생각합니다. '마음의 적'은 죽을 때까지 싸워야 할 성가신 상대이지요.

어떤 일이든 한 지점에 계속 머물러 있다는 건 있을 수가 없습니다. 지금의 '좋은 것'들도 곧 낡아지고 정체되고 썩은 냄새가 진동하게 되거나, 아니면 끊임없이 새롭고 파릇파릇하고 보다 더 풍성해지거나 둘 중 하나입니다. 그 선택은 당사자가 어떤 삶의 태도를 지니고 있는가와 밀접한 관련이 있으며 당사자의 의식, 사상, 가치관에 큰 영향을 끼치게 됩니다.

나는 숲에서 살아온 덕분에 '좋은 것을 끊는 마음', '한없이 파릇파릇한 삶을 살고자 하는 마음'에 한 발짝 더 다가설 수 있게 된 것 같습니다. 숲은 인간이 상처를 입히지 않는 한 삶과 죽음, 격동을 내포한 채 끊임없이 변화합니다. 얼핏 보면 변함이 없어 보이면서도 오백 년 뒤, 천 년 뒤의 극상(極相, 숲의 궁극의 모습)을 향하여 단 하루라도 같은 곳에 머물러 있지 않습니다. 천천히 나선형으로 풍요롭게 발전해 나가고 있습니다. 그리고 그 풍요로움은 숲의 생명의 다양성으로 지탱됩니다. 나무나 풀의 다양함, 새, 동물, 곤충들, 버섯을 비롯한 균류, 수중·지중 생명의 다양함, 그것들이 섬세하고 치밀하고 교묘하게 연결되면서 숲의 풍요로움을 이루고 있습니다. 숲에서는 그 어떤 생명도 존재 의미를 지니고 있지요. 있으나 마나 한 생명은 없으며, 모든 생명이 서로의 존재를 필요로 하고 있습니다.

숲에 있으면 마음이 진정되고 행복을 느낍니다. 살아 있음을 온몸으로 느낄 수 있습니다. 그리고 사람이 얼마나 작은 존재인지를 절실하게 느끼게 됩니다. 나무나 꽃에 비해서, 새나 곤충들에 비해서, 물이나 흙에 비해서, 지금 사람들의 삶이 너무도 부끄럽게 느껴집니다. 하지만 숲 속에서 땀 흘리며 숲과 하나가 되면, 숲은 내 안에 잠들어 있던 나조차도 손 놓고 있던 새로운 나, 파릇파릇한 내 자신을 일깨워 줍니다. NHK에서 취재를 왔을 때 내게 이렇게 물었습니다.

"당신들은 전기도 아무것도 없는 이 숲에서 왜 살아갈 생각을 하게 됐습니까?"

나는 대답했습니다.

"전기만 없을 뿐, 그밖에 소중한 것들이 얼마든지 있습니다. 수많은 생명이 있고, 풍요로움이 있습니다. 이 시대를 사는 사람들에게 그 무엇보다도 소중한 것들이 넘쳐 날 정도로 있답니다."

대부분의 사람들이 전기를 비롯해 당장 편리함을 가져다주는 것들이 없으면 '아무것도 없다'고 느낍니다. 이것이 현대인들의 감성입니다. 숲에서 살다 보면 발견이 있고, 배움이 있고, 감동이 있고, 행복이 있고, 경외심이 싹트게 됩니다. 지금 여기에서 살아 숨 쉬고 있음을 체감할 수 있습니다.

도시에서는 신체 오감을 스스로 둔화시켜 사람임을 반쯤 포기하지 않으면 살아갈 수가 없지만, 숲에서는 오감뿐 아니라 육감까지도 예민해지면서 사람 본연의 모습을 되찾을 수가 있게 됩니다.

숲은 사람이 끊임없이 되돌아가려고 했으면서도 현대의 시스템이나 문명 때문에 그곳으로부터 추방당하고 사람 스스로도 잊고 지내 온 마음의 고향입니다. 숲은 사람이 파멸의 구렁텅이 앞에 서게 된 지금이야말로 돌아가 안길 자유로운 어머니의 품인 것입니다.

내가 존경하는 나카이 마사카즈는 '인간은 인간을 업신여겨서는 안 된다.' 라고 늘 주장하며, '들에 난 자유로운 제비꽃과 같아라.' 라고 말했습니다. 지금 이 시대에 특히나 더 필요한 말이라 생각됩니다. 나는 지금 여기에 조금 더 덧붙여서 '사람은 사람 아닌 생명들을 업신여겨서는 안 된다.' 라고 말하고 싶습니다.

지금 가마쿠라의 중심에 선 느릅나무가 존귀한 것은 나이가 들었기 때문만은 아닙니다. 그 나무가 지금 여기에 존재하는 것은 수십만 년이라는 아득한 시간에 걸쳐 한 종으로서 살아남는 길을 모색해 왔기 때문입니다.

'좋은 것을 끊는다' 는 것은 곧 이 느릅나무의 존귀함에 한 발짝이라도 더 다가서는 일과 같습니다.

생명의 숲

올해도 5월에 한 보름 동안 동북 지방의 동해 쪽에 있는 너도밤나무 숲으로 여행을 다녀왔습니다. 단순히 걷다가 온 것만은 아닙니다. 너도밤나무 숲에 안기는 더없이 행복한 시간을 보내고 왔습니다.

내가 가는 곳은 거의 사람들이 찾아오지 않는 너도밤나무 숲입니다. 야마가타 현 오구니 정 아사히 연봉의 일각에 내가 너무나 좋아하는 숲이 있습니다. 지난해 길을 잘못 들어 우연히 발견한 숲으로 올해는 쉽게 찾아갈 수 있을 줄 알고 가 봤더니 찾는 데만 사흘이나 걸렸습니다. 그만큼 거의 알려지지 않은 숲입니다. 산나물이나 버섯을 캐러 온 사람들이 겨우 남기고 간 오솔길인지, 조릿대 풀들에 뒤덮여 눈 씻고 찾아보지 않으면 금세 놓쳐 버리고 맙니다. 큰 나무들이 있는 숲은 아니지만, 장년기에 한창 접어든 너도밤나무들의 홑숲입니다.

이 숲이 얼마나 멋진지를 어떻게 표현해야 할지 모르겠습니다. 이 숲에 들어선 순간 수많은 생명에게 얼싸안긴 나 자신을 느끼게 됩니다. 좀 더 정확히 표현하자면 사람이라는 한 생명과, 풀이나 나무들과 같은 자연의 생명들 사이에 있던 경계선이 허물어지면서 점점 하나로 녹아들게 되는 느낌이라고 할까요.

여기서는 뭘 보려고 하거나 알려고 하는 것이 아니라 그저 느끼는 일에만 온 신경이 쏠려 있는 나 자신을 발견할 수 있습니다. 그것은 마치 어머니의 품속에서 느끼던 그 황홀한 행복감과도 같습니다. 꼭 안아 주는 팔 힘, 심장의 고동까지 들려오는 듯합니다. 한번 들어오면 이대로 계속 머물고 싶어 나가고 싶지 않은 심정이 마음을 가득 채웁니다.

사람은 어느 시대 어느 때나 행복이란 무엇인가, 풍요로움이란 무엇인가 하는 물음을 늘 가슴에 품어 왔습니다. 이 너도밤나무에 있다 보면 그 대답이 보이기 시작합니다. 머리로 쥐어짜낸 답이 아닙니다. 풍요로움이, 행복이, 나의 모든 땀구멍을 통해 내 몸속으로 스며들어 옵니다…….

나는 이 이름 없는 숲에 내 멋대로 이름을 붙였습니다. '생명의 숲'이라고!

여행에서 돌아와 보니 이곳(홋카이도) 어린이 마을의 숲은 신록이 한창이었습니다. 임상(林床, 숲의 밑바닥 부분에 해당, 표토 부분)에는 연령초, 낚시제비꽃, 미나리냉이, 광대수염들이 흐드러지게 피었으며, 임관(林冠, 숲의 꼭대기 부분에 해당)에는 이제 막 느릅나무, 가래나무, 들메나무들의 어린잎이 돋아나기 시작했습니다.

이 숲 속에 있다 보면 '생명의 숲'에서 느꼈던 그 감동이 되살아납니다. 지금까지는 풀을 하나도 안 치고 있지만, 이 얼마나 아름다운 숲이란 말입니까? 가드닝(gardening)이란 이름으로 '잡초'를 베고 특정 꽃만을 키워서 아름답다고 하는 것도 저마다의 자유이니 굳이 다른 뜻을 말할 생각은 없습니다. 하지만 아름다움에 대해 말하려면 먼저 이 자연의 있는 그대로의 모습에서 얻는 아름다움을 알고 난 다음에 했으면 좋겠습니다.

처음부터 잡초라는 이름을 가진 풀은 없습니다. 숲 속에서 무작위로 1제곱미터 넓이의 장소를 골라, 그곳에 자생하고 있는 풀들에 대해 알아봤습니다. 섬조릿대, 머위, 어수리, 백합, 전호, 민박쥐나물, 관중, 미나리냉이, 연령초, 낚시제비꽃, 질경이, 엉겅퀴, 노랑물봉선, 개선갈퀴, 남방바람꽃, 별꽃, 당귀, 그리고 나머지는 내가 이름도 모르는 풀들입니다. 크기도 각양각색 하나하나 다 다른 데도 그 전부가 하나로 조화를 이루어 '숲의 생명'으로서 나의 마음속으로 성큼 다가옵니다.

그 어떤 생명도 다른 생명을 희생시키고 있지 않습니다. 희생시키기는커녕 다른 생명이 있고서 비로소 내가 있습니다. 각각의 차이가 있어 다양하고, 그렇기 때문에 아름다운 것입니다. 그래서 이 아름다움은 생명의 아름다움입니다. 서로의 존재를 전제로 하여 서로 의지하여 살아가기 때문에 서로 친화적입니다. 그래서 이 친화력은 생명의 친화력입니다. 위를 올려다보면 숲의 바닥이 충분히 태양 에너지를 흡수하는 것을 기다린 다음에야 잎을 내는 고목들의 친화력을 볼 수가 있습니다.

이 숲 역시 생명의 숲입니다. 이 숲을 찾아오는 모든 사람이 생명의 진정한 아름다움과 친화력을 마음껏 음미하고 갔으면 합니다. 나는 진정 그러길 바랍니다.

세 개째 가마솥 목욕통

최근 들어 영하의 날씨가 계속되고 있습니다. 오늘은 최고 기온이 영하 10도, 저녁에는 영하 20도 가까이까지 떨어집니다. 구마데의 계곡물(숲 속을 흐르는 계곡물)은 얼어붙기 시작했고 시냇물의 폭도 반 정도로 줄었습니다. 이런 날에 노천에서 무쇠 목욕통에 들어가는 것이 최고의 호사입니다. 상류에서 파이프로 끌어온 수도는 이미 오래전에 얼어붙어 목욕통을 채우기 위해 매일 계곡물에서 양동이로 퍼 나르고 있습니다.

숲의 가마솥 목욕통은 올해로 3개째가 되었습니다. 새로 마련한 것은 전체를 벽돌로 만든 한층 더 크고 멋진 목욕통입니다. 아궁이를 넓고 크게 지었기 때문에 도자기를 구울 수도 있습니다. 숯도 만들어 볼까 생각합니다. 물론 2개째와 마찬가지로 벽돌 굴뚝 안에서는 훈제도 할 수 있고, 가마솥 안에서 빵도 구울 수 있을 것 같아요.

이 새로운 가마솥 목욕통은 내가 설계했지만, 만드는 것은 16살인 쇼 혼자서 처음부터 끝까지 모두 해냈습니다. 만드는 방법만 가르쳐 주고 나는 조금도 참견하지 않았습니다. 6월부터 만들기 시작해서 완성하는 데 다섯 달이 걸려 11월 7일에 처음으로 이 목욕통에서 목욕을 했습니다. 다른 2개의 목욕통은 내가 혼자 힘으로 만들었습니다. 그래서 3개째도 내가 직접 만들었으면 한 달 정도면 겉모양도 그럴듯한 아궁이를 만들 수 있었을지도 모르죠. 하지만 이처럼 감동스러운 3번째 목욕통은 결코 못 만들었을 것입니다.

쇼가 "오지지, 완성했어요."라고 해서 처음 가 봤을 때 나는 정말 눈물을 참을 수가 없었습니다.

"해냈구나, 쇼! 곳곳에 너의 땀과 노력의 흔적이 보이는구나. 이건 이미 목욕통이 아니야. 16살인 네가 혼자 힘으로 쌓아 올린 기념비이다. 숲에서 사는 너의 삶의 증표이다. 그 증거로 막 이 작업을 시작했을 무렵의 너는 어딘가 불안해 보이고 갈피를 못 잡고 있었다. 하지만 지금의 너는, 너 자신은 느끼지 못하겠지만, 자신감에 넘쳐 있다. 모든 일이 다 그렇다. 자신감이 얼굴에 나타난다. 네가 커다랗게 보인단다."

쇼가 고등학교에 진학하지 않기로 결심했을 때 나는 크게 찬성하였습니다. 말수가 없는 데다 자기 자신을 요령 있게 표현하지 못하는 쇼에게는 숲이야말로 진짜 '학교'였던 것입니다. 중학교 3학년 1년 동안 쇼는 숲에서 아주 많이 변했습니다. 학교는 자주 쉬었지만 그건 숲에 오기 위해서였습니다. 쇼의 교실 칠판에는 결석한 이유로 'ㅇㅇ 군 감기, 쇼 군 숲' 이렇게 적혀 있었다고 합니다. 쇼는 숲에 옴으로써 자기 안의 '새로운 자신'을 찾는 길을 줄기차게 걸어갔던 것이지요.

처음에는 거의 아무것도 할 수 없는 아이였습니다. 그렇다고 손재주가 있는 것도 아니었습니다. 하지만 한결같은 성격이었지요. 장작 패기를 하라고 하면 비가 오는 날이나 바람이 부는 날에도 아침부터 저녁 때까지 그냥 오로지 도끼만 내려치고 있었으니까요. 내 경험에 빗대어 말하자면 장작이 팡 하고 소리 내며 쪼개졌을 때 아마도 그때 쇼는 낡은 자기 자신까지도 쪼개 버리고 있었던 게 아닐까요? 말을 돌볼 때나 눈을 쌓아 올릴 때 목욕물을 데울 때도 쇼는 결코 대충 하는 일이 없었습니다.

여전히 말수가 없고 먼저 말을 걸어 오는 경우는 적지만 쇼는 온종일 숲에 녹아들며 힘을 키워 나갔던 거지요. 말은 없지만 쇼는 숲 생활에 필요한 것을 스스로 발견하고 착실하게 터득해 나갔습니다. '숲이 쇼를 변화시켰다'는 이 진실을 나는 믿습니다.

장작 패기, 눈 쌓기, 목욕물 데우기……, 사실 어느 하나를 보더라도 그리 대단한 일은 아닙니다. 쇼의 장래에 직접적으로 도움을 줄 수 있는 일도 아닙니다. 숲의 일상 가운데 아주 작은 일에 지나지 않습니다. 하지만 남이 보기엔 별 볼 일 없는 일에 온 힘을 쏟아부어 그 일이 '즐거운 일'이 될 때까지 그 일에 몰두한다는 것, 이것은 '대단한 일'이지요. 나는 이것이야말로 '배움'의 참모습이라고 생각합니다. 쇼는 고등학교가 아니라 숲에서 그 참모습을 맛본 것이지요. 숲이야말로 '쇼의 대학'

이었던 것입니다.

아무리 작고 보잘것없는 일이더라도 그 하나하나를 쇼처럼 쌓아 올리다 보면 사람은 어느 순간 낡은 자기 자신을 싹둑 잘라 버리고 생각지도 못한 새로운 자기 자신과 만나게 되는 법입니다.

새 목욕통은 숲과 한 소년의 이와 같은 만남의 확실한 증거인 셈이지요. 숲이 불안정했던 한 아이를 자립시키고 자신감에 넘치는 소년으로 변화시킨 증거 말입니다.

너도밤나무 숲에서

늘 그렇듯이 이번 5월에도 20일 정도 동북 지방의 너도밤나무 숲을 다녀왔습니다. 올해 동북 지방은 눈이 많이 내려 눈 덮인 골짜기 때문에 길을 잃어 목적지에 가지 못하거나 어떤 때는 눈사태를 만나 간담이 서늘해진 적도 있었습니다. 그러나 이번에는 오랫동안 간절히 바랐던 너도밤나무의 싹트기를 이 눈으로 직접 볼 수가 있었습니다.

아주 커다란 너도밤나무 밑둥치 둘레만 둥글게 눈이 녹고 눈 위에는 너도밤나무 꽃이 무수히 떨어지며 머리 위에 연녹색의 너도밤나무 잎이 나기 시작하던 그 광경, 버들목련, 풍년화, 철쭉, 동백나무 등이 너도밤나무 숲을 둘러싸며 색을 더하고, 임상에는 얼레지, 국화바람꽃, 처녀치마, 돌매화나무, 산달래들이 참으로 볼만했습니다. 이 숲 속에 있는 것만으로도 행복했습니다. 너도밤나무 숲에 이 몸이 천천히 녹아들며 하나가 되어 가는 감동을 표현하기에 걸맞은 말이 떠오르지 않습니다.

직접 체감하지 않고서는 이해할 수 없을 거라고 봅니다.

"살아 숨 쉬며 이곳에 존재하고 있는 시간의 매 순간순간을 놓치지 않으리." 나는 이 말을 자주 입에 담고는 합니다. 미학자인 나카이 마사카즈의 말이지요. 매우 좋아하는 말이긴 한데 머리로만 이해해서는 안 될 말이라는 생각에 늘 마음에 걸렸던 말이기도 했지요. 그런데 이번 여행 중에 그 답답했던 마음이 확 뚫리는 느낌을 받았습니다. 내가 이 숲에 있는 것도, 너도밤나무 숲을 여행하는 것도, 말로는 표현할 수 없는 깊은 감동과 행복감을 마음껏 느끼고 싶었기 때문이니까요. 그곳에 있으면 순간순간 내가 살아 있음을, 숲이 살려 주고 있음을 몸소 느끼고, 여기가 '내 자리'라는 것을 실감하게 됩니다. 그럴 때는 진심으로, 그리고 절실하게 이 느낌, 이 자리를 결코 놓쳐서는 안 되겠다는 마음이 몸속 깊은 곳에서부터 솟아나곤 합니다. 그 말의 깊은 뜻에 한 발짝 더 다가선 느낌입니다. 가파른 산비탈 길을 한 걸음 한 걸음 올라갈 때, 처음으로 그런 느낌이 들었습니다. 이 숲에서도 그렇지만 온 힘을 다해 온몸으로 땀을 흘려 보지 않으면 이해할 수 없는 말입니다. 나 자신에게 늘 그렇게 되뇌고 있습니다.

너도밤나무 숲을 걸으면서 또한 무엇을 찾기 위해 나는 이곳에 있는가를 나 자신에게 자주 물어보곤 합니다.

과학의 '진보'는 확실히 사람에게 풍요로움과 편리함을 가져다주었습니다. 하지만 그와 동시에 되돌릴 수 없는 환경 파괴를 초래했고, 그 때문에 사람의 몸과 마음도 심각하게 병들고 있습니다.

모든 생명은 그 주변 환경과 섬세하게 연결되어 있어서 가는 실한 줄만 엉켜도 심각한 영향을 받지 않을 수가 없습니다. 지금 이 실은 꼬일 대로 꼬였습니다. 인류는 그동안 걸어왔던 길을 계속 걸어갈 것인지, 아니면 아주 다른 길을 찾을 것인지 중대한 기로에 서 있습니다.

과학을 아주 부정할 수는 없을 것입니다. 그러나 인간은 '과학'이라는 미명 아래 또는 '시장 원리'라는 걸 내세워 원래 사람이 발을 들여놓아서는 안 될 영역에까지 구둣발로 서슴없이 침범해 버렸습니다. 그 결과 핵이다, 환경 호르몬이다, 지구 온난화다, 유전자 조작이다, 클론이다 해서 다시 돌이키기 어려운 문제에 부딪히고 있습니다. 그럼에도 불구하고 대부분의 사람들은 여전히 인류의 미래 설계도를 '과학의 진보'라고 하는 여태까지 걸어왔던 길의 연장선상에 그리고 있는 것 같습니다. 인터넷이네, 정보 혁명이네 하면서 들뜨기 전에 지금 우리가 서 있는 기로의 심각성을 자각할 필요가 있지 않을까요?

지금까지와는 가치관도 세계관도 삶의 방식도 크게 달라지는 새 길을 모색한다는 것은 확실히 어려운 일입니다. 지금은 그 누구 하나 이게 그 새 길이다 하고 단언할 수 있는 사람은 없습니다. 하지만 제 아무리 어려운 길일지라도, 우리가 감동과 행복을 느끼며 그 삶을 제대로 누리고 진심으로 한 걸음 한 걸음 나아가다 보면 그 길이 열린다고 말할 수 있지 않을까요?

내가 숲에 사는 것도, 너도밤나무 숲 속을 거니는 것도 다 새로운 시대로 향한 기로에 서서 내가 어떻게 살아가야 할지 그 해답을 찾기 위함입니다.

내가 보기에는 바로 이 숲 속에 그 해결의 실마리가 있습니다. 나는 다음 시대는 분명 '숲의 시대'가 될 것이라고 믿고 있습니다. 그것은 어쩌면 망상, 아니 맹신일지도 모릅니다. 하지만 그러면 뭐 어떤가요? 햇수로 10년째인 숲 생활이나 너도밤나무 산악 여행의 체감을 통해 '숲의 문화', '숲의 사상'의 일부분만이라도 깨우칠 수 있기를 간절히 바라고 있지만, 그것이 헛수고라 해도 지금의 내 삶에 후회는 없습니다.

아이들과 젊은이들이 이 사회의 모습 때문에 병들게 된 결과로 심각한 사건들이 많이 일어나고 있습니다. 나는 이 시대의 아이들 문제, 젊은이들의 문제를 교육이나 학교와 같은 좁은 틀을 훨씬 벗어나서 아예 새로운 인류사를 어떻게 그려 나갈 것인가 하는 커다란 틀의 한 부분으로 보고 있습니다. '숲'이라고 하는 새롭고 웅장한 자리에서 수많은 생명들과 어울려 실물을 보고 느끼며 다 같이 온몸으로 이 문제 해결의 실마리를 찾아보는 것이 어떻겠습니까?

불손하게도 '숲(森)'이라는 이름을 쓰면서, '일본은 신의 나라다', '천황제를 지켜라' 하는 등의 모리 요시로 수상의 어처구니없는 '교육 개혁'을 용납해서는 안 될 것입니다.

너도밤나무 산악 여행에서 돌아오고 나서 그 유명한 레이첼 카슨[12]의 유고집 《잃어버린 숲》을 읽었습니다. 그 가운데 내용을 골라 옮기겠

---

12) 레이첼 카슨: 레이첼 루이즈 카슨(Rachel Louise Carson, 1907~1964)은 미국의 해양 생물학자이자 작가이다. 잘 알려진 작품으로 《침묵의 봄》이 있으며, 그의 글은 환경 운동이 진보하는 데 큰 몫을 했다.

습니다. 이건 이미 45년 전에 쓰인 내용입니다.

사람은 스스로 창조해 낸 인공적 세계에 너무 깊이 빠져들고 말 았습니다. 대지와 물이 있을 때 비로소 씨가 자라난다는 현실로부터 자기 자신을 떼어 놓으려고 해 왔던 것입니다. 사람은 스스로의 힘에 교만을 떨며 자기 자신이나 주변 세상을 파괴로 이끄는 경험을 하고 있 습니다.

(이를 해결할 수 있는 단순한 방법은 없으나…… 우리를 둘러싼 삼라만상에 대하여) 놀라고 감동하는 마음과 겸손은 유익하며 파괴를 추구하는 욕 망과는 공존할 수 없습니다.

인류는 모든 생물 위에 서 있는 존재이기는커녕 자연의 일부에 불과하며 모든 생물을 통제하는 광대무변한 힘의 지배하에 있다는 인 식이 여기저기서 자라나고 있습니다. 이 힘과 싸우기보다는 오히려 그 힘과 조화롭게 살아 나가는 방법을 배울 수 있을지에 따라 인류의 미래 행복이, 그리고 아마도 그 생존 여부가 달려 있을 것입니다.

어린이 마을의 숲이 파괴되다!

8월 31일, 여름 어린이 마을이 끝나 사람도 식료품도 비품도 모두 숲 중심에서 철수하여 우리가 사는 오두막집 근처로 자리를 옮겼습니 다. 가을 어린이 마을이 막 시작할 때쯤이었어요. 9월 1일 밤에 폭우가 쏟아졌습니다. 연간 강우량이 비교적 적은 이 일대에서는 폭우라 할 만했습니다. 삼림관리국(구 영림서) 직원은 마치 자연재해인 양 떠들어 댔지만, 25시간 동안 160밀리미터 정도의 강우량은 본토나 홋카이도의 다른 지방에서는 그리 드문 일도 아닙니다.

원인은 불을 보듯이 뻔했습니다. 올해 3월부터 10월까지 구마데의 계곡물 상류에 있는 국유림을 사정없이 마구 벌채해 버렸기 때문입니다. '간벌(솎아베기)' 이라 부르며 '숲의 활성화' 라는 미명 아래 파괴적인 벌목을 자행했습니다. 뒷일은 생각지 않고 서둘러 잘랐기 때문일 것입니다. 구마데를 구불구불 달리고 있는 임도에서 엄청나게 경사진 직업 길을 만들고 있습니다. 힘이 센 내 사륜구동 지프조차 힘을 못 쓰는 경사입니다. 그 위에 재목을 가지런히 잘라 놓기 위한 넓은 집적장을 만들고, 거기서부터 또다시 가파른 작업 길이 몇 줄이나 뻗어 나가고 있습니다. 아마도 대형 캐터필러가 장착된 중장비로 나무들을 잘라 내서 이를 끄집어냈을 것입니다. 이런 방법으로는 표토(表土)가 벗겨져서, 일단 폭우가 쏟아지면 길은 강으로 바뀌어 대량의 토사가 계곡물에 유입되게 됩니다. 대규모 벌채로 인해 숲은 물을 머금고 있을 힘을 잃었습니다. 이 재해는 이미 예견된 것이었던 거죠.

나는 예전부터 이 벌채에 대해 계속 항의해 왔습니다. 특히 2년 전에도 같은 구마데의 계곡에서 벌채로 인한 인재라고 할 수밖에 없는 산사태가 발생했습니다. 물이 탁해져서 어린이 마을에서도 아이들은 며칠씩이나 밥도 짓지 못하고 목욕도 할 수가 없었지요. 이 계곡물에는 수도 취수구가 달려 있어 170가구의 마을 주민들이 이 물에 의지하고 있습니다. 이 재해로 수돗물이 탁해져서 사용할 수 없게 되어 동네에 급수차가 오는 소동이 벌어졌고 많은 양의 물을 쓰는 낙농업자들은 큰 타격을 입었습니다.

숲에 어린이 마을이 있고, 수도 취수구가 자리한 계곡물 상류에 있는 나무를 왜 아무런 생각 없이 베어 버린단 말입니까? 나는 삼림관리국장에게 몇 번이고 항의를 했고 다시는 이런 일이 일어나지 않게 해 달라고 요청했습니다.

그랬던 것이 겨우 2년 만에 이 모양이 된 것이지요. 그것도 2년 전과는 비교가 되지 않을 정도로 큰 규모의 재해를 일으켰습니다. 파괴된 숲으로부터 구마데의 계곡물에 유입된 토사나 돌들이 강물을 넘쳐 나게 했고, 유역 내에 있는 나무들을 닥치는 대로 쓰러뜨렸으며, 결국에는 어린이 마을과 수도 취수구를 무너뜨렸습니다.

하루 전까지 우리가 있었던 멀쩡한 '본부'를 삽시간에 토사가 삼켜 버렸고, 주니어(어린이 마을의 중심을 이루는 중고등학생들) 지역은 흙이 크게 파였을 뿐만 아니라 강 건너편의 거목이 쓰러져 어린이들이 머물렀던 곳을 바로 무너뜨렸던 것입니다. 다양한 나무들이 무성한 물가의 낙원이라 할 수 있었던 장소가 토사와 돌, 쓸려 온 나무들로 겹겹이 쌓인 모래밭으로 바뀌어 버렸습니다. 물은 숲을 토막 내어 내가 남몰래 '생명의 길'이라 불렀던 길을 강으로 만들었고, 물이 빠진 후에는 자갈밭으로 바뀌고 말았습니다.

목욕통이 있었던 일대도 상황은 심각했습니다. 순식간에 물은 목욕통 아궁이까지 차올라 그 근처를 수몰시켜 버렸습니다. 내가 3년 동안 겨울을 보냈던 오두막집 바닥까지도 침수되었습니다. 무슨 일이 있어도 여기는 안전할 것이라 여겼던 오두막집에 보관해 둔 귀중한 서류나 기록들 대부분이 흙탕물에 젖어 아무짝에도 쓸모없는 것이 되어 버렸습니다.

어린이 마을의 숲은 급류인 계곡물 가운데서도 비교적 평평한 곳에 있었기 때문에 이곳에 토사든 자갈이든 죄다 모여들었습니다. 강바닥이 솟아올라 지금 강은 평지보다 높이 흐르고 있습니다. 이대로 뒀다가는 봄철 눈이 녹는 시기나 태풍이 오게 되면 피해가 발생할 것임은 불을 보듯 뻔한 일입니다. 생명의 안전에 관한 문제이시요. 국가는 분명하게 책임을 져야 할 것입니다. 이것은 단순히 한 작은 산골짜기의 작은 마을에서 일어난 작은 사건이 아닙니다. 국가는 임야 행정에 있어 큰 실수를 저지르고는 영림서를 삼림관리국으로 이름만 바꾸고, 아무것도 하지 않았으면서 지금에 와서야 입으로는 숲과 인간의 교류 운운하고 있습니다.

그렇다면 숲 속 어린이 마을이야말로 더없이 소중한 존재가 되지 않을까요? 숲 속 어린이 마을은 이미 18년 동안 자연과 인간, 숲과 인간과의 올바른 관계를 추구해 왔으니까요. 여기서는 숲과 아이들 사이에 올바른 관계가 형성되며, 이제는 어린이 마을 초기에 왔던 아이들이 자라서 다시 그 아이들의 아이들까지 참가할 정도가 되었답니다. 여름뿐만 아니라 일 년 내내 전국 각지에서 이 숲을 찾아오는 사람들이 끊이지 않을 정도로 발전을 거듭해 왔습니다.

이런 가운데 아이들은 나무도 생명, 풀도 생명, 벌레나 버섯들도 똑같은 생명이며, 그 모든 생명들이 서로를 지탱해 주고 관계를 맺으면서 생명의 고리(생태계)를 이어 가고 있으며, 그중에 있으나 마나 한 생명 따위는 단 하나도 없음을 배워 왔습니다. 이 18년 동안 나무 하나 베지 않고, 풀을 베더라도 미안해하는 마음이 자라나고 있습니다.

이런 자리야말로 지금 일본인이, 일본의 어린이들이 가장 필요로 하고 있는 곳이 아니겠습니까? 나는 숲 속 어린이 마을을 여기까지 이끌어 줬던 아이들을 자랑스럽게 생각합니다.

나는 12월 7일 오다시마 마모루(小田島護, 불곰 연구자) 씨와 함께 삼림관리국 기타미 분국(北見分局)에 가서 분국장, 조사관, 담당 과장에게 항의했습니다.

"이 숲을 파괴하는 일은 아이들의 마음에 상처를 주는 행위나 다름없다. 아이들이 직접 쌓아 왔던 생명의 장을 파괴하는 것이다. 국가는 그걸 똑바로 인식하고 있느냐."

그렇게 따지고 들었습니다. 아무리 발뺌을 한다 해도 파괴의 현실은 누가 봐도 분명했고, 그 가장 큰 책임은 국가에 있습니다. 아무튼 기타미 분국으로부터 내년 봄에 책임지고 조사를 하겠다는 약속은 받아냈습니다.

18년 동안 아이들과 함께 사랑해 왔던 숲이 지금 위기에 처해 있습니다. 지금 이 상태로는, 올해의 숲 속 어린이 마을을 안심하고 열 수 있을지조차 장담할 수 없습니다. 이 숲이 안 되면 다른 숲에서……. 하지만 이 숲은 그럴 수 있는 숲이 아닙니다. 아이들은 이 숲에서 마음을 풍요롭게 하고, 빛을 발하고, 여기서 자신만의 자리를 찾아 생명의 꽃을 피워 왔습니다. 그런 숲입니다. 나는 앞으로도 이 숲에서 숲 속 어린이 마을이 지속될 수 있도록 모든 방법을 다해서 물러서지 않을 생각입니다.

여러분도 어떻게 하면 좋을지, 어떤 작은 일이라도 좋으니 부디 지혜와 힘을 빌려 주셨으면 합니다. 다 함께 숲 속 어린이 마을을 끝까지 지켜 갔으면 좋겠습니다. 간절히 부탁드립니다.

말이나 글자를 초월하는 것

3월에 〈숲 속 어린이 마을 통신〉의 특별호에서 '숲 속 학교' 창설에 대해 호소한 바 있습니다. 그 반향은 나의 예측을 훨씬 더 뛰어넘는 것이었습니다. 격려의 편지, 지원금이 계속해서 들어왔습니다. 그 가운데에는 수십 년 동안 키워 왔던 낙엽송을 학교를 위해 필요한 만큼 제공해 주겠다든가, 제재기든 공구든 다 빌려 주겠다고 나서 주신 분, 학교를 세울 때 같이 참여하겠다고 말씀해 주신 분들께 진심으로, 진심으로 고맙습니다.

장소도 숲 속 지금 있는 오두막집 근처로 정했고, 6월 초부터 시작하고자 합니다. 여름에 찾아오는 아이들을 비롯해 많은 사람들이 기둥 하나, 판자 하나, 못 하나라도 좋으니, 이건 내가 만들었어, 이건 내가 박았어……. 그런 추억들을 남길 수 있는 기회가 되었으면 좋겠고, 무엇보다 학교 건축에 실컷 땀을 흘린 다음 목욕통에 들어가 온몸으로 숲을 느껴 주기를 바랍니다.

하지만 '숲 속 학교'란 어떤 특정 건물을 가리키는 것도 아니고, 어떤 모양을 갖춘 것도 아닙니다. 포괄적인 의미에서 말하자면 숲 전체가

'학교'이며, 건물은 그 가운데 극히 일부분에 지나지 않습니다.

내가 무엇보다도 가장 중점을 두고자 하는 것은 새로운 '숲의 시대'를 개척해 나가기 위해 지금 우리가 숲으로부터 어떤 사상을 터득해 나갈 것인가 하는 점입니다. '호소문'에서 나는 이렇게 적었습니다.

인간은 무수한 생명 가운데 하나에 지나지 않는다. 다른 생명들 위에 서 있다는 오만함을 버리고, 모든 생명을 존중하며, 거기에 감동하고, 그들로부터 배우는 마음가짐을 가지지 않으면 안 된다. 다양한 생명들의 다양한 연결 고리가 곧 풍요로움이자 아름다움이라는 관점, 있어도 그만 없어도 그만인 생명 따위 단 하나도 없다는 신념, 풀 하나를 베더라도 망설이는 마음을 갖는 것. 이런 것들을 배울 수 있느냐 없느냐에, 곧 앞으로의 인류의 행복과 더 나아가 인류의 생존 문제까지도 걸려 있다.

이건 그냥 글로만 적으면 '아아, 그런가.' 하고 넘어가 버립니다. 직접 말로 해도 '아, 그렇구나.' 하고 그냥 넘어가 버릴 수 있는 내용입니다.

그러나 실제로는 어느 한 부분만을 취한다 해도 그간 인류가 만족해 왔던 가치관, 자연관, 삶의 방식들을 근본적으로 뿌리째 뒤엎어 버리지 않는 한 터득할 수 없는 것들입니다. 지극히 어려운 길이죠. 숲에서 산 지 어언 10년, 내 나름대로 겨우 보이기 시작한 그 길이 바로 '숲에 홀딱 반한다'는 것입니다. '호소문'에서 '숲에 홀딱 반한다는 것은 숲에 안기는 것, 숲에 감동하는 것, 숲에서 느끼는 행복을 더할 나위 없는 행복이라고 말할 수 있을 정도로 철저하게 빠져든다는 뜻'이라고 했던 것은 바로 이 때문입니다.

이런 생각에는 '과학적이지 못하고 이성적이지 못하다'는 반론이 반드시 따라올 것이라 생각합니다. 과거의 나 자신도 포함해서 대다수의 사람들은 '과학적'이라는 말을 '올바른 것'과 동의어로 생각하고 있습니다.

서구 세계에서 탄생한 근대 과학의 공로와 죄를 이제 분명하게 판가름해야 할 때입니다. 핵 문제 하나만 보더라도 2만 5천 년 후의 자손들(그때까지 인류가 살아 있을 때의 이야기이지만)에게까지 공포의 유산을 떠맡기고 있습니다. 유전자 조작이나 클론 기술은 이 지구 환경의 윤택함, 아름다움을 아슬아슬하게 지탱하고 있는 생명의 다양성에 크나큰 타격을 입힐 수 있습니다. 그냥 이대로 맹목적으로 과학에만 의지하고 있다가는 무슨 일이 벌어지게 될지 알 수 없는 시대가 오고 있는 것입니다.

구미식 사상이 세계를 이끌었던 시대는 이제 저물고 있습니다. 새로운 시대의 새로운 가치관을 창출해 내기 위해서는 동양적인 '숲의 사상'에 눈을 돌리는 일이 가장 중요합니다. 특히 세계 유수의 조몬 문화 이래로 이 일본 열도에서 줄기차게 이어져 온 정신에 주목해야 할 때입니다. 그것이 정확히 무엇인지 아직 나로서는 분명하게 말씀드릴 수는 없지만, '말이나 문자를 초월한 심오한 것'이라 믿고 있습니다.

예를 들어 너도밤나무 숲에서 내가 느끼는 '더없는 행복'은 확실히 나의 삶에 활력소가 되고 있습니다. '더없는 행복'이라는 말을 쓰고는 있지만, 내가 숲으로부터 받은 모든 것들을 이 말 한마디로 다 표현해 낸 것은 아닙니다. 이 말의 몇 십 배, 몇 백 배에 이르는 선물을 받아 놓고서도 더 이상 말로 표현해 내지 못하고 있는 것일 뿐입니다. 말이나 문자는 그래봐야 커뮤니케이션의 한 수단일 뿐이며, 그 이상도 그 이하도 아니라는 걸 깨달았습니다. 말이나 문자조차도 기호화시키며, 간편화되어 가는 방향으로 나아가고 있는 '정보 혁명!' 나에게는 편리함을 대가로 한 인간 붕괴로 이어지는 길로밖에는 보이지 않습니다.

숲에 있다 보면 '~하지 않으면 안 된다' 나 '~해야 한다' 라는 생각이 말끔하게 사라지게 됩니다. 이런 생각들을 비롯한 직선적인 사상이 아니라 말이나 글자나 기호를 훨씬 뛰어넘은, 몸과 마음으로 감지하는 '유연함', '깊음과 감미로움', 그것이 이 시대를 바꿔 나가는 강한 힘, 에너지의 근원이 될 것이라는 생각이 끊임없이 들곤 합니다.

'숲 속 학교' 는 이와 같은 말이나 글자를 초월하는 것들을, 숲으로부터 터득하고, 그 깊이를 더하며, 갈고 닦아서, 자기의 것으로 바꾸는 그런 자리가 될 수 있기를 진심으로 바랍니다.

아름다운 것은 아름다운 곳에서 태어난다

야마가타 현 오구니 정(山形県 小國町)에 '생명의 숲' 이라고 내 멋대로 이름 지은 숲이 있습니다. 눈앞이 아찔해지는 기다란 현수교를 건너면 삼각형 지붕의 간이 숙소가 있습니다. 그 앞을 지나가는 것이 대아사히 산으로 향하는 등산길입니다. 그 도중에 가쿠나라(角楢)라고 하는 커다란 너도밤나무들이 많은 숲이 있습니다.

간이 숙소에 가기 전에 오른쪽으로 빠지는 샛길이 있고, 아무래도 버섯이 있을 것 같다는 예감이 들었습니다. 계속 들어가 보니 길은 끊겼고, 버섯도 보이지 않았지만 중간에 다시 옆으로 새는 더 좁은 갈림길이 있었습니다. 그 둘레는 온통 내 키를 훌쩍 넘는 참억새들이 무리 지어 자라고 있어서 앞이 잘 보이지 않았습니다. 조금 더 앞으로 나가자 굵은 너도밤나무의 고목이 우뚝 서 있었습니다. 올려다보니 수백은 족히 넘을 화경버섯(일명 달버섯이라 불리는 독버섯)들이 자생하고 있었습니다. 그 옆을 보니 희미하게 보이는 오솔길이 있었습니다. 이 나무를 표식으로 삼으면 헤매지는 않겠다고 생각했던 것이 애당초 잘못이었지만, 실은 이 일이 생명의 숲과 만나는 계기가 되었습니다.

처음에 보이는 냇물을 건너 낮은 절벽을 올라타고 섬조릿대 사이에 희미하게 이어지는 발자국을 따라가니 그곳은 말 그대로 무릉도원이었습니다. 너무나 아름다운 광경에 절로 '우왓' 하고 큰 소리를 질러 버렸습니다. 시라카미(白神)의 숲도, 구리코마 산(栗駒山), 아사쿠사 산(淺草岳), 와가 산(和賀岳)의 너도밤나무 숲도 모두 다 매우 아름답긴 하지만 그것과는 또 다른 아름다움을 간직하고 있었습니다. 어떻게 다르냐고 묻는다면 한마디로 대답하기는 어렵지만, (나는 술을 전혀 못 마셔서 사실 잘 모르지만) 기분 좋게 취한다거나 거나한 취기라고 하는 것은 이런 기분을 말하는 것인지도 모르겠습니다. 눈에 보이는 아름다움을 뛰어넘는 것, 몸으로 느끼는 아름다움입니다. 내 몸의 세포들 하나하나가 모두 살아나 환성과 탄성을 질러 마지않습니다.

거목들의 숲은 아니지만 수령 200년 정도가 된 너도밤나무의 모습이 뭐라 형언할 수가 없습니다. 임상(林床)에서부터 임관(林冠)에 이르기까지 여러 종류의 다양한 생명들로 빽빽이 메워진 광경은 아마도 서양 사람들의 상상을 초월할 것입니다. 이곳에 있노라면 자연을 분석하고 해명하여 인식할 수 있을 것이라는 사고방식 따윈 저 멀리 확 날아가 버립니다. 이곳에서 할 수 있는 일이란 오로지 도취하고 푹 잠기고 감동하는 것뿐입니다.

그 먼 옛날 이 숲의 주인이었을 것으로 보이는 거목들이 도처에 쓰러져 있습니다. 뽕나무버섯도 많이 나 있습니다. 하지만 버섯을 채집하러 들어가는 숲이 아닙니다. 아름다우니까, 기분이 좋아지니까, 마음이 말끔하게 씻겨 내려가기 때문에 들어가고 싶어지는 그런 숲입니다.

벌써 대여섯 번이나 갔지만, 갈 때마다 헤맵니다. 하지만 헤맨다고 해서 결코 공황상태에 빠지지도 않을뿐더러, 사실은 돌아가고 싶지 않고, 며칠이든 이 깊숙한 숲에 안길 수만 있다면 얼마나 행복할까……, 이런 생각이 절로 드니 이처럼 신비한 숲이 또 어디에 있을까요.

이 숲에 들어갈 때마다 반드시 뭔가 중요한 것을 하나씩 깨닫게 되는 것도 신기하다면 신기합니다. 너도밤나무를 나타내는 한자 '橅'[13]에

---

13) 橅(모, 무) : 나무 목 변에 '없다', '아니다'를 뜻하는 '無'가 합쳐진 회의 문자로서(일본어에서는 '없다'와 '아니다'를 뜻하는 단어의 발음이 같다), 너도밤나무를 뜻한다. 오래전 일본인들은 다양한 목재들 가운데서도 유독 너도밤나무는 잘 휘어지고 건조하기도 어렵고 곰팡이도 쉽게 피는 데다 보존성 및 내구성도 썩 좋지 못해 목재로서 그다지 쓸모가 없다 하여, '이런 나무는 나무도 아니다'라는 뜻을 담아, 이런 한자를 사용하게 되었다고 한다. 이처럼 옛날에는 '너도밤나무 퇴치'라는 말이 있었을 정도로 마구 벌채를 당하는 홀대를 받았으나, 지금은 피아노와 같은 악기나 고급 가구에 쓰이는 등, 목재로서의 가치를 재평가받기 시작하면서 일부 지역에서는 나무 목 변에 '無' 대신 '貴(귀할 귀)'가 들어간 한자를 사용하고 있다.

담긴 진정한 뜻을 알 것 같다는 생각이 든 것도 이 숲 속에서였습니다. 나는 그동안 많은 학자들이나 자연 보호 운동가들이 '나무가 아니다' 라고 읽는 것에 대해 의문을 품어 왔습니다. 그리고 '無(무, 없다·아니다)' 라는 한자가 지닌 깊은 뜻에서 '풍요로운 나무' 를 의미한다고 주장하게 된 것도 이 숲에서 가지게 된 생각이 계기가 된 것입니다.

어떤 때는 이 숲을 거닐면서 근대 과학의 아버지 프랜시스 베이컨을 이 숲에 데려다 놓았으면 어땠을까…… 하는 생각이 문득 들곤 했습니다. 그는 자연을 일종의 기계로 인식했고, 그 자연의 법칙을 분석하여 자연 위에 인간의 왕국을 세울 수 있다고 생각했습니다. 생태계가 빈약한 유럽의 자연에서나 할 수 있었던 말을, 지나치다 싶을 정도로 풍요로운 이 숲 속에서도 과연 똑같이 말할 수 있었을까요?

이 숲에 있노라면(내가 살고 있는 구마데의 숲에서도 마찬가지지만), 사람이 알지 못하는 일, 신비한 일들이 너무나도 많다는 사실을 깨닫게 됩니다. 그리고 그 신비함이 곧 풍요로움이기도 하다는 생각을 갖게 되었습니다. 과학을 전적으로 부정할 생각은 없지만 이제는 근대 과학 속에 일관해서 흐르는 인간 중심주의와 오만함에 대해서 꾸짖어야 할 때입니다. 지금 바로 이 오만함이 인류 스스로를 파멸의 늪으로 몰아가고 있는 것입니다. '산천초목실개성불(山川草木悉皆成佛)'. 자연에 있는 모든 것, 모든 생명 속에 신, 또는 불성을 발견하는 '숲의 사상' 의 소중함을 이 숲은 가르쳐 줍니다.

올가을은 이 숲에 푹 안겨 '아름다운 곳이어야 아름다운 것이 태어난다' 는 생각이 강하게 들었습니다.

그럼 그 '아름다운 것'이란 무엇일까요? 느낌으로는 거의 확신에 가까울 정도로 이해는 하고 있으나, 말이나 글로 표현하면 왠지 왜곡될 것 같습니다. 막연하긴 하지만 '부시의 전쟁', '문명의 오만함'과는 대극을 이루는 것입니다. 그것만은 분명합니다. 인간이 여태껏 '좋다'고 해 왔던 것들을 초월한 아름다움입니다. 사람이 사람을 죽이며, 사람이 사람을 억압하고, 차별하고, 사람이 자연 위에 스스로를 두고 있는 한 절대로 이해할 수도, 느낄 수조차도 없는 '아름다움'인 것입니다.

21세기를 또다시 '전쟁의 세기'로 만들어서는 안 됩니다. 생명의 숲이 가르쳐 주는 '진정한 아름다움'이 자라나고, 한 사람 한 사람이 무엇을 할 수 있는지를 끊임없이 스스로 물어보는 100년이 되기를 소망합니다.

인류는 이제 숲으로 돌아갈 때이다

3월 20일, 나는 오래간만에 대도시로 여행을 떠났습니다. 여행의 목적은 '숲 속 학교를 향한 메시지'를 읽어 주시면 알 수 있으니 여기서는 반복하지 않겠습니다.

이 여행에 앞서 나는 몇 번이고 망설였습니다. 사실은 가기 싫었던 것입니다. 숲 속에는 안락함이 있고, 큰 안도감이 있습니다. 아무리 몸을 움직이고 땀을 흘려도, 지금 이곳에 내가 살아 숨 쉬고 있음을 실감할 수 있습니다. 내 자신이 숲 속의 무수한 생명들 가운데 작은 하나임을 나날이 시시각각 체감할 수 있다는 것은 기쁨이기까지 합니다.

비록 3주일 동안이라고는 하나, 이 기쁨이나 안락함에서 벗어나 있을 자신이 없었습니다. 삿포로(札幌)·도쿄(東京)·나고야(名古屋)·가나자와(金澤)·오츠(大津)·교토(京都)·오사카(大阪)·히메지(姬路)……. 과연 어디까지 갈 수 있을까요?

하지만 이 여행은 나 스스로 결정했습니다. 이 여행이 나에게 있어서 험준한 길이라면, 그 험준함은 곧 현대 사회의 험준함입니다. 나도 그 험준함을 맛볼 필요가 있을 것입니다. 사실을 말하자면, 삿포로에서 보낸 5일 동안 벌써 지쳐 버려 숲으로 돌아가고 싶었습니다.

도쿄는 6년 만입니다. 6년 전에는 3일밖에 있을 수가 없었습니다. '신체 오감을 스스로 둔화시켜 인간임을 반쯤 포기하지 않으면 도쿄에서 살아갈 수가 없다'고 생각한 것도 바로 이때였지요. 이번에는 일수로 6일입니다.

도쿄는 역시 나 같은 사람이 살아갈 수 있는 곳이 아니었습니다. 나의 생명이 비명을 질렀습니다. 맑은 숲 속의 공기에 익숙해 있던 나의 폐가 심호흡하기를 거부했습니다. 인파 속, 전철 속, 지하도, 도처에서 나는 호흡 곤란에 빠졌습니다. 목소리가 배에서는 물론이요, 가슴에서조차 나오지 않았습니다. 억지로 소리를 내면 목이 아팠습니다. 목소리가 이미 내 것이 아니었습니다. 인공물로 가득 찬 광경이 너무나 눈부셔 눈을 뜨고 있을 수가 없었습니다. 눈부시지 않느냐고 지인에게 물어보았더니 "글쎄"라는 대답만 돌아옵니다. 냄새도 이상합니다. 냄새나지 않느냐고 물으면 "뭐가?"라고 도리어 되묻는 것이었습니다. 괴이한 소리로 가득 찬 세상입니다. 이것을 모두 다 듣고 있노라면 미쳐 버릴 것만 같았습니다. 끈적거리는 피부의 감촉, 그리고 식욕은 사라져 버렸습니다.

많은 사람들과 만날 수가 있었고, 나라는 사람은 이 많은 사람들의 호의와 지지 덕분에 살 수 있었음을 새삼 확인할 수 있었던 여행이었습니다. 그렇기는 하지만, 도쿄에서는 생명이 깎이고, 깎이고 또 한 번 깎이는, 뭐라 말할 수 없는 불안감이 엄습했습니다. 하지만 이곳에는 실제로 천만 명 남짓한 사람들이 살아가고 있습니다. 기껏해야 인구가 겨우 몇 명밖에 되지 않는 숲에서 온 사람이 뭘 알겠냐고 한다면 할 말이 없지만, 대부분의 사람들은 무의식적으로 생명이 깎이는 일에 익숙해지도록 스스로를 바꾸고 있는 것이 아닐까 하는 생각이 듭니다.

이곳에는 숲에는 없는 편리함, 빠름, (물질적) 풍요로움, 무엇이든지 다 갖춰져 있습니다. 과학의 최첨단을 달리는 물건들로 넘쳐 납니다. 여태껏 '좋은 것'으로 여겨 왔던 것들이 넘치고 넘쳐 납니다. 이 '좋은 것'이 과연 생명의 존엄성, 작은 생명으로서의 기쁨보다도 더 소중하다고 할 수 있을까요?

바로 여기에 현대의 아픔이 있고, 슬픔이 있습니다. 몸도 마음도 병드는 것은 당연한 일이 아니겠습니까?

부시의 '새로운 전쟁'은 우리가 좋다고 여겨 왔던 문명 세계의 마지막 종착점이 어떤 것인지를 여실히 보여 주고 있습니다. 그 좋다고 하는 미국 문명이 아프가니스탄에서, 그리고 전 세계에서 수많은 생명들의 존엄성을 박살 내고 있습니다. 고이즈미[14] 정권은 그저 미국이 이끄는

---

14) 고이즈미(小泉純一郎): 일본의 전 총리이자 자민당 총재.

대로 그 길을 따라가고만 있습니다. 그래서 위험하다는 것입니다.

나는 여기에 '부시는 나의 반면교사' 임을 선언하는 바입니다. 그들의 위험한 길에는 반대합니다. 끝까지 반대할 것입니다.

하지만 그들의 위험함은 현대 문명의 위태로움과 깊은 관련이 있습니다. 그들의 위험함은 곧 우리 가운데의 위험성이기도 합니다. 그래서 그들에게 반대함과 동시에, 우리 안에 내재된 위험성을 뛰어넘는 길을 모색하지 않으면 안 됩니다. 그것은 결코 쉬운 일은 아닐 것입니다.

세계적인 언어학자이며 철저한 반전 이론가이기도 한 노암 촘스키가 월간지 〈플레이보이〉(조금 망설이면서 샀습니다.)에서 작가 헨미 요우와 대담을 나누었는데, 마지막에 이런 말을 남겼습니다.

일본인들이 지금 하지 않으면 안 되는 것은 도쿄를 바라보는 것, 거울을 들여다보는 일입니다. 그러면 더 이상 한가로이 지낼 수가 없게 될 것입니다.

'도쿄라는 거울' 에 비춰진 무엇을 보라는 말인지 분명하지 않기는 하지만, 나는 나 나름대로 이 말을 이렇게 해석했습니다. 도쿄에 응축되어 있는 생명의 아픔, 생명의 슬픔, 우리 안에 있는 위태로움을 깊이 응시하는 일이라고.

중대한 위기를 앞에 두고 60년대, 70년대와 같은 반대 운동이 일지는 않고 있습니다. 얼핏 무기력하게, 무관심하게 보이지만 사실은 그렇지 않을 것입니다. 고통, 슬픔, 위태로움을 느끼면서도 지금 무엇을 해야 할지 망설이고 있는 것입니다. 우리가 직면하고 있는 것은 깊디깊은 물음입니다.

나는 부시를 반면교사로 삼겠습니다. 이를 위해 전 생애를 걸겠습니다. 부시와 대극을 이루는 것, '도쿄'와 대극을 이루는 것…… 그것이 우리가 진정으로 추구하고 있는 것임에 틀림없습니다. 나는 '숲' 속에 바로 그것이 있다고 믿고 있습니다. 그것이 무엇인지 숲에게 물어봐야 할 때, 숲으로부터 그것을 배워야 할 시대가 왔다고 생각합니다. 전쟁 없는 세계, 다툼이 없는 세상, 안심이 되는 사회, 인간이 생명으로서 빛을 발할 수 있는 길을, 숲?한때 사람이 그곳에서 태어났던 고향?에게 겸허한 자세로 다시 배울 필요가 있을 것입니다.

지금 인류는 숲으로 돌아가야 할 때입니다. 지금 인류는 숲으로 돌아가고 싶어 합니다. 그 길은 사람마다 제각기 다 다를 것입니다. 그래도 괜찮다고 생각합니다. '숲 속 학교'란 한 사람 한 사람이 저마다 숲으로 돌아가는 길을 스스로에게 묻는 자리입니다.

이 여행에서 살이 3킬로그램 빠졌지만, 나는 지금 봄을 맞이하고 있습니다.

산사람의 시

올가을에도 너도밤나무 산악 여행을 다녀왔습니다. 너도밤나무 산악 여행도 벌써 6~7년째가 되어 갑니다. 최근에는 많은 산들을 돌아다니기보다는, 몇 군데 자리를 정해서 느긋하게 너도밤나무들과 이야기를 나누고자 합니다. 올가을에는 구리코마 산(栗駒山, 미야기 현), 오쿠모리요시(奧森吉, 아키타 현), 핫코다(八甲田, 아오모리 현) 산기슭, 그리고 야마가타현 오구니 정(小國町)에 있는 대아사히 산(朝日岳)의 너도밤나무 숲을 돌아다녔습니다.

오구니 마치에는 내가 우연히 발견하고 홀딱 반해서 멋대로 '생명의 숲'이라 이름 붙인 숲이 있습니다. 작년에도 소개한 적이 있지요. 여섯 번 가서 여섯 번 헤맸습니다만, 올해는 겨우 헤매지 않고 갈 수 있었습니다.

여기서는 사람을 거의 못 만납니다. 그 옛날 사냥꾼이나 신니몰꾼 외에는 들어가지 않던 숲이었다고 합니다. 지금도 희미한 오솔길밖에 없습니다. 군데군데 커다란 너도밤나무가 쓰러져서 길을 막고 있습니다. 뽕나무버섯들이 많이 나 있습니다. 맛버섯이나 참바늘버섯(침버섯)도 나 있겠지만, 그건 버섯 채집꾼들의 몫으로 남겨 뒀습니다. 신참이 챙길 수 있는 몫으로는 뽕나무버섯이면 충분하거든요.

이 오솔길에서 6년 동안 두 번 같은 장소에서 같은 노인과 만났습니다. 거의 사람의 발길이 닿지 않는 숲 속에서 같은 사람과 만나는 일도 드문 일인데, 그것도 똑같은 너도밤나무의 거목이 쓰러져 있는 곳에서였습니다. 이것을 그저 우연이라고 볼 수 있을까요? 이 산에 드나드는 버섯 채집꾼들은 모두 커다란 배낭이나 바구니를 짊어지는데, 이 노인은 아무것도 없습니다. 내가 길을 잃지 않으려고 주의를 기울이며 조심조심 걷고 있는데 눈앞에 홀연히 모습을 나타냈습니다. 여든 살이 넘어 보이고, 얼굴에 웃음을 띠며 말을 거는데 그 야마가타 현 사투리는 마치

외국어를 듣고 있는 듯했습니다.

생명의 숲은 오구니 정의 중심부로부터 40킬로미터나 안으로 들어간 산속에 있습니다. 이 동네 맨 끝자락에 자리한 도쿠아미 마을에서 5킬로미터 떨어진 곳에 내가 '공포의 현수교' 라 부르고 있는 현수교가 있습니다. 그것을 건너고 참억새나 조릿대 덤불을 헤집고 들어가야 겨우 다다를 수 있는 깊숙한 숲입니다. 잠깐 산책 삼아서 올 수 있는 장소가 아닙니다.

이 사람은 그 옛날 사냥꾼이었을지도 모릅니다. 하지만 나는 이 노인을 너도밤나무 숲의 '정령' 이라 생각하기로 했습니다. 생명의 숲은 정령이 산다고 해도 이상할 게 없어 보이는 곳입니다.

올해도 '정령' 과 만나고 싶은 생각에 생명의 숲을 돌아다녔습니다. 정령과는 만나지 못했지만, 깊은 숲 산등성이 위의 굵은 너도밤나무 밑둥치에서 연봉을 바라보며 점심을 먹으려고 했을 때 홀연히 산사람이 나타났습니다. 같이 점심만 먹었을 뿐인데도 그분은 내게 양손 수북이 천연 맛버섯을 나누어 줬습니다(그 버섯이 어찌나 맛있던지). 혹 정령의 분신이 아닌가 싶었습니다.

그다음 날에는 같은 산줄기인 가쿠나라(角楢)숲을 찾아 나섰습니다. 가쿠나라에는 이 일대에서 가장 좋은 너도밤나무 숲이 있다는 소문을 들었습니다. 그러나 그 숲에 들어가기 위해서는 대현수교를 포함해서 현수교 세 곳을 건너지 않으면 안 됩니다. 고소 공포증이 있는 내가 세 곳을 모두 건넌다는 것은 기적에 가까운 일입니다. 예전에 한 번 세 번째 현수교에서 그만 좌절하고 만 적이 있습니다.

이번에도 두 번째까지는 겨우 건널 수 있었습니다. 발판 폭은 15센티미터, 와이어는 허벅지 높이 정도밖에 안 됩니다. 이윽고 세 번째 현수교에 다다랐습니다. 때마침 가랑비가 내리고 있었습니다. 저번에는 보기만 해도 좌절을 했지만, 이번에는 아무튼 도전해 보기로 했습니다. 사다리에 오르자, 이쪽에 있는 너도밤나무 거목과 건너편에 있는 너도밤나무 거목을 잇는 현수교가 보였습니다. 길이는 30미터, 높이는 10미터 정도, 발판은 놀랍게도 고작 지름 7~8센티미터 정도의 통나무입니다. 짐을 모두 등에 짊어져 두 손이 자유로운 상태에서 첫발을 내디뎠습니다. 와이어를 두 손으로 꽉 잡고만 있으면 나가떨어질 일은 없습니다. 머리로는 그걸 알고는 있지만, 두려움이 한 발짝 내디딜 때마다 커졌습니다. 가느다란 통나무가 자꾸 발을 헛디딜 거라며 나를 협박하고 있는 것만 같았습니다.

4분의 1 정도 통과한 지점에서 너무나 무서운 나머지 그대로 꼼짝도 못한 채 한 발짝도 앞으로 나아갈 수가 없게 되었습니다. 어쩔 수 없이 뒷걸음질 치며 제자리로 돌아오고 말았습니다. 하지만 나는 너도밤나무가 꼭 보고 싶었습니다. 가쿠나라의 너도밤나무와 만나고 싶었습니다. 무릎걸음으로라도 꼭 가야겠다는 생각이 들었습니다. 하지만 앉으면 배낭이 세로로 쳐진 와이어에 걸려서 앞으로 나아갈 수가 없습니다. 하는 수 없이 허리를 굽히고 한 발짝 한 발짝 앞으로 나갈 수밖에 없었지요. 이번에는 3분의 1 정도까지 갈 수 있었습니다. 아래로는 급류가 물보라를 치며 거세게 흐르고 있습니다. 더는 발걸음을 옮길 수가 없었습니다. '나는 너도밤나무 숲을 즐기러 온 것이지, 모험을 하러 온 것이 아니다.' 생각하며 다리 건너기를 그만두고 말았습니다.

　　그만두고 보니 가쿠나라의 숲이 더욱더 매혹적인 숲으로 보였습니다. '내년에는 작업화를 신고 도전해 보자.' 그런 생각을 하면서 발걸음을 돌렸습니다. 그런데 조금 되돌아온 지점에서 한 나이 든 버섯 채집꾼과 만났습니다. 어디까지 갔다 왔느냐고 물어보기에 그 현수교에서 돌아왔다고 대답했더니 "그 다리가 무섭긴 하지." 하고 동정해 주었습니다.

　　나는 그분과 버섯에 관해 이야기를 나누었습니다. 그분은 정령보다 나이가 젊어서인지 그가 하는 말의 반 이상은 알아들을 수가 있었습니다. 그 사람은 버섯이 확 줄어들었다며 한탄하였습니다.

　　동북 지방을 여행하면서 알게 된 버섯 가운데 능이버섯이라는 것이 있습니다. 홋카이도에도 있지만, 나 말고는 아무도 거들떠보지 않습니다. 동북 지방에서는 설에 먹는 귀한 버섯으로서, 송이급 대우를 받고 있다고 그 사람이 말했습니다.

　　"능이버섯은 말이요, 옛날에는 많이 딸 수 있었는데, 지금은 하나도 없어. 능이버섯은 말이요, 아침 햇살이 반짝반짝 비치고, 석양빛이 반짝반짝 비치면서 흙을 깨끗하게 만들어 주는 그런 흙에서만 난다오. 지금은 아침 햇살이 반짝반짝, 석양빛이 반짝반짝…… 그러면서 흙이 정화되는 일이 없어졌어. 이곳의 흙도 이젠 오염되기 시작했나 보구먼. 올해는 아직 한 개도 못 땄어."

　　야마가타 현 사투리로 이 이야기를 들었을 때 마치 시를 듣는 듯한 기분이었습니다. 산사람의 체감이 낳은 시였습니다. 세 번째 현수교에서 좌절한 덕분에 멋진 시를 들을 수 있었지요.

아울러 현수교라는 삼엄한 보호 아래 드나드는 사람도 아주 적은 이 대아사히 산들의 흙조차도 사람들 때문에 오염되고 있다는 사실을 깊이 생각하지 않을 수 없었습니다. 정령이나 산사람들이 진심으로 기뻐할 수 있는 숲으로 향하는 길은 멀고도 험하기만 합니다.

3장 문명과 숲 – 숲의 문화, 숲의 사상 1

새로운 물음
이 이변, 이 파괴가 어디까지 계속될까
숲에 살면서 새로운 시대의 창문을 찾다
문명과 숲
너무밤나무 숲에 안겨 '문화'를 생각하다
다음 시대의 문화란
사람 중심이 아닌…

새로운 물음

올해는 근년에 없었던 눈이 많이 내렸습니다. 11월 중순의 폭설이 그대로 밑눈(겨우내 녹지 않고 계속 지면을 덮고 있는 눈)이 되었습니다. 그 이후에도 쉬지 않고 눈으로 된 산을 계속 쌓아 갔습니다. 백 일이 훨씬 넘었습니다. 설산은 거대해졌습니다. 폭과 길이가 모두 20미터 남짓, 높이 4미터 이상인 설산에 3월 1일부터 움막을 파기 시작했습니다. 첫 번째 방 정면에 '숲(森)'이라는 글자를 새겼습니다. 속에서 파낸 눈도 또 쌓일 것이므로 이 설산이 얼마만큼 커질지 나도 모르겠습니다.

옆에서 보면 날마다 아침부터 저녁까지 눈을 쌓는 단조로운 나날처럼 보일 것입니다. 그래도 가을부터 이 숲에 살면서, 그리고 가을 한때 동북 지방의 너도밤나무 숲에 둘러싸여 자극을 받으면서, 많은 것을 생각했습니다. '지금은 어떤 시대인가?', '지금 시대에 숲이 지닌 의미, 숲에 있는 의미는 무엇인가?', '숲의 문화, 숲의 사상이란 무엇인가?'

숲 속에서 오로지 땀을 흘리고 있을 때는 아무것도 생각하지 않는 것처럼 보여도 실은 가장 깊이 생각하고 배우는 시간입니다. 머리로 생각하는 것이 아니라 몸 전체로 생각합니다.

책은 밤에 두 시간만 읽기로 했지만, 숲 오두막에서는 집중할 수가 있어서 젊을 때보다 훨씬 많이 읽고 있습니다. 지금 내가 계속해서 생각하고 있는 것들이 과녁을 제대로 맞혔는지는 나 자신도 모르지만, 그냥 묻어 버릴 수 없는 것들이 마음속에서 흘러넘치므로 이제부터라도 써 놓기로 했습니다.

이 이변, 이 파괴가 어디까지 계속될까

11월 18일 아침, 숲에서 눈을 뜨고는 깜짝 놀랐습니다. 이 무렵에는 드문 폭설로 숲은 눈에 푹 덮여 있었습니다.

10월부터 11월에 걸쳐 장작이나 물건을 넣어 둘 창고로 쓸 오두막을 짓다가 다리와 허리를 다쳐서 삿포로에서 중국 침 치료를 받고 막 돌아왔을 때였습니다. 오른쪽 다리가 저려서 힘을 줄 수가 없었는데 놀랍게도 눈을 보자 가슴이 뛰었습니다. 다리도 아프고 해서 오두막에서 임도까지 차가 다닐 길을 내는데 열다섯 시간이나 걸렸습니다. 18일은 열시간, 19일은 아침부터 다섯 시간……. 제일 깊은 곳은 가슴 높이까지였으니 1미터 20센티미터는 될 것입니다. 이리 되면 제설차도 숲까지는 못옵니다. 뒤에 들은 이야기지만, 다키노니시 쪽은 눈으로 전깃줄이 끊어져 TV나 가전제품은 물론이고, 전화도, 우물 펌프까지 안 돼서 큰 혼란이 일어났다고 합니다. 그런 점에서 전기가 없는 숲 속은 언제나처럼 변함이 없습니다. 완전히 고립된 상태이지만, 숲에 있으면 의외로 마음이 평온합니다.

먹을거리는 10월 동북 지방의 너도밤나무 숲을 여행했을 때 가져갔던 떡 한 봉지가 손도 안 댄 채 있고, 좋아하지는 않지만 양갱은 잔뜩 있습니다. 며칠 정도는 충분히 견딜 만합니다. 그러노라면 제설차는 들어오겠지 하고 가마솥 목욕통을 데워서 한가로이 쉬었습니다.

감격스럽게도 중학교 3학년인 쇼가 이 깊은 눈 속을 헤치고 걷는 스키로 현미를 가져다준 것입니다. 걷는 스키는 널빤지 폭이 좁아서 첫눈에는 널빤지가 빠져 걷기 어렵습니다. 쇼는 3시간도 더 걸려서 숲에 도착했다고 합니다.

쇼 덕분에 살았습니다. 왜냐하면 다음 날 아침 눈을 떠 보니 믿고 있었던 떡을 전부 쥐(곰쥐인 것 같아요)가 물고 가 버렸기 때문입니다. 그놈들도 이런 시기에 폭설이 내렸으니 당황했을 것입니다. 숲 속에서 유일하게 먹을 것이 있는 이 오두막이 놈들의 표적이 된 것이지요. 잡아도, 잡아도 숨어들어 옵니다. 떡을 물고 나간 구멍을 막았더니 얼마 지나지 않아 무겁고 딱딱한 밤나무로 된 미닫이에 큰 구멍을 뚫어 놓았습니다.

홋카이도에 와서 열일곱 번째의 겨울이지만, 11월 중순에 이런 폭설이 찾아오기는 처음입니다. 이 마을의 노인들도 여기에 50년을 살았지만 이런 일은 처음이랍니다. 정말 이상한 날씨가 계속됩니다.

지난해 겨울에는 눈이 거의 내리지 않아서 조릿대가 말라 죽었습니다. 4월에는 오키나와보다 더운 날이 있더니, 6월에는 때늦은 서리가 심했고, 산머루, 다래나무, 개다래, 뽕나무는 열매를 맺지 못했습니다. 그러고는 춥고 비만 오는 여름이었지요. 사계절이 뒤죽박죽이었습니다.

3년 전에도 나는 이상 낙엽을 걱정하며《숲에서 살다》에서 "숲과 자연이 심상찮다. 내년이면 다시 단풍이 무성할지도 모른다. 그러나 올해의 '이상 낙엽'이라는 숲의 경고를 사람이 확실히 받아들이지 못한다면 '이상' 주기는 점점 짧아질 것이다."라고 썼습니다.

그 뒤로 겨우 3년, 지난해의 이상 현상은 3년 전과는 비교도 안 됐습니다. 난티나무(느릅나무과)들은 여름이 오기도 전에 잎이 노래져서 떨어졌습니다. 마가목이나 고로쇠나무, 단풍나무는 6월에 단풍이 들었습니다. 정작 가을에는 단풍이 들려고 해도 나무에 잎이 거의 없었습니다. 이상스럽게도 쓸쓸한 가을 숲이었습니다.

홋카이도만이 아니었습니다. 작년 가을에도 동북 지방의 너도밤나무 숲을 여행했습니다. 나는 여기 숲과 더불어 너도밤나무 숲에 홀딱 반해 있었지만, 이상 단풍 현상은 동북 지방도 마찬가지로 심했습니다.

산에 나무 열매가 모두 떨어졌기 때문에 불곰들이 마을 가까이에 자주 나타났습니다. 인간의 자연 파괴에 대한 결과가 수십 년 후에나 나타나는 시대는 이미 지나가 버렸습니다.

작년 3월 구마데노자와 상류 어린이 마을의 숲에서 2킬로미터 떨어진 숲을 지방산림관리청에서 벌채했습니다. 내가 항의했더니 서장은 이것은 '선택 벌채'여서 성장을 멈춘 나무를 골라 잘라 내는 것으로 숲을 활성화시키기 위한 일이라고 공언했습니다.

그러나 잘라 낼 나무가 있는 곳까지 넓은 작업 도로가 만들어지고, 그 길로 불도저가 자른 나무를 목재 저장하는 곳까지 끌고 오는 바람에 표층의 흙은 벗겨져 나가 엉망이 되었습니다. 비라도 내리면 길은 하천이 되어 흙탕물이 한꺼번에 구마데노자와에 흘러들게 됩니다.

7월에 결국 최악의 사태가 일어났습니다. 7월 말의 큰비로 작은 골짜기를 메워 만든 작업 도로가 무너지고 대량의 토사가 구마데노자와를 메웠습니다. 개울은 누렇게 흐려져 밥을 짓는 것도, 빨래를 하는 것도, 목욕조차도 할 수 없게 되었습니다. 구마데노자와는 물이 깨끗하고 그 양도 제법 많습니다. 마을의 중요한 수원지로 170여 세대가 이 물에 의지해서 생활하고 있습니다. 그러던 것이 토사 붕괴로 피해를 정통으로

입게 되었습니다. 생활용수로 전혀 쓸 수 없게 되었습니다.

여기에 9월의 태풍 피해가 겹쳤습니다. 강기슭의 나무가 쿠당탕쿠당탕 쓰러져 흘러드는 토사로 강 모습조차 바뀌어 버렸습니다.

이제까지 많이 파괴했으니 이제 그만해야 합니다. 수원지가 있고, 어린이 마을이 있는 상류를 무신경하게 파괴해서는 안 됩니다. 나는 그동안 몇 번이나 서장에게 항의하며 이 숲을 보호림으로 지정해서 상류 일대에 어떠한 벌채도 하지 말도록 요구했습니다. 거기에 대한 성의 있는 답변은 하나도 없었습니다. 그뿐만 아니라 작년 피해에 대한 반성도 하지 않고, 올해도 또 상류에서 벌채를 하고 있습니다. 나는 몸을 던져서라도 앞으로 절대 이 골짜기 상류의 나무가 잘려 나가지 않게 하기로 결심했습니다.

이전의 풍요로운 생태계에서 통용되던 임업의 작업 방식이 더는 통용되지 않는 시대가 왔습니다. 이미 거기까지 와 있는 것입니다. 우리들 삶의 방식도 그렇지 않을까요.

올해처럼 사계절이 미쳐 돌아가고, 숲의 생명들이 다치는 그런 상황을 남의 집 불구경하듯 보고만 있을 수가 없기에 나는 계속해서 목소리를 높일 것입니다.

숲에 살면서 새로운 시대의 창문을 찾다

내가 이 구마데노자와 숲에 살기 시작한 지 8년째 들어섰습니다. 나는 이 숲이 좋습니다. 아니, 이제는 좋은 정도가 아니라 홀딱 반해 있습니다.

어제 움막을 파내어 눈을 쌓으면서 '반한다는 것은 어떤 것일까?' 라고 생각하다가 문득 마음에 번뜩이는 게 있었습니다. '반한다는 것은 사람 본연의 모습으로 되돌아갔을 때의 기쁨이자, 마음의 고향, 어머니의 품에 돌아가 안기는 행복감이다.'

이런 기쁨과 행복감을 맛볼 수 있는 것도 숲에서 계속 살아온 덕분입니다. 숲에 계속 산다는 것, 날마다 숲에서 눈을 쌓는 일은 단순하고 어찌 보면 전혀 무의미한 행위로 보이지만, 실은 기쁨을 쌓고 행복을 쌓는 것이며 새로운 시대의 새로운 삶의 방식을 향하여 한 발 한 발 걸어가는 여행입니다.

백 수십 년 전, 소로우(헨리 데이비드 소로우, 미국의 사상가)는 유명한 《숲의 생활》을 썼습니다. 그 내용은 지금도 신선합니다. 나는 소로우의 해박함이나 감성에는 미치지 못하지만, 내가 그보다는 훨씬 오래 숲에 있었다는 것만은 확실합니다. 소로우는 '생활'이었지만, 나의 경우에는 그저 숲에 있기만 한 것이 아닌지 모르겠습니다.

나도 자연의 혜택을 받아들이며 진정한 의미로 숲에서 살아가길 바랍니다. 사랑하는 사람들과 그렇게 하고 싶다고 절실히 바랍니다. 그래도 소로우의 시대와 지금 시대는 많이 다릅니다. 지금 시대에 '숲에 있다'는 것의 깊은 의미를 꼭 알아주었으면 합니다.

나는 숲 속에 있으면서 언제나 지금의 '시대'에 대해 생각하고 생각하려 합니다. 사람이 줄기차게 숲을 파괴해 온 결과가 인류의 생존에까지 냉혹한 영향을 주고 있는 시대, 많은 생명들이 빼앗기고, 소멸되고, 자연의 다양성을 잃어버린 결과가 곧바로 사람에게로 되돌아오는 시대,

인간이 인간임을 반쯤은 포기해야만 살아갈 수 있는 시대에 우리는 살고 있습니다. 많은 사람들이 그것에 대해 머리로는 이해하기 시작했습니다.

그러나 이런 '시대관'을 끝까지 추구하며, 자신들이 인류 역사상 경험하지 못한 새로운 시대 앞에 서 있다는 것, 거기서 인간이 살아남을 가능성을 가지려면 전혀 새로운 가치관과 생활 방식, 나아가 의식면에서도 '거대 혁명'이 필요하다는 것까지 깊이 사색하고, 그것을 실천으로 옮기는 사람은 아쉽게도 아직 적은 것 같습니다.

내가 그것을 잘 아는 것은 아닙니다. 인류가 경험하지 못한 시대를 앞두고 있는 것입니다. 나처럼 보잘것없는 인간이 간단히 알 수 있을 리가 없습니다. 그렇지만 맞고 안 맞고를 떠나서 그 시대로의 길이라고 생각되는 것을 찾아내서, 끝까지 그것을 실천해 보지 않고서는 '새 시대'로의 창문에도 다가갈 수 없을 것입니다. 나는 그것을 수행하는 장(場)이 숲이라고 생각하고, 숲에서 살아감으로써 새로운 시대의 새로운 삶의 한 조각이나마 경험할 수 있지 않을까······, 그렇게 생각합니다.

문명과 숲

지금 나는 고대 문명과 숲이 어떻게 관련되어 있는지에 대해, 많은 책을 읽으면서 계속해서 생각하고 있습니다. 나일 문명도 메소포타미아 문명도 황하 문명도, 그리스·로마 문명도 숲을 파괴함으로써 번영하고 숲을 다 탕진하면서 망해 왔습니다. 그 후에도 숲을 빼앗기 위해 서로 죽이고, 이제껏 숲의 다양한 신을 받들며 숲에서 살아온 사람들을 정복하고, 추방하고, 숲을 밭이나 목초지로 바꿈으로써 문명은 발전해 왔습니다.

오천 년 전에 쓰인 인류 최초의 서사시라는 '길가메쉬 서사시'[15]는 목재를 얻으려고 숲의 정령 훔바바를 없애는 이야기였고, 중세의 마녀 사냥도 숲의 신을 신봉하는 이교도를 죽이고, 정복하면서 숲을 계속 파괴해 온 인간의 역사에 대한 증거입니다.

기독교 문명과 거기에 토대를 두고 발전해 온 근대 과학의 본질도 여기에 있다고 어떤 책에서 읽었습니다. 유명한 '모세의 십계'는 나무 한 그루 없는 황량한 사막의 시나이 산(시내 산)에서 유일신인 야훼와 계약한 것이라고 합니다. 거기에는 신과 인간, 인간과 인간 사이의 관계는 서술되어 있으나 인간과 자연의, 인간과 숲과의 관계에 대한 항목은 하나도 없습니다. 사막 민족인 헤브라이 인에게 숲은 정복의 대상이었고, 숲에 사는 이교도는 '선택된 민족'의 지배하에 들어와야 할 존재였습니다. 눈에는 눈, 이에는 이, 신을 거역하는 자는 죽인다는 일신교 유대교의 탄생입니다. 기독교도 이슬람교도 여기서 파생된 일신교입니다.

기독교를 토대로 태어난 근대 과학의 발전은 언제나 전쟁이나 지배의 필요를 위해 시작되었습니다. 핵, 환경 호르몬은 말할 것도 없고 현대 문명은 그 발전의 연장선상에 있습니다. 그래서 인간이 자연을 파괴하고, 인간이 인간을 죽이고, 스스로를 해치는 극한 상황에까지 이르게 된 것입니다.

인간 문명의 역사란 숲과 숲에서의 삶을 파괴하고 숲과의 단절을

---

15) 길가메쉬 서사시: 약 4,600년 전 기록된 서사시로, 수메르의 도시 국가 우르크를 통치한 길가메쉬의 일생을 담고 있는 글이다.

계속해 온 역사였다고 해도 지나치지 않습니다.

일본인들은 지금도 풍요로운 숲을 가지고 있으면서, (오히려 그래서 거꾸로) 숲의 중요성과 고마움을 놓쳐 버렸습니다. 서구 문명이 미처 소화되기도 전에 받아들여, 뿌리 없는 풀과 같은 상황을 스스로 만들어 버렸습니다.

특히 제2차 세계 대전 후 50년 동안 금전적인 풍요, 속도, 편리함을 추구하여 몸도 마음도 완전히 숲과 떨어져 온 역사가 아니었던가요? 오감을 없애 버리고 사람이기를 반쯤은 포기한 채 예사로 사람을 죽이고 해치며 또한 스스로도 해치고 있습니다. 뿌리 없는 풀처럼 떠돌며 유행에 흔들리고 긴타로 아메[16]처럼 같은 얼굴, 같은 마음…… 왠지 기분이 나쁩니다.

내가 이 시대(낡아 빠져서 이제라도 무너져 내릴 것 같은 이 사회가 처한)의 심층을 눈여겨보는 이유도 그 때문입니다. 안 보는 것, 이해하는 것을 넘어서 '응시하는' 것입니다. 내가 숲에서 사는 길을 선택한 것은 지금 시대에서 숲이야말로 시대를 응시하고, 이론이 아닌 몸으로 새롭고 신선한 생활 방식의 창문을 찾아낼 수 있는 곳이라는 생각을 떨칠 수가 없기 때문입니다.

일본인의 마음이 (도시만이 아니라 주변에 풍요로운 숲이 있는 농·산촌에서조차) 숲을 떠난 지금 어린이를 비롯해 온갖 사람들이 여기에 와서 '숲에 있다'는 의미를 느끼는 것은 대단한 것이라 생각합니다. 소로우와 같은

---

16) 긴타로 아메: 어느 부위를 잘라도 단면에 전래 동화 주인공인 긴타로의 얼굴 모양이 나타나도록 만든 가락엿.

'생활'로까지는 안 가더라도 짧은 기간이나마 '숲에 있다'는 것이 중요하게 되었습니다.

'있음'으로 해서 평온을 느끼고 행복을 누리고 드디어 자기가 잊고 있던 '사람의 절반'을 깨닫고, 그 위에 새롭고 싱싱한 자신을 발견하는 것, 나무나 풀도 모두 다 같은 생명이며 그들이 여기에 이렇게 있는 것은 몇 백만 년에 걸쳐 그들 스스로 사는 방식을 모색해 온 결과임을 깨닫는 것, 삶의 방식을 추구하는 것이 사람만이 아니라는 것을 알게 될 것입니다.

숲에 있음으로써 인간의 오랜 역사 속에 배양되어 온 사람이 제일이라서 자연이나 숲은 사람을 위해 존재해야 한다는 인식이 틀린 것이고, 사람을 중심에 놓는 그런 인색함이 숲을 파괴하고, 지금은 사람을 오히려 생태계의 이단아로 만들어 버렸다…… 이런 것을 조금이라도 깨달았으면 좋겠습니다. 그 깨달음에서 무언가 반드시 시작될 것입니다. 자연은 생태계에 의해 다양하게 맺어져 있습니다. 자연을 부수고 자연으로부터 사람을 끄집어내는 것은 인류 자신의 죽음을 뜻하기 때문입니다.

내가 어린이들이나 많은 이들에게 "숲으로 오십시오."라고 하는 것은 숲에 있음으로써 이런 것들을 깨닫고, 지금 시대의 심각한 모습에 조금이라도 눈을 돌려 주었으면 하는 바람 때문입니다. 사람이 오랜 역사 속에서 키워 온 오래된 좋은 지혜와 기술(뒤에도 언급하지만 인간의 문화)은 매우 귀중한 것이고, 새 시대의 새로운 문화의 기반이 될 수도 있습니다. 그러나 현실적으로 지금의 시대는 그것을 배척시켜, 망자로 만들려고 합니다. 기껏해야 관광이나 구경거리─돈벌이로 폄하하고 있습니다. 그것을 어떻게 해서든 소생시키려고 노력하고 있는 것도 알고 있습니다. 단지 그렇게 만든 시대, 인간의 문명, 우리들의 마음에 숨어 있는 애매함을 예리하고 깊은 통찰로 뒷받침하지 않으면, 아무래도 어중간하게 될 것입니다. 그러한 예를 많이 보아 왔습니다.

그러므로 이 숲에서는 우선 '있음'을 소중하게 생각하고, 그런 경험 속에서 '숲의 사상'이라고 말할 만한 것을 세워 나가고 싶습니다.

나는 지금 눈을 쌓고 있습니다. 다른 사람들의 눈에는 어리석고 이상한 사람으로 보일지도 모릅니다. 영하 20도를 넘어가더라도, 잔설이 휘몰아치더라도, 나는 그 일을 하지 않으면 안 됩니다.

올해에는 허리와 다리를 다쳤습니다. 때로 고통이 심해서 주저앉아 있기도 하지만 멈출 수가 없습니다. 고통을 넘어서 즐거워지기 때문이며, 살아 있다는 느낌을 온몸으로 가질 수 있기 때문입니다.

고행은 없습니다. 눈을 쌓아 올리면서 나는 숲의 수많은 생명을 느낍니다. 그 생명들에게 말을 걸어 봅니다. 그리고 육체의 한계까지 힘을 내어 땀을 흘릴 때 온몸으로 숲을 느낍니다. 그때 생명들이 가르쳐 줍니다. 행복이란 무엇이며, 진정한 풍요란 무엇이고, 인간의 본연의 모습은 무엇인가 하는 것들을.

나는 결코 괴짜도 아니거니와 특별나게 의지가 강한 사람도 아닙니다. 그 점은 나 자신이 가장 잘 알고 있습니다. 타고난 겁쟁이에 평범한 사람임을 늘 잊지 않고 있습니다. 갖가지 경험, 특히 숲과의 깊은 만남이 지금의 나를 만들었다고 생각합니다. 이런 나도 할 수 있는데 다른 사람이 못할 리가 없겠지요. 숲에 있고 숲에서 배우는 것은 그만큼 뜻 깊은 것입니다.

숲에 들어와 '체험하기'를 거듭하고, 생명과 만나고, 진짜를 보는 것을 축적해서, 거기서 새로운 시대를 쌓아 올릴 사상을 모색합니다. 이렇게 물러 터진 사회이기 때문에 터진 틈 사이로 새로운 시대를 구축하기 위한 소재를 찾을 수 있는 것입니다.

나무와 물과 흙 사이에 갖가지 생명이 약동하고 생생하게 자라나는 곳……, '숲(森)'이 아니라 '숲(森)'이야말로 새로운 문화도 태동할 수 있는 곳임이 틀림없습니다. 인간이 만들어 낸 좋은 지혜와 기술은 이 숲의 빛이 비추었을 때, 새로운 의미를 띠고 새로운 빛을 내뿜을 것입니다. 그래야 진정한 의미에서의 인간의 생활, 총체적인 삶도 파악할 수 있을 것입니다. 내가 어렴풋이 보아 온 것에 대하여 주위 사람을 포함해서 많은 사람들이 깊은 부분까지 알아줬으면 좋겠다고 한탄하고 있는 것이 아닙니다.

몇 번이나 썼지만 오래된 세계관(자연관, 사회관), 가치관이 무너지고 그를 대신할 것이 확고히 세워지지 않았기 때문에 모두들 당황하고 있습니다. 앞뒤 양옆을 둘러보고서는 모두들 똑같은 상황이라고 안심합니다. 새로운 것에 도전하길 망설이고 있습니다. 그보다는 지금의 가치관이나 생활 방식 가운데 좀 더 나아 보이는 것을 선택하는 방향으로 나아가려고 합니다. 나도 숲과 만나지 않았더라면 그런 길을 걸었을 게 틀림없습니다. '거대 혁명'이 필요한 시점에서 당황하고, 헤매고, 조금 나아 보이는 곳으로 휩쓸려 가 버리는 것……. 모두 이해할 수 있습니다. 그렇지만 서로 '그렇군요' 하며 이해하는 데 멈춰서는 안 됩니다.

다음 세대에 남겨 주어야 할 것은 그냥 휩쓸려 가는 그런 것이 결코 아닙니다. 인간이 지금까지 경험한 적이 없는 시대를 개척해 나갈 사상, 거대 혁명에 맞설 힘과 의식을 남겨야 하는 것이 아닐까요?

나는 숲에 있음으로써, 숲에서 계속 살아감으로써, 그 조그만 조각이라도 잡아 보고 싶습니다. 그것이 결코 쉬운 일은 아닐 것입니다. 다만 이런 삶의 방식과 이런 길도 있다는 것만은 전해 주고 싶습니다.

너도밤나무 숲에 안겨 '문화'를 생각하다

앞서 구마데의 숲에 반했다고 썼지만, 최근에 반한 게 또 하나 늘었습니다. 도호쿠는 동해 쪽에 있는 너도밤나무 숲입니다. 3년 동안 봄과 가을에 보름 정도씩 이 지방의 너도밤나무 숲을 여행해 왔습니다. 아주 마음에 든 것은 시라가미 산지(白神山地), 구리코마(栗駒), 아사히 연봉(朝日連峰)의 너도밤나무 숲입니다. 또 도호쿠는 아니지만 내 고향인 하쿠산(白山)의 지부리오네(千振尾根)의 숲에도 매료되었습니다.

줄기 색은 원래 회색에 가깝지만 나에게는 하얗게 빛나 보이는 너도밤나무의 수피, 우키요에(浮世繪)의 미인처럼 살짝 허리를 비튼 그 자태, 그 숲 속에 있으면 어머니의 배 속에 있는 것과 같이 따뜻하고 평온하며, 마음이 편하여 언제까지나 그대로 있고 싶게 되어 버립니다. 나는 너도밤나무 숲을 보러 가는 게 아닙니다. 숲에 안기러 갑니다. 숲에 안겨서 넋을 잃고 바라보노라면 뭐라고 말할 수 없이 행복합니다.

내가 지금 살고 있는 오호츠크 해 쪽에는 너도밤나무가 없습니다.

기온으로 보면 시레토코(知床) 반도나 높은 산을 제외하고는 홋카이도 전체가 너도밤나무 분포 지역에 들어가지만 실제로는 홋카이도 남쪽의 구로마쓰나이쵸(黑松內町)가 너도밤나무의 북쪽 한계입니다. 나무 종류로 보더라도 이 부근은 너도밤나무가 없을 뿐 잠재적인 너도밤나무 분포 지역에 들어간다고 생각합니다.

작년 가을 야마가타 현 오구니 정에 가서 아사히 연봉의 너도밤나무 숲에 들어갔습니다. 본디 안내서에 나오는 가쿠나라 숲을 목표로 간 것이 그만 길을 잃어 다른 숲으로 들어와 버렸지요. 숲에 들어서자 곧 길을 잃었다는 걸 알았지만, 숲이 "오세요, 오세요." 하고 부르는 것 같아 그 소리에 끌린 나는 점점 안으로 들어갔습니다. 정말 멋진 숲이었습니다. 안내서에는 그 숲까지 왕복 2시간으로 적혀 있는데 나는 3시간 이상 작은 개울을 몇 개나 지나며 계속 걸었습니다. 짐승이 다니는 길보다 조금 넓은 샛길인데, 걸어가는 동안 사람은 아무도 만나지 못했습니다.

너도밤나무 거목이 수십 그루 넘어져 있는 곳으로 나왔습니다. 송이버섯이 잔뜩 나 있었습니다. 앞으로 먹을 식량으로 조금만 따고, 또 조금 더 걷고 있는데 바로 가까이에 조금 큰 개울이 있었습니다. 건너편 기슭을 아무리 찾아봐도 연결되어 있는 샛길이 눈에 안 띄었습니다. 할 수 없이 돌아가려고 마음먹었습니다. 그런데, 지금도 왜 그랬는지 잘 모르겠지만, 돌아가는 길을 완전히 잃어버렸습니다. 오던 샛길은 분명히 송이버섯을 땄던 거목들이 넘어진 곳까지 연결되어 있었습니다. 그런데 거목들이 넘어져 있는 둘레를 몇 번이나 둘러봐도 그 샛길을 찾을 수 없었습니다.

산속 깊은 곳이라 보통 때라면 두려움에 떨며 당황했을 텐데 그때 나는 이상하게도 침착했습니다. 쭉 그냥 이대로 있어도 괜찮다는 기분 마저 들었습니다. 개울 옆에서 점심으로 현미 주먹밥을 먹고 잠시 드러 누워 쉬고 있었습니다. 정말로 숲에 안겨 있는 느낌이었습니다. 꼭 끌어 안는 어머니 같은 팔의 힘, 품속의 따뜻함, 심장의 두근거림조차 들려오 는 것 같았습니다. 깊은 산속에서 미아가 되었다는 것도 잊은 채 그저 황 홀해하며 멍하니 있었습니다.

그때였습니다. '너도밤나무 분포 지역의 문화'라는 말이 정말 갑자 기 내 머리를 스쳐 지나갔습니다. 이것은 이전부터 쭉 생각하고 있었던 것인데, 길을 잃고 궁지에 몰린 이 시점에 머리에 떠오른 것에 대해서는 스스로 생각해 봐도 우스워서 그냥 웃고 말았습니다.(확실히 하기 위해 말해 두자면, 그 뒤에 이쪽이라고 정한 방향으로 조릿대 덤불을 뽑으며 갔더니, 그 샛길이 나타나서 무사히 되돌아오게 되었습니다.)

지금 생각하면 그때 '너도밤나무 분포 지역의 문화'라는 말이 머리 에 떠오른 것은 우연이 아니었습니다. 내가 헤맨 숲은 정말로 생명이 다 양한 숲이었습니다. 깊은 산속이고 임상(林床)의 섬조릿대와 버섯에서 임 관(林冠)을 이루는 큰 너도밤나무 사이에 다양한 키의 작은 나무와 아고목 (亞高木), 다양한 풀꽃이 있었습니다. 이런 속에 있으면 사람인 나는 너무 도 작고, 사람이 알려고 해도 도저히 알 수 없는 것에 외경심을 느낍니다. 아니, 이해할 수 있다, 없다를 넘어선 곳에 자신이 있음을 알게 됩니다.

나는 실제로 가서 본 적은 없고 사진으로만 봤는데, 유럽, 특히 독 일인들은 너도밤나무를 가슴 깊이 사랑하지만, 그들의 너도밤나무 숲은 일본의 숲과 견주어 보면 다양성이 없습니다. 바닥에 조릿대 같은 것도 없고 키 작은 나무도 거의 없어서 숲 속 나무 사이를 마음대로 뛰어다닐 수 있다고 합니다. 숲을 파괴한 반성으로 19세기에 나무를 심어 숲을 만들었다고 들었습니다. 그래서 일본의 일제림(한 가지 수종의 나무를 심어서 가꾼 숲)처럼 크기가 거의 고릅니다. 그런 점에서 일본의 너도밤나무 숲은, 원생림은 물론이고 벌채 후에 자연적으로 다시 생긴 자연림이라 나무의 종류가 매우 다양합니다.

나는 늘 진정한 문화의 우수함, 풍요함이란 틀림없이 자연의 다양성을 반영한다고 생각합니다. 그런 의미에서 세계에서 숲이 가장 풍요로운 일본, 세계 제일의 풍요로운 너도밤나무 숲을 가진 도호쿠 지방, 또한 너도밤나무는 없지만 숲의 풍요로움만은 어디에도 뒤지지 않는 홋카이도의 침엽·활엽수의 혼합림이야말로 세계에 자랑할 만한 풍요로운 문화가 태어날 만한 곳입니다. 그 발생지가 될 수도 있으며 완벽한 가능성을 숨기고 있습니다.

하지만 현실에서는 문화가 뒤떨어진 지방으로 여겨지고, 심지어 거기에 사는 사람들까지도 그렇게 생각하고 있습니다. 산촌 인구가 점점 줄어드는 것이 그 증거입니다.

다음 시대의 문화란

문화에 '좋다, 나쁘다', '앞섰다, 뒤떨어졌다' 라는 것은 없습니다. 있는 것은 그 시대에 지배적인 문화는 무엇인가라는 것뿐입니다.

일본의 문화는 벼농사 문화-조엽수림대 문화(照葉樹林帶文化)라고들 합니다. 과연 그럴까요? 벼와 벼농사 기술을 가진 야요이 인이 건너온 것은 2,300년 전, 그보다 훨씬 옛날 1만 2,000년 전부터 일본에서는 조몬 문화가 꽃피었습니다. 조몬 인들은 세계적으로 보아도 뛰어난 토기를 만들었습니다. 조몬 문화는 수렵, 어로, 채집을 기반으로 하면서 농경으로 진보하려 하지 않았습니다. 그래서 정체되고 뒤떨어진 문화로 여겨져 왔습니다. 그러나 이 두 개의 문화는 아주 이질적인 것이라 좋고 나쁘고를 논하는 것 자체가 틀렸습니다. 수렵과 채집은 숲이나 자연에 의지해서 성립하는 것이고, 농경은 숲과 자연을 파괴함으로써 성장하고 발전하는 것입니다. 그 과정에서 농지를 넓히고, 지역을 통합하기 위해서 전쟁을 일으켜 도시를 만들고, 마침내 강대한 권력을 가진 국가를 탄생시킵니다. 그 힘으로 이질적인 문화를 물리치고 몰아냅니다. 서양 문화도 분명히 그래 왔고, 야요이 문화로 조몬 문화를 쫓아낸 것도 똑같은 역사를 걸어왔습니다.

나도 현미를 즐겨 먹고 있으니 큰소리칠 수는 없지만, 자주 듣던 말이 있습니다. "지금은 풍부한 시대가 되어서 쌀을 먹을 수 있지만 옛날에는 가난해서 피나 좁쌀밖에 못 먹었다." 지금 생각해 보면 이상하지 않은가요? 쌀은 원래 열대 식물이고, 일본에 들어와서도 먼저 따뜻한 조엽수림 분포 지역에서 지어졌습니다. 그러던 것이 지금은 홋카이도에서도 쌀농사를 짓고, 특히 눈이 많은 너도밤나무 지역이 명품 쌀 산지가 되어 있습니다. 고시히카리, 사사니시키, 아키타고마치 따위가 모두 그렇습니다. 열대산 식물을 한랭지에까지 적용시키기 위해 품종 개량을 거듭해 온 일본인의 지혜를 평가하는 데 인색하고 싶지는 않습니다. 그러나 다른 쪽으로 보면, '쌀밥이야말로 풍요함의 증거'라는 생각을 일본인들이 너무 강하게 가지고 있었던 결과가 아닐까요? 원래 동아시아나 중국 원산지로 너도밤나무 지역에 잘 맞는 피와 좁쌀을 열대 지역에 잘 맞는 쌀과 견주어서 잘살고 못살고를 논하는 것은 육식과 채식을 비교하는 것과 같습니다. 요즘에는 서양에도 채식이 좋다고 하는 사람들이 늘고 있지 않은가요?

쌀로 대표되는 조엽수림 분포 지역의 문화(크게 말해 도시의 문화)가 앞선 것이고, 피나 좁쌀로 대표되는 너도밤나무 분포 지역의 문화(농·산촌의 문화)는 뒤떨어진 것으로 간주하는 것은 잘못입니다. 단지 현실 속에서 전자가 후자를 지배하고 있을 뿐이지요. 이렇게 말로 하는 것은 간단하지만, 이 의식을 자신의 것으로 하려면 지금까지 일본인의 마음속에 가장 좋은 것이라고 새겨져 있던 그들의 가치관을 그야말로 밑바닥에서부터 뒤집어엎어야 합니다. 그만큼 어려운 일이지요.

나도 철저히 알고 있는 것은 아닙니다. 자꾸 생각해 나가야 할 것입니다. 그런데도 누구나 간단히 생각하고 "문화, 문화" 하고 입에 올리지만 "도대체 깊이 파고들면 문화란 무엇일까?" 하고 고쳐 물으면 많은 사람들은 얼른 말하지 못하고 머뭇거리게 됩니다.

나도 헷갈렸습니다. 가을이 지나고 겨울에 움막에 눈을 쌓으면서도 죽 생각해 보았습니다. 오랜 생각 끝에 뭔가 알 것 같기는 하나, 말로 표현되지 않아 안타까웠습니다. 그러던 어느 날, 오바바가 최근에 만든 작은 책자(60년 전 장인이신 나카이 마사카즈가 주간 신문 〈토요일〉에 쓴 머리말을 모은 것)를 읽을 때, 내 속에 있던 의혹, 안타까움이 갑자기 사라졌습니다. 나도 이 머리말을 좋아해서 전에도 몇 십 번이고 읽었지만, 스쳐 지나갔던 문장이었습니다.

> 문화라고 하면 어려운 것 같지만, 사람이 본연의 모습으로 되돌아가는 마음과 행동을 여러 가지로 분석하고 지켜서 키워 내는 것이다. 그 본연의 모습이란, 사람이 되돌아가야 하는 잃어버린 고향이다. 수천 년 과거 역사는 그 본연의 모습으로 살아왔는데도, 갖가지 기구(체제)가 사람을 거기에서 떼어 내고 쫓아내고 추방해 버린 것이다.[17]

나카이 마사카즈가 말한 '갖가지 기구'란 일본 군국주의를 뜻하는 것임은 틀림없습니다. 그러나 나는 그것을 '근대 문명과 그것이 낳은 구성과 왜곡'이라 풀이하고 싶습니다.

지금 일본의 도시 문명 속에서 사람이 사람 본래의 모습, 자연 본래의 모습으로 되돌아갈 수가 있을까요? 사람도 자연의 일원이라면, 그 내적 자연은 끊임없이 외적 자연을 반영하고 있는 법입니다. 그것이 부서지고 다쳐서 고치기 어려운 상황에 빠져 있는데 사람이 매순간 행복하다고 실감할 수 있을까요? 내가 살아 있구나 하고 실감할 수 있을까요?

이 숲에 살면서, 또 너도밤나무의 숲에 안겨 있으면 말로는 표현할 수 없는 행복을 느낍니다. '아, 여기가 우리 인간들이 되돌아오고 싶었

---

17) 1937. 1. 15. 주간 신문 〈토요일〉의 머리말 가운데.

던 마음의 고향이구나.' 하고 몸 전체로 느낍니다. 내적 자연과 외적 자연이 기분 좋게 어울리고 편안하여 '아아, 여기에 잘 왔다. 이 어머니의 품에 꼭 안기고 싶다. 떠나고 싶지 않구나…….' 하고 마음속 깊이 생각합니다.

나는 나카이 마사카즈의 말을 되새기면서, 우리 오두막에 걸려 있는 이누이 치에가 쓴 '森' 글자를 보며 '이것이다' 라고 생각했습니다. '森'은 내가 만들어 낸 글자이지만, 머리를 굴려서 만든 게 아닙니다. 숲에 살면서 숲에 안긴 행복의 체감을 통해서 번쩍 깨달은 글자입니다. 나는 거기까지 의식하고 있었던 것은 아니지만 곰곰이 응시하다가 이거야말로 내가 찾고 있던 문화의 모습이 아닐까 하고 생각했습니다. 결코 잘난 척하는 것이 아닙니다.

숲(森)－나무와 물과 흙 속에서 사람을 포함해 모든 생명이 빛나고 키워지는 곳……. 사람이라는 생명이 다른 생명들을 지배하고 죽이고 망치는 관계가 아니라, 모든 생명이 다 함께 평등하게 살아갈 수 있는 곳, 이것이 새로운 시대가 요구하는 새로운 문화, 새로운 가치관의 기반이 아닐까요?

이런 말을 하면 "그럼 사람은 나무 한 그루, 산나물 하나 취할 수도 없지 않느냐."고 말할지도 모릅니다. 하지만 자연이 숭고하다고 말할 수 있는 것은 결코 약육강식의 논리로만 움직이지 않기 때문입니다.

예를 들면 너도밤나무는 자기 성장에 필요한 잎보다 훨씬 많은 잎을 달고 있다고 합니다. 너도밤나무 잎을 즐겨 먹는 곤충들을 위해 더 많은 잎을 달고 있는 것이지요. 이렇게 너도밤나무는 자연의 다양성을 지키는 일에 공헌하고 있습니다. 다른 나무나 풀, 그 밖의 생명도 모두 그러합니다.

그러므로 사람은 나무를 자를 때나, 산나물을 뜯을 때 그 상대 자연도 역시 생명임을 인정하고 "고맙습니다. 잘 먹겠습니다." 하며 필요한 만큼만 가져야 합니다. 지금 하는 식으로 몽땅 자르고, 몽땅 따 버리고, 다른 생명을 완전히 없애는 것이 아니라 '풀 한 포기 자르는 것도 조심하는 마음'이 먼저 필요한 것입니다.

사람 중심이 아닌…

사람 중심주의의 근대 과학이 시작된 것은 그리 먼 옛날이 아닙니다. 17세기에 숲을 끝장낸 결과, 전 유럽에 페스트[18]가 크게 번졌습니다. 게다가 제2의 소빙하기가 닥쳐 기후가 한랭화되어 농작물에 큰 피해를 가져왔습니다. 사람이 자연의 위협 앞에 어쩔 도리가 없었을 때 그것을 구제하기 위해 역사에 이름을 남긴 사상가가 나타났습니다. 베이컨이나 데카르트가 그런 인물이지요. 두 사람 모두 '자연은 인식 가능한 것이고, 그 인식을 바탕으로 자연을 사람이 생각한 대로 이용하고, 자연 위에 사람의 왕국을 세울 수 있다'고 주장했습니다.

지금의 과학 기술의 발전은 이 사상의 연장선상에 있다고도 할 수 있습니다. 나는 생태계나 종의 다양성이 일본에 비해 아주 많이 모자라

---

18) 페스트(pest): 14세기 중기 전 유럽에 대유행한 이래 흑사병(黑死病, Black Death)이라고도 한다. 이 병으로 인해 당시의 유럽 인구가 1/5로 줄어들었으며, 백년 전쟁이 중단되기도 했다.

는 유럽이었기에 이런 사상도 생겨날 수 있었다고 봅니다.

예를 들면 내가 길을 잃고 헤매던 그 숲 속에 이 두 사상가가 있었다면 어땠을까요? 풍요롭고, 다양하고, 사람의 지력을 넘는 깊이를 지닌 숲에서 과연 베이컨이 "아는 것은 힘이다."라고 말하거나 데카르트가 "나는 생각한다. 고로 나는 존재한다."라고 소리 높여 선언할 수 있었을까요?

유럽도 옛날에는 너도밤나무나 졸참나무가 우거진 숲으로 덮여 있었습니다. 습한 일본은 더더욱 풍부한 숲에 둘러싸여 있었을 것입니다. 먼 옛날 사람들은 생각이 깊어 사람의 이해를 초월하는 숲 앞에서 이것을 사람이 자유롭게 인식하고 자기 마음대로 함부로 고치고 바꿀 수 있다고는 결코 생각하지 않았을 것입니다. 사람의 지혜를 넘어선 존재가 신이기 때문에, 그들은 숲의 많은 생명에 외경심을 갖고 그것을 신으로 간주했습니다. 신은 엄청나게 많고 사람들은 신들과 사귀었습니다. 생명의 가치는 사람이 셀 수 있는 것이 아니라서, 모두 평등하고 서로 이어져 있어서 아무렇게나 해도 좋은 생명이란 단 하나도 없습니다.

이 원리를 인간이 깨뜨리고 인간 중심의 가치관을 숲에 강요해서 돈을 잣대로 숲을 꾀하려할 때 숲은 오히려 파괴되고 '신'은 하나의 '사물'로 되어 버렸습니다. 숲이 가진 풍부함 속에서 태어난 숲의 문화에 대해 뒤돌아보지 않게 되었습니다.

여기서 나는 친구한테 빌려 본 책의 한 구절을 생각해 냈습니다. 제목은 《곰》이며, 1949년에 쓰인 책이라서, '확대 조림'이라 부르며 국가의 이름으로 너도밤나무와 물졸참나무를 모조리 베어 버리고 삼나무와 같이 돈 되는 나무를 심기 전에 쓰인 책입니다. 주인공인 '그'가 아이누 민족인지, 마타기[19]였는지 기억나지 않지만 내용은 이러합니다.

　　그에게 영주님은 맛 좋은 식량이자 흉악한 적이고, 무례하고 제 멋대로인 이웃이며, 숲의 친구이고, 그리고 마지막으로는 경건한 신의 구현이었다.

　나는 이 표현에 몹시도 끌렸습니다. 여기에 아이누 민족이나 너도 밤나무 숲에 살던 마타기의 사고방식이 분명히 나타나 있다고 생각합니다. 곰이라는 생명에 대해서 '영주님', '먹이', '이웃', '친구', '신'이라는 얼핏 보면 서로 모순되고 뒤죽박죽인 견해가 이 사람들의 마음속에서는 하나가 되어 자연스럽게 고스란히 받아들여졌던 게 아닐까요? 여기에 이 사람들이 살던 숲의 다양함과 생태계의 복잡함이 반영되어 있는 것이 아닐까요? 이런 사고방식은 근대 과학 사상으로는 결코 이해할 수 없을 것입니다.

　이번 가을 여행길에 들렀던 야마가타 현의 오구니 정에서 들은 마타기들에 관한 재미있는 이야기를 들려 드리겠습니다. 오구니 정은 예부터 마타기들의 동네입니다. 언젠가 '마타기 대표 회의'라는 것이 열려 전국에서 사냥꾼들이 모였습니다. 여기에서 오구니 정의 사냥꾼과 나가노(長野, 혼슈 중부 산간 지대의 현)의 사냥꾼 사이에 큰 논쟁이 벌어졌습니

───────────────

19) 마타기(Matagi): 일본 동북 지방, 특히 아키다 현 산간에 살던 사냥꾼들, 1980년대 초에 없어졌다.

다. 곰이 먹이를 먹고 있을 때 그 곰을 쏠 것인가, 말 것인가에 관한 논쟁이었습니다. 나가노 측은 곰이 가장 방심하고 있을 때니까 좋은 기회라고 했지요. 이에 대해 오구니 정의 사냥꾼들은 맹렬히 반격했습니다. 그들에 의하면 곰 사냥이란 생명과 생명의 주고받음이라 곰도 생명, 사람도 생명이므로 몸을 깨끗이 해서 산의 신, 숲의 신에게 기도드린 뒤 곰 사냥에 나서야 하며, 먹이를 정신없이 먹고 있을 때는 곰에게 가장 행복한 때이므로 행복에 빠져 있는 생명을 잡을 기회가 왔다고 총을 쏘는 것은 숲의 법도에 어긋난다는 것입니다.

더 자세히 물어보니 오구니 정의 사냥꾼들은 종족을 보존하기 위해 새끼 곰은 절대 쏘지 않고, 쏠 때는 반드시 단 한 발로 심장을 꿰뚫어야 한답니다. 곰에게 고통을 주지 않기 위해서지요. 아침부터 한낮까지 찾아보고 곰을 발견하지 못하면 그대로 돌아옵니다. 돌아오는 도중에 곰을 봐도 쏘지 않습니다. 왜냐하면 그것이 숲의 법도이고, 숲의 법도를 어기는 것은 신을 거역하는 것이므로 숲의 법도를 어긴 사냥꾼은 아주 추방되어 다시는 총을 쥘 수 없다는 것입니다.

오랜만에 정말 가슴 뭉클한 이야기를 들었습니다. 너도밤나무 일대의 산촌에서 이런 자연관과 생명관에 대해 들은 것은 행운이었습니다. 나는 이전부터 새로운 시대의 새로운 가치관·세계관이란 사람과 자연, 사람과 숲, 생명과 생명의 관계를 완전히 새로운 기초 위에 만들어야 한다고 생각해 왔습니다. 물론 완전 무에서 만들 수는 없습니다. 오래되고 좋은 것들을 소중히 여기며 그것을 새로운 시대의 새로운 빛으로 닦아내어 다시 만들어 나가야 할 것입니다. 그 귀중한 소재가 바로 너도밤나무 지역의 산촌에 있었던 것이지요.

나는 점점 너도밤나무 숲에 빠져들어 갑니다. 내 공책에 아직 '너도밤나무와 일본인', '일본인의 자연관에 관한 위험', '바람을 읽는 숲의 나우시카 – 검은 강도래목의 삶의 방식' 따위를 계속 기록하고 있지만, 이번 호에는 다 실을 수는 없을 것 같아 가을 호에 싣기로 했습니다.

4장 너도밤나무 숲에 안겨서
- 숲의 문화, 숲의 사상 2

사고를 당하고…

올해도 이상 기온, 초겨울에 봄이 오다니!

나뭇잎의 수

너도밤나무 숲에 안겨 생각한 것들

· 여덟 곳의 숲을 여행하며

· 생명의 숲

· 절망을 넘어서

· 숲의 민족의 후예로서

바람을 읽는 숲의 나우시카 이야기

〈숲 속 어린이 마을 통신〉 제4호에서 이 커다란 문제와 맞붙어 보고 싶고, 내 나름의 생각을 정리해 보고 싶다고 쓰기 시작했으나, 문제가 너무나 커서 쩔쩔매다가 완성된 생각을 정리한다는 것은 불가능하다는 것을 깨달았습니다. 그렇다면 숲에서 살지 않으면, 숲 속에서 보지 않으면 알 수 없는 것들이라도 단편적으로 써서 잘못을 두려워하지 말고 내 몸과 마음으로 얻어 낸 것을 기록해 두는 것도 중요하다고 생각해서 앞으로도 계속하기로 했습니다.

사고를 당하고…

1999년 8월 9일, 자동차 사고를 당해 하마터면 저세상으로 갈 뻔했습니다. 여름 어린이 마을에 온 아이들을 아사히가와 공항에 배웅하고 돌아오는 길이었습니다. 파친코(슬롯머신) 가게에서 갑자기 튀어나온 차가 편도 2차선 안쪽 차선을 달리던 내 차를 들이받았습니다. 바깥쪽 차선에는 차가 멈춰 서 있었습니다. 그래서 상대방 차가 전혀 보이지 않았고, 무슨 일이 벌어졌는지도 모르는 사이 강한 충격과 함께 반대 차선으로 휙 내던져졌습니다.

여름휴가로 주요 도로는 어디나 혼잡했지만, 그 순간만은 천만다행으로 반대 차선에 차가 없었습니다. 몇 초 뒤 몸이 아픈 것을 참고 눈을 뜨니 덤프트럭을 선두로 자동차 행렬이 길게 늘어서 있었습니다. 여기에 휩쓸렸더라면 정말 큰 사고가 날 뻔했습니다. 무엇보다 아이들을 다 보내고 돌아오는 길이어서 정말 다행이었습니다.

내 차는 튼튼한 지프였고(그래도 충격으로 차축이 휘어져 폐차시켰지요.), 숲에서 살아온 덕에 약골이 아니라서 살아났습니다.

강한 충격 탓인지 사물이 두 개로 보이고, 몸 여기저기가 아파서 병원에 다니고 침 치료를 하느라 그해 여름, 가을 어린이 마을을 제대로 즐길 수 없었습니다. 정말 유감이었습니다. 지금도 다 회복된 건 아니지만, 뇌 쪽에는 특별한 이상이 없다고 하니 마음을 놓았습니다. 그래도 날마다 숲이나 산속을 돌아다니고 땀을 흘리는 일상생활을 반복하지 않았더라면 어찌 됐을까, 생각하면 숲에 감사하지 않을 수 없습니다.

숲에 살기 전에 나를 알던 사람들은 모두 지금의 나를 "믿기지 않는다.", "언제 죽을지 몰라 조마조마하였는데 속은 기분이다(산삼 뿌리라도 캐 먹은 것 같다)."라고 말합니다. 요코하마에 있을 때는 누워만 있는 시간이 많았고, 홋카이도에 오고 나서도 여름 어린이 마을이 끝나면 피로감이 몰려와서 곯아떨어지곤 했습니다. 그런데 지금은 숲 속에서 몸을 움직이고 땀을 흘리지 않으면 도리어 몸 상태가 나빠집니다. 이제는 몸을 움직여 땀을 흘리는 것이 마음속에서 즐겁게 여겨지게 되었습니다. 오장이 모두 나쁘다는 소리를 들었는데 지금은 나쁜 곳이 없습니다. 예순이 넘고서도 근력이 계속 늘어났습니다. 숲에 있는 한 일흔이 넘은 지금도 한 해 한 해 젊어지는 느낌이 듭니다. 나는 그것이 숲이 가진 힘 덕분이라고 절실히 느낍니다.

그럼 '숲의 힘'이란 무엇일까요? 아마 과학자라면 매일 하는 삼림욕 덕분이라고 말할 것입니다. 나무들이 내는 피톤치드라는 화학 물질에 진정과 살균 작용이 있어서 그것이 사람에게 매우 좋다고 말합니다. 그러나 나에게 숲은 그런 단순한 존재가 아닙니다. 그런 해석은 사람 중심주의로 숲을 보기 때문이라고 생각합니다.

아침에 눈을 뜨면 나는 숲 속에 있습니다. 온 사방이 나무들로 둘러싸여 있습니다. "안녕!" 하며 말을 걸 수밖에 없어요. 한 그루 한 그루 표정이 모두 다릅니다. 한 그루 한그루 모두 다른 개성이 있습니다. 그 개성을 사람처럼 "내가, 내가……" 하며 내세우지 않고 다른 모든 존재를 인정하고 그들과 어울리면서 조용히 온화하게 드러냅니다. 그 점이 뭐라 말할 수 없이 마음을 편안하게 해 줍니다.

저녁에는 가마솥 목욕통에 들어갔다가 개울물을 덮어쓰며 자연을 향해 "오늘도 하루를 살아가게 해 주셔서 감사합니다."라는 소리가 절로 나옵니다. 그건 '숲의 신'에게 하는 말인데, 나에게 '숲의 신'이란 숲 속의 모든 생명(나무, 풀, 새, 벌레, 버섯을 모두 아우른)을 통틀어 부르는 이름입니다.

전전 호 〈숲 속 어린이 마을 통신〉에서 나는 이렇게 썼습니다.

먼 옛날 사람들은 심오해서 인간의 이해를 초월하는 숲 앞에서,
인간이 숲을 자유롭게 인식하고 자기 마음대로 함부로 고치고 바꿀 수
있다고는 결코 생각하지 않았으리라. (줄임) 이 원리를 인간이 어기고
인간 중심의 가치관을 숲에 강요해서, 돈을 잣대로 숲을 꾀하려 했을
때, 숲은 파괴되고 '신'은 하나의 '사물'로 되어 버렸다.

8년 동안 숲에서 살아온 하루하루는 담담하게 지나간 것처럼 보이지만, 내 마음속에서 '사물'은 다시 '신'이 되기 시작했습니다. 녹아서 서로 이어진 모든 생명의 모음(集積)으로 보이기 시작했습니다. 그것과

만나는 것이 즐거워서 못 견디겠습니다. 최고의 행복이라고밖에 표현할 수 없으며, 지금까지의 내 인생의 기쁨을 몽땅 보태도 거기에 미칠 수 없을 정도의 체감……. 나는 그것을 '숲의 힘'이라고 말하고 싶습니다.

사고를 당하고서 그것을 다시 한 번 확인하게 되었습니다.

올해도 이상 기온, 초겨울에 봄이 오다니!

11월 21일 차를 타고 임도를 달리고 있는데 뭔가 하얀 것이 눈에 들어왔습니다. 차에서 내려 자세히 살펴보니 버들강아지의 싹이 트고 있었습니다. 그날은 예년보다 온도가 높았지만, 그저께는 영하의 한겨울 날씨였고 숲에는 눈도 쌓여 있었습니다. 주의해서 보니 한 그루만이 아닙니다.

숲 속 나무들의 이변은 예전부터 눈치채고 있었습니다. 이 숲은 느릅나무, 오리나무 숲이라 할 만큼 오리나무가 많습니다.

지난해 봄에도, 올봄에도 수꽃이 거의 달리지 않아서 걱정했습니다. 특히 올봄에 수꽃이 달린 오리나무는 거의 없다시피 했기에, 아는 분께 대체 어찌 된 건지 물어보기까지 했습니다.

오리나무의 수꽃은 미상 화서(尾狀花序)라고, 꼬리와 같은 방을 두 갠가, 세 개씩 달고 있습니다. 나무껍질은 예로부터 염료로 써 왔지만, 이 수꽃도 봄에 떨어지면 눈을 분홍색으로 물들입니다. '아아, 봄이로구나.' 하고 느끼게 해 주는 꽃입니다.

11월 중순, 무심히 숲의 입구에 있는 물오리나무를 바라보다 깜짝 놀랐습니다. 몇 백, 몇 천이랄까, 아니 가지란 가지에 무수한 수꽃이 달려 있었습니다. 괴로운 마음이 들었습니다. 언제나 오리나무를 주목하는 것은 초봄이지만, 그래도 수꽃이 정확히 언제 피는지 조사해 본 적은 없었습니다. 혹시 수꽃이 초겨울부터 달려 있었는데 이제껏 눈치채지 못했던 게 아닐까도 생각해 봤지만, 아닙니다. 역시 뭔가 다릅니다. 벌써 수년이나 겨울 숲을 경험했기에, 무의식적으로 내 마음속에 길러진 뭔가가 아무래도 이상하다고 부정합니다. 그래서 《홋카이도 주요 수목도감》(홋카이도 대학 도서간행회)을 조사해 봤습니다. 역시 수꽃은 초봄에 핀다고 되어 있습니다. 신중하게 후라노(富良野)에 있는 도쿄 대학 연습림, 도마코마이(苫小牧)에 있는 홋카이도 대학 연습림에도 물어보았습니다. 아무도 이 일에 대해 알고 있지 못했고, 알아보고 답을 해 주겠다고 했습니다.

나는 나대로 숲을 조사해 봤습니다. 80~90%의 오리나무가 수꽃을 달고 있었습니다. 이 숲만이 아니라 이 부근의 오리나무들 모두 그랬습니다. 일부이지만 자작나무나 자작나무과 중에도 수꽃을 달고 있는 것이 있었습니다. 덧나무, 덩굴수국, 그 밖에도 겨울눈이 부풀어 금방이라도 잎이 나올 것 같은 것도 많이 보였습니다.

임도 입구에서 쇼가 머위를 발견했습니다. 숲 속에서도 볕이 드는 곳에 몇 개나 나와 있었습니다. 초겨울인데 나는 숲에서 봄을 찾아내고 있었습니다.

11월 27일 홋카이도 대학 연습림에서 답변이 왔습니다. 임학과 교수에게 확인해 보니 역시 잘못 핀 것으로 오리나무 수꽃이 피는 것은 3월경이라는 것입니다. 그때의 이야기로는 한 해의 적산 온도(식물의 생육이나 녹은 눈의 양을 나타내는 지표로서, 일일 평균 기온과 설정한 기준 온도의 차이를 어느 기간에 걸쳐 합계한 것)가 어느 선을 넘으면 잘못 피기가 일어난다는 것입니다. 나에게는 더더욱 오묘한 현상으로 생각되지만…….

나뭇잎의 수

여러분은 나뭇잎 수에 관심을 가져 본 적이 있나요? 숲에 살고 있으면 문득 그런 데까지도 생각이 미칩니다. 나무는 무엇을 생각하며 그 해의 잎 수를 정할까요?

지난해는 나뭇잎의 수가 아주 적었습니다. 그러나 올해는 달랐습니다. 6월경에 눈치챈 것이지만, 어느 나무나 아주 많은 잎을 달고 있었습니다. 이건 어디까지나 내 직감이지만 지난해의 세 배, 평년의 두 배나 되는 것 같습니다. 홋카이도의 낙엽 활엽수림은 너도밤나무 숲과는 달리 멀리서 보는 느낌이 두리뭉실하지 않습니다. 그것이 올해에는 어느 숲이나 두리뭉실합니다.

'그런 해도 있군.' 하며 깊이 생각하지 않고 지나칠 수도 있습니다. 그러나 숲에 살고 있으면 '이건 숲이 중요한 걸 말하고 있는 게 틀림없어.'라고 생각하게 됩니다. 나는 그런 방법으로 숲을 읽어 왔습니다.

최근 몇 년이나 이상스럽게 쌀쌀한 여름이 계속되었습니다. 나무에게 가장 중요한 태양 에너지를 충분히 받지 못하게 된 것이지요.

사람은 컴퓨터가 제시한 숫자를 최고라 믿지만, 나무들은 수백 년 동안 자기들이 살아온 경험 속에서 생각합니다. 그 경험이 나무들에게 미리 '올여름은 더울 거니까 그에 대비해서 잎을 많이 내고 광합성을 왕성하게 해서 이제까지의 영양 부족을 만회할 필요가 있다', 그렇게 가르치는 게 틀림없습니다. 나는 '과학의 정보' 보다 나무가 이야기하는 쪽을 더 믿습니다. 그래서 주변 사람들에게 "올여름은 몹시 더울 거야!" 하고 장담했습니다. 예상대로였습니다. 그렇다고 나한테 자연을 읽는 능력이 생겼다고는 생각지 않습니다. 자연의 짜임새는 나 같은 사람의 생각보다 훨씬 복잡하고 다양하며 인간의 지식을 넘어서는 것입니다.

더웠지만 그것도 이상 기온이어서 대부분의 지역에서 '관측사상 최고의 더위' 가 늦가을까지 계속되었습니다. 이변은 버섯 쪽에도 일어났습니다. 고대했던 송이버섯은 조그만 것을 땄지만, 언제나처럼 대량으로 나지 않았고 나더라도 너무 이르거나 너무 늦어서 그야말로 '제멋대로 나기' 인 채로 송이의 계절은 끝나 버렸습니다.

최근 가나자와의 지인에게서 받은 편지에 이런 구절이 있었습니다.

올해는 늦게까지 더워서 11월 하순에 20도 가까운 날이 며칠이나 됐습니다. 역시 뭔가 잘못됐습니다. 그런 이상 기후 탓인지, 올해는 온갖 벌레가 많이 생겨서 힘들었습니다. 개한테는 진드기가 가득 붙고, 식물에는 송충이가 가득 붙어서 옆집의 불평을 샀습니다. 게다가 초등학교에서는 이가 크게 번져 우리 집 애도 이를 옮아 왔습니다.

최근에 다키니시 초등학교에 다니는 아이들에게 이가 생겼다는 가정 통신문을 가져왔습니다. 거의 대부분의 아이에게 이가 있다고 하는데 이것도 전국적인 현상일까요? 문득 제2차 세계 대전 패전 직후 미군들이 초등학생들에게 DDT 가루를 뿌려 대던 광경이 떠올랐습니다. 그로부터 50년, 생활이 '풍요롭게' 되면서 아침마다 머리를 감느니, 향균이니 하면서 유별나게 청결을 좋아하는 일본인에게 다시 이가 습격한 것이 단순한 일은 아닐 것입니다.

어찌 되었든 12월에 들어서자 매일 영하 10도 안팎의 날이 이어집니다. '한 번 싹을 낸 버들강아지의 버들, 오리나무, 자작나무의 수꽃과 부풀어 오른 겨울눈은 어떻게 될까', '눈 밑의 머위 새순은 어찌 될까', 오늘도 가지 가득 수꽃을 매달고 있는 오리나무를 올려다보며 '오리나무는 무엇을 말하고 싶은 걸까' 하고 생각합니다.

올겨울은 따뜻한 겨울이 되지 않을까 하고 내 나름의 단순한 예측을 해 봅니다. 오리나무 몇 그루가 잘못 핀 것이 아닙니다. 숲 전체 오리나무가 수꽃을 달고 있는 것은 앞을 예측한 것이 아닐까요? 눈보라가 휘날리는 속에 서서 여전히 그런 생각을 해 봅니다.

내 예측이 뒤집어져 엄동설한이 될지도 모릅니다. 어찌 되었던 사람은 20세기 최후의 겨울도 이상 상태 속에서 보낼 것만은 확실합니다. 나는 숲 속에서 그것을 주의 깊게 보면서 숲의 소리에 계속 귀 기울이고 싶습니다.

너도밤나무 숲에 안겨 생각한 것들

(이 글은 어떤 이에게 보내는 편지글입니다.)

H씨, 편지 보내 주셔서 고맙습니다.

부친 별세에 심심한 유감의 뜻을 전합니다(안타깝고 슬픈 생각으로 가득합니다). 정말 훌륭한 분이셨지요. 내가 좋아하는 말 가운데에 '살아서 지금 여기 있다는 것을 잊지 마라.'는 말이 있습니다. 아버님께서는 병환을 알고 나서 하루하루 그런 삶을 사셨던 분이라 생각합니다. 나도 본받고 싶습니다.

나는 사고의 후유증으로 아직 여기저기가 아프고 눈도 조금 이상합니다만, 숲에 살고 있는 한 충분히 이겨 나갈 수 있으리라 생각합니다.

사고를 당한 순간 내 머릿속에 떠오른 건 '아아, 이것 때문에 올해는 너도밤나무를 만나러 가지 못하는 게 아닐까.'라는 생각이었습니다. 나에게 도호쿠 일본해 쪽의 너도밤나무 숲은 이 숲과 마찬가지로 가장 큰 즐거움이었으니까요. 올해는 아직 가 보지 않은 산에도 갈 계획이었기에 사고는 내게 큰 충격이었습니다.

내가 잘못한 건 하나도 없는데, 이런 일로 인해 낙으로 삼고 있던 너도밤나무 산행을 포기해야 하지 않을까, 어떻게 해서라도 산에 갈 수 있도록 몸이 낫기를 바라는 일념으로 침 치료를 받기 위해 삿포로에 있는 중국 의학 연구회에 스무 날이나 꼬박 다녔습니다. 그다음은 너도밤나무 숲이 낫게 해 주리라, 그렇게 믿고 예정대로 3주 동안 산행에 나섰습니다.

나는 현미만 먹기 때문에 현미와 현미용 압력 밥솥을 가지고, 반찬은 현장에서 버섯을 따서 해 먹고, 잠은 차 안에서 자므로 돈이 거의 들지 않는 여행입니다.

여덟 곳의 숲을 여행하며

처음 1주는 아내와 함께, 나머지 2주는 혼자 여행했습니다. 사고 후유증을 빨리 치료하고 싶다는 생각에, 나중에 뒤돌아보고 좀 심했나 생각될 만큼 여러 산에 갔습니다. 시라카미(白神)의 후지사토 고마가타케(藤里 駒ヶ岳), 모리요시 산(森吉山), 메가미 산(女神山), 와가다케 구리코마 산(栗駒山) 중턱의 광대한 너도밤나무 숲인 '생명의 숲', 누쿠미다이라(溫身平), 다다미(只見)의 아사쿠사타케(淺草岳). 나는 산을 오른다 하더라도, 너도밤나무와 만나는 것이 목적이라서, 정상까지 오르는 것에는 전혀 흥미가 없습니다. 이번 여행에서도 산 정상에 선 것은 1,000미터 정도 되는 후지사토 고마가타케와, 메가미 산 정도입니다. 너도밤나무 지역이 끝났다고 생각되면 재빨리 하산합니다. 그 대신 너도밤나무와 많이, 그리고 천천히 대화합니다.

시라가미의 후지사토 고마가타케, 모리요시 산, 누쿠미다이라(이 이데 산의 등산로 입구에 있는 숲)에는 많은 사람들이 옵니다. 지난해까지 사람을 만나지 못했던 고마가타케에 올해는 놀랄 만큼 많은 관광버스가 올라왔습니다. 지금 붐이 일고 있는 노·장년층 등산이겠지요. 나도 산에 오르는 한 사람으로서 비난하고 싶지는 않지만, 단지 정상만을 목표로 하는 사람들을 보노라면 이 사람들에게 훌륭한 너도밤나무 숲은 무얼까, 하는 의문을 품지 않을 수 없습니다.

다른 숲에서는 어디서도 걷는 사람이 아무도 없습니다. 그래서 너도밤나무 숲을 만끽하고 왔습니다. 도호쿠의 너도밤나무 지역은 해발 600미터쯤부터 1,200미터 정도에 걸쳐서 펼쳐져 있습니다. 1960년

대부터 1970년대에 행해진 소위 '확대 조림' 때에 너도밤나무와 물졸참나무를 눈엣가시처럼 마구 베어 버렸습니다. 그 때문에 지금 남아 있는 뛰어난 너도밤나무 숲은 급경사가 진 산비탈이나 도로를 내기 어려운 곳입니다. 그런 만큼 거기에 가는 오솔길도 힘든 급경사 길이 많습니다. 이번 가을에는 그런 곳을 많이 걸었습니다.

저번 사고로 눈만이 아니라 가슴과 무릎도 아파서 처음에는 겁을 많이 냈지만, 너도밤나무 숲의 쾌적함이 대단히 효능이 있어서 나중에는 아무렇지도 않게 되었습니다.

구리코마 산 산허리에 펼쳐진 광대한 숲은 아마 일본에서도 손꼽힐 너도밤나무 숲일 것입니다. 그럼에도 잘 알려지지 않아서 내가 대여섯 번 갔지만, 만난 사람은 예나 지금이나 그 지역에 사는 버섯 따는 사람 한 사람뿐입니다.

올봄에 비로소 세카이야치(世界谷地) 습원에서 유바라(湯腹) 온천 램프(고속 도로 출입구)의 여관까지 10킬로미터의 산길을 걸어서 지나왔습니다. 산중턱을 가는 오솔길이라고 해도 그 길에는 물의 양이 풍부한 개울이 세 개나 있고 경사가 급한 오르막내리막이 계속됩니다. 지난해까지는 체력이 걱정되어서 도중에 되돌아왔지만, 올봄에는 몇 명을 설득해서 걸어서 지나가 보았습니다. 산행을 시작한 지 7시간쯤 지나 비명을 지를 정도로 힘들 때 램프의 여관에 도착했습니다. 차를 세카이야치에 두고 왔기 때문에 다음 날도 왔던 길로 되돌아 걸었습니다. 이틀간 20킬로미터의 산행입니다만, 고되고 가혹했던 것을 넘어설 정도로 이 숲은 대단했습니다.

이번 가을에도 이 왕복 산행을 포기하고 싶지 않았습니다. 천천히, 느릿느릿, 이제는 완전히 친숙해진 커다란 너도밤나무들에게 말을 걸면서 길을 갑니다만, 겨우 5시간 만에 여관에 도착하고 말았습니다. 봄에는 숨이 끊어질 것 같던 오르막길도 후지고마, 메가미, 와가의 경사 급한 언덕을 오르고 난 뒤라 그런지, 아니 이렇게 편한 길이었나 싶었습니다. 가슴과 다리를 감싸 안으면서 말입니다.

사람이 마음으로 즐겁게 생각하고, 더구나 숲과 하나가 되는 체감을 온몸으로 느낄 때, 해마다 힘도 세지고 젊어지기도 한다고 생각합니다.

생명의 숲

야마가타 현 오구니 정에서 아사히 연봉으로 가는 길 가운데 이와이가메 산(祝瓶山)이 있습니다. 이와이가메 산 쪽으로 가는 도중의 숲인데 작년 가을 우연히 길을 잃고 헤맨 뒤로 매우 마음에 들어 멋대로 '생명의 숲' 이라고 이름 지은 곳이 있습니다.

어쨌든 세 번을 갔지만 세 번 모두 길을 잃어버린 숲입니다. 조릿대랑 풀 사이로 눈을 찌푸리고 자세히 보지 않으면 이게 길인가 싶을 오솔길이 이어집니다. 여기저기 쓰러져 있는 너도밤나무 고목에 난 송이버섯을 정신없이 따다 보면, 어느샌가 길을 모르게 될 정도입니다.

몇 번이고 실개천을 건너 이제 막다른 곳일까 싶으면 어딘가로 빠지는 오솔길이 있습니다. 옛날의 나였다면, '야~ 이건 위험한데!' 하고 뒤돌아서겠지만, 숲의 정령이 "어서 와, 어서 와." 하고 유혹하는 것 같아서 끝까지 안으로 안으로 가고 싶어집니다.

그런 숲이지만 올가을에 숲 안쪽을 깊숙이 들어가 보고서야 이 숲이 옛날 마타기 사람들이 반달가슴곰을 쫓던 숲임을 알게 되었습니다. 드디어 막다른 곳에 다다라 거기서부터는 아무리 찾아봐도 길이 없어져 주위를 조사해 보니 한 그루의 너도밤나무 줄기에 '1956년 3월 18일 오후 몸길이 일곱 자의 곰을 뒤쫓다. 고마타 61세'라고 손도끼로 새긴 글이 있었습니다.

일곱 자, 즉 2.1미터, 홋카이도의 불곰이라면 어떨지 몰라도 반달가슴곰치고는 가장 큰 수컷 곰입니다. 고마타는 오구니 정의 변두리에 있는 본디 마타기 마을입니다.

내가 길을 잃고 헤매다가 반해 버린 이 숲은 곰들에게는 살기 좋은 숲이었던 것이죠. 너도밤나무를 중심으로 상수리나무, 물졸참나무 같은 나무 종류도 많고 개울도 몇 개나 흐르고 있어서 먹이는 부족하지 않았던 걸로 생각됩니다.

그래서 그런지 이 숲에 있으면 사람은 아무도 없다는 걸 알면서도 꼭 누군가가 보고 있는 것 같은 생각이 듭니다. 곰을 비롯한 동물들이 나를 지켜봐 주고 있다고 생각하지만, 딴 숲에서는 그 정도로 느껴지지 않는 이 긴장감은 무어라 말할 수가 없습니다.

그래서 한번 들어가면 나오고 싶지 않습니다. 길을 잃으면 당황하는 게 보통인데 '이대로 숲에 있어도 좋겠구나.' 하고 생각될 정도입니다. 숲이, 숲 속의 모든 생명들이 내 마음속과 몸 전체의 세포라는 세포마다 들어차서 부드럽고 뭐라 말할 수 없는 음색을 울려 줍니다. 그

때 나와 숲, 나와 생명들은 녹아서 하나가 됩니다.

그렇습니다. 내가 너도밤나무 숲을 여행하는 것도, 이 구마데(熊出) 숲에 계속 사는 것도 결국은 사람과 숲이 녹아 하나로 되는 그때의 쾌적함, 마음 편함, 더없는 행복감을 더욱 심화시키고 싶기 때문입니다.

새로운 시대의 새로운 사상, 새로운 문화는 이런 체감이랄까, 마음이랄까, 이것을 기반으로 하는 것 없이 머리로 만들려고 해서는 절대로 만들 수 없다고 확신하고 있습니다.

새로운 시대는 틀림없이 숲의 시대가 될 것입니다. 새로운 시대에는 인간 중심의 가치관, 세계관을 대신하여, 인간이 숲과 모든 생명과 융합해서 하나로 되는 것이 좋을 것입니다. 정말 그리 되기를 바랍니다.

절망을 넘어서

오늘날 일본의 큰 흐름을 어떻게 보아야 좋을지, 너도밤나무 산행을 하면서도 일본인은 환경 의식이 너무 모호해서 질려 버렸습니다. 서구 문명을 무비판적으로 받아들인 결과 오래되고 좋은 것은 죄다 버리고 뿌리 없는 풀처럼 떠다니고 있습니다. 정치가들의 절조 없음은 말할 것도 없습니다. 그러나 새로운 가이드라인, 히노마루·기미가요(학교에서 일장기와 국가를 강요하는 것) 문제, 도청법, 미국의 막돼먹은 미군 기지 유지, 끝내는 핵폭탄의 기억마저 잊어버리고, 삿치(노무라 사치요의 별명)나 황태자비의 배속 상태에 넋 놓고 있는 경향을 어떻게 보아야 옳을까요?

저항이야말로 젊은이의 특권인데도, 오른쪽을 봐도 왼쪽을 봐도 모두가 같다며 안심하고, 같이 유행에 휩쓸려, 큰 흐름에 거역하며 시대 흐름으로부터 일부러 일탈하는 것을 잊어버린 것같이 보입니다. 나는 반쯤은 절망하고 있다고 분명히 말할 수 있습니다.

절망이라니 오지지답지 않다고 말할지도 모르겠습니다. 나도 절망하고 싶지는 않습니다. 그러나 미온적인 태도가 아니라 한번 끊어 보고, 절단해 보고서야 비로소 보이는 것이 있을 것이라고 생각됩니다.

절망이라는 뒤돌아 갈 수 없는 절벽 위에 섰을 때, 무엇을 믿을 수 있고 무엇을 믿어서는 안 되는가, 누구에게 의지할 수 있고 누구에게 의지해서는 안 되는가, 어떤 사상과 가치관이 사람을 그르치고 어떤 사상과 가치관이 사람들을 분발시키는가가 보이기 시작할 거라고 생각합니다.

절망한다는 것은 진실로 믿고 싶기 때문입니다. 왜 이런 것을 쓰냐면 새로운 숲의 시대를 열어젖히고 숲의 사상을 창조하는 데 가장 좋은 조건을 이 '절망스런 일본인'이 가지고 있다고 생각하기 때문입니다.

나는 숲에 살고 있으면 숲과 융합해서 하나가 된다고 말했습니다. 숲 속에서 더없는 행복을 느낀다고 몇 번이나 써 왔습니다. 이런 점을 깊이 파헤쳐 보면, 내가 세계에서 가장 풍부한 숲을 가진 이 나라에 태어났기 때문이라고 생각합니다. 국가의 이름으로 너도밤나무와 졸참나무를 비롯해 활엽수림을 마구 베어 버린 뒤에도 여전히 이 나라는 세계에서 가장 다양하고 풍요로운 숲을 가지고 있습니다. 조금만 도시를 벗어나도 어디에나 숲이 있는 이런 나라는 전 세계를 다 뒤져도 없을 것입니다.

숲의 민족의 후예로서

숲을 사랑한다는 점에서는 서양인들이 지금의 일본인보다 더 낫
다는 것은 매우 안타까운 일이지만 인정하지 않을 수 없습니다. 내가
사는 산에 둘러싸인 조그마한 마을에서조차 위험하다며 아이들이 숲
에 가는 것을 금지할 정도로, 오늘날의 일본인들은 숲과 단절되어 있
습니다. 나무는 재목으로밖에는 보지 않고, 돈이 된다면 생태계 같은
건 생각지도 않고 베어 버리고, 사람 다니는데 거치적거린다고 생각되
면 아무 망설임 없이 잘라 버리고…….

그런데 서양 사람들이 사랑하는 숲이란 어떤 것일까요? 나는 실
제로 가 본 적이 없어서 뭐라 말할 수 없지만, 책 같은 걸 자료로 보는
한 내가 다니며 반했던 다양하고 복잡하고 오묘한 일본의 숲에 비교하
면 단조롭고 단순하다고 생각될 뿐입니다.

'대개간 시대', 그들은 숲이란 숲은 다 베어서 밭으로 일구었습니
다. 구미의 농업은 애초부터 대량의 가축을 함께 키우는 것이라서 그
로 인해 토지는 척박해져 재생이 곤란할 정도로 땅을 수탈합니다. 그
결과 14세기와 17세기에 페스트가 대유행하는 등 자연으로부터 뼈아
픈 반격을 받았습니다. 이러한 자연 파괴를 반성하며 재생시키려 노력
하여, 유럽의 숲은 지금의 모습이 되었습니다.

너도밤나무 좋아하기로는 일본인을 능가하는 독일인이지만, 독
일의 너도밤나무 숲은 임상의 나무도 바닥에 풀들도 없는 단조로운 일

제림 모습입니다.

또 하나, 서구의 자연관(과학 사상도 그렇습니다만)에는 기독교의 영향이 강하게 남아 있습니다. 기독교도 그 뿌리인 유대교도 원래 사막과 그 주변 민족의 종교입니다. 이들 종교에서는 유일신(야훼)이 절대 불가침이며, 그 아래 사람이 있고, 다시 그 아래에 자연이 있어서 인간은 신으로부터 자연을 멋대로 쓸 수 있게 허락받았습니다. '신 → 인간→ 자연' 이라는 일직선의 관계밖에 생각할 수가 없습니다. 근대 과학이 자연 속의 법칙을 파악하고, 그것에 기초해서 자연을 정복하고 인간의 왕국을 건설할 수 있다……. 이런 목적으로 발전해 온 것도 이와 같은 사고방식에 의한 것입니다. 식물이 단순한 사막과 그 주변에서 생활을 해 왔던 목축민에게 있어서는 당연한 자연관일지도 모릅니다.

이 자연관, 과학 사상이 요즘처럼 지구를 파멸의 구렁텅이로 밀어 넣었습니다. 그 반성으로 생겨난 서구의 자연 보호 사상에서 오늘의 일본인이 배워야 할 것도 많이 있다는 것은 부정하지 않습니다. 그러나 동시에 그들의 사고 속에 '인간이 자연을 보호한다' 라는 종래의 인간 우위의 사고방식이 아직도 남아 있다고 생각될 따름입니다.(이 문제는 앞으로 더 깊이 생각해 가기로 하고 다음 기회로 미루겠습니다.)

어쨌든 내가 사는 이 숲이나 더욱이 내가 여행하곤 하는 너도밤나무 숲은 서구인들에게는 상상도 못할 숲임에 틀림없습니다. 식물은 복잡하고 다양합니다. 풍부함이란 다양함인 것입니다. 이전에 썼던 것처럼 이런 숲 속에 몸을 두고 있으면서 자연을 몽땅 이해할 수 있겠다거나 뜯어고칠 수 있다는 생각은 할 수 없을 것입니다.

일본인(정확하게 말하면 조금 옛날의)은 사막이나 초원과는 정반대에 사는 숲의 민족입니다. 숲의 민족에게는 인간의 지혜와 지식을 넘어서는 것은 모두가 '신'이고 따라서, '신'은 많이 있기에 인간은 신들과 친근하게 잘 사귀어 왔다고 생각합니다.

이번에 걸은 구리코마 산에도 산의 신이 모셔져 있었고, 아사쿠사타케에서는 너도밤나무 숲에 두 그루뿐인 커다란 삼나무가 산의 신이었습니다. 어느 숲에 가더라도 수백 년의 나이를 먹은 고목이나 거목을 만나면 아주 자연스럽게 합장을 하게 됩니다.

생각해 보면 조몬 문화의 초창기 이래 만 수천 년 동안 일본인은 숲의 민족이었습니다. 숲의 민족으로서 세계적으로 보아도 유사한 게 없을 정도로 뛰어난 문화를 창조해 왔습니다.

나는 이전부터 왜 이렇게 우수한 문화를 창조할 수 있었던 일본인이 야요이 시대(2,300년 전)까지 본격적으로 농경을 시작하지 않았을까 하는 의문을 갖고 있었습니다. 대륙에서 떨어진 섬나라이기 때문에 문명의 혜택을 받는 데 늦었던 거라고 생각해 왔습니다.

그러나 최근의 많은 고고학적 발견을 종합적으로 고려해 보면 조몬 인들은 뛰어난 토기를 만든 것뿐만 아니라 문화, 교역 면에서도 멀리 떨어진 지역과 활발하게 교류했고, 바다를 지나 대륙에 건너가는 수단과 기술도 갖고 있었던 것으로 생각됩니다. 특히 일찍부터 개화한 중국 황하 문명과 접촉했을 것이라고 충분히 생각할 수 있습니다.

예를 들면 후쿠이(福井) 현의 도리하마(鳥浜) 패총에서는 중국제를 능가할 정도의 칠기가 출토되었다고 들었습니다. 덧붙여 말하면 옻의 원산지는 황하의 원류입니다. 당시(6,000년 전) 이미 중국에서는 벼농사가 행해지고 있었습니다. 조몬 인들이 옻은 알면서 벼에 대해서 몰랐다고는 생각할 수 없습니다. 그들은 농경·벼농사보다도 숲이 베풀어 주는 것이 더 좋았다고 생각한 것이 아닐까요?

숲에 살고 너도밤나무 숲에 안겨 보면 나 자신이 '숲의 민족의 후예이구나.' 하고 절실하게 느낍니다. 일본인은 벼농사를 도입함으로써 분명히 숲을 파괴시켜 왔지만, 논 특히 계단식 논의 지혜로 토양의 보수(토양이 수분을 보유함) 능력을 지켜 왔습니다. 목축을 도입하지 않았으므로 토양은 파멸적인 피해는 받지 않았고, 활엽수림의 재생 능력을 살리고 오랫동안 마을 주변 산의 문화(里山文化)를 지켜 왔습니다.

불교도 인도에서 생겨날 때에는 일신교적인 색채를 강하게 띠고 있었지만, 일본에 들어오면서 크게 바뀌었습니다. 진언종의 경전에 '산천초목실개성불(山川草木悉皆成佛)'이라는 것이 있습니다. 자연 속의 모든 것, 생명만이 아니라 무기물도 모두 부처·신으로 인정한 것입니다. 메이지 정부에 의한 불교 탄압 정책이 있기까지는 신불습합(神佛習合, 토착 신앙과 불교 신앙을 절충해서 하나의 신앙 체계로서 재구성하는 것. 일본에서는 신도와 불교 간에 일어난 현상을 말함.)이 오히려 자연스럽게 받아들여졌던 것입니다.

이른바 '선진국' 중에서 일본만이 유별나게 높은 삼림 보유율(67%)을 지키고 있는 것은 일본인의 유전자 속에 숲의 민족이란 낙인이 깊이 새겨져 있어서가 아닐까요? (참고로 미국의 삼림 보유율은 10%라고 합니다.) 일본인이 숲과 멀어진 것은 만 수천 년 중에서 최근의 약 3, 40 년간입니다.

30년 전의 나 자신을 되돌아보면 역시 시류에 휩쓸려 있던 한 사람이기에 부끄럽기 짝이 없습니다. 사람은 바뀔 수 있으므로 사람이라 할 수 있습니다. 내가 바뀌었기 때문에 다른 사람도 바뀔 수 있을 거라고 확신합니다.

약 3, 40년이라 해도 그 사이에 잃어버린 것은 너무도 많습니다. 사막의 민족에 기인한 서구 문명은 이제 파국적 상황에 있습니다. 오랫동안 일본인이 최상의 것으로 받아들여 왔던 세계관, 자연관, 가치관은 더 이상 통용되지 않게 되었습니다.

이것에 대신할 것이 있다면 숲과 숲의 민족으로 이어지는 전혀 새로운 세계관이고, '숲의 시대' 의 가치관이라고 말할 수 있겠지요. 새로운 시대를 지탱하는 사상이나 문화는, 숲과 숲의 민족 속에서 생길 것이라고 생각합니다.

그 담당자, 발신자의 일부라도 좋으니 풍부한 숲의 혜택을 받는 이 나라에서 태어났으면 싶고, 태어날 거라고 생각합니다. 지금의 세상을 보면 반은 절망하면서도 그렇게 믿고 싶습니다.

우리들의 아이들, 또 그들의 아이들의 시대가 대변혁의 시대가 되기를 기대합니다. 우리가 할 일은 그 '땅고르기' 이겠지요. 숲 속에서 진정한 행복이란 무엇인가, 진정한 풍요란 무엇인가, 올바른 인간의 삶의 방식이란 무엇인가를 찾아 나가는 일이라 생각합니다. 숲 속에 안긴 최대의 행복감, 숲과 융합된 하나의 마음은 그것을 위한 출발점이다……. 올가을에 절실히 그렇게 생각됩니다.

바람을 읽는 숲의 나우시카 이야기

이야기가 확 바뀌지만 이것은 2년 전부터 꼭 써 보고 싶었던 이야기입니다. 직접적으로 숲의 사상, 숲의 문화와 연관된 것인지는 모르겠으나, 숲의 조그만 한 생명의 뛰어난 삶의 모습을 아는 것도 중요하리라 생각합니다.

해마다 3월 초 경칩 무렵에 꼭 나오는 벌레가 있습니다. 그 무렵이면 움막 만들기가 한창이라서 스노 덤프(캐리어 덤프)로 눈을 밀어 올리고 있으니 새하얀 눈 위에 점점이 조그만 검은 벌레들이 기어가는 것이 보입니다. 1센티미터도 안 되는 날개미처럼 보입니다. 날개가 있는데도 날려고 하지 않고 오로지 눈 위를 기어갑니다. 스노 덤프에 치이면 불쌍하다 싶어 살짝 집어서 옆으로 옮겨 주었습니다. 무슨 벌레인지 조사할 길도 없고 해서 그대로 두고 지났습니다. 틀림없이 썩은 고목 가지에서 떨어져 나온 것이라고 생각했습니다.

여러 사람들에게 이 벌레 이야기를 했더니 어느 날 홋카이도 오오타키무라(大瀧村)에 사는 낫짱이 전화를 해서는, "라디오에서 들었는데, 셋케이구로카와게라(강도래목의 일종, 설충)가 아닐까요?"라고 했습니다. 그때부터 이 벌레에 대한 호기심이 생겼습니다. 수생(水生) 곤충에 관한 책이나 도감을 조사하고 조금씩 이 벌레에 대해 알아갔습니다. 그리고 이 조그만 생명의 뛰어남에 감동했습니다. 이름은 강도래목과의 야스마

쓰쿠로카와게라였습니다. 눈 위에서 잘 띄는 것은 암컷이고, 수컷은 더 작습니다. 체형은 강도래목과 닮았지만 날개가 없습니다.

아래 글은 수생 곤충과 이 강도래목에 관해서 도움을 준 낫짱에게 보낸 편지입니다.

수생 곤충은 하루살이, 강도래목(구로카와게라), 카디스(도비게라), 잠자리가 대표적이고 대부분은 알에서 유충까지의 오랜 시간을 흐르는 담수에서 보내고 땅으로 올라가 교미하고 물속에서 산란하면 일생을 마칩니다. 하루살이 종류는 성충이 되어 날개가 나고 죽기까지 불과 2~3일밖에 안 걸리고, 그에 비해서 강도래목은 성충의 시간이 조금 더 길다고 합니다. 유충 시기에 주로 물속 낙엽이나 조류를 씹어 먹는다고 합니다. 그리고 보니 생각나는 것이, 가마솥 목욕통에 물을 채울 때는 맑던 물이 하루 이틀 지나면 조그만 알갱이가 많이 생깁니다. 때인 줄 알고 때를 걷어 내는 망으로 떠 보니 자잘한 잎 조각입니다. 처음에는 눈에 안 보일 정도로 작았는데, 사람 피부에서 떨어지는 갖가지 노폐물들이 들러붙어 커진 것이라 생각합니다. 이것도 수생 곤충들이 씹어 부순 것이라 생각하자, 목욕하는 것도 한층 즐거워집니다.

나뭇잎이 물속에 들어가서 썩으면 갖가지 수생 곤충들이 이것을 씹어 부수어 먹습니다. 나머지도 가루가 됩니다. 이것을 '슈레더(파쇄식자)'라고 부릅니다. 물속에 거미집처럼 그물을 쳐서 이 잘게 부서진 나뭇잎 조각을 잡아서 먹는 카디스가 있습니다. 이렇게 물은 여과되어 다시 깨끗해집니다. 이렇게 하는 것들을 '필터 피더(여과 채식자)'라고 부릅니다. 이렇게 물의 흐름은 수생 곤충에 의해 깨끗하게 되는 것입니다.

강도래목의 경우 물밑의 작은 돌 틈이나 모래땅에 살고, 흐르는 물에서도 흘러가지 않고 대체로 일정한 곳에서 있다고 합니다. 다른 곤충이 상류, 중류, 하류에 살고 있는 데 비해 강도래목은 물이 깨끗한 계곡에만 살 수 있으므로, 강도래목이 발견된 장소는 수질이 좋고 깨끗한 강입니다.

여담이지만, 파리맷과 벌레와 마찬가지로 파리맷과의 유충은 물이 깨끗하지 않으면 살지 못한다고 합니다. 파리맷과 벌레가 있다는 것은 그 물이 깨끗하다는 증거입니다. 그렇게 생각하면 좀 간지럽더라도 참고 참아야겠지요.

일본의 하천은 지형으로 인해 급류가 많습니다. 그 흐름도 늘 일정하지 않습니다. 눈이 녹아내릴 때나 큰비가 올 때는 세차게 흘러내립니다. 이럴 때 수생 곤충은 어떻게 되는지, 그들의 생태를 보면 아무래도 이런 부분들을 계산에 넣고 나름대로 살아가는 방식을 취하는 것 같습니다. 홍수로 유충들이 점점 하류로 떠내려갑니다. 거기서 성충이 되어 알을 낳으면 상류에 수생 곤충은 없게 됩니다. 결국 흘러내림이 있으면 거꾸로 거슬러 오름이 있어야 생태계가 원래대로 돌아가게 됩니다. 그 때문에 흘러내려간 곳에서 날개가 생긴 성충이 된 수생 곤충은 공중에서 짝짓기를 한 후 무리를 지어 상류로 올라가서 상류의 물속에 알을 낳고 일생을 마칩니다.

내가 읽은 책의 저자는 가와게라(강도래목의 일종)가 떼를 지어 상류로 향하는 것을 보았다고 썼습니다. 스웨덴의 곤충학자 뮐러는 유충이 강의 하류로 내려가면서 성장하고 하류에서 성충이 되어 상류로 이동 비행하여 거기서 알을 낳는 것을 '정착의 사이클'이라 했습니다. 낫짱이 라디오에서 들은 셋케이카와게라(강도래목)가 눈 위를 걷고 걸어서 상류를 목표로 한 것도, 자신들의 '정착의 사이클'을 완결시키려는 노력의 발걸음이겠지요.

이 상류로의 이동 비행은 밤에 행해지는데, 달이나 별의 희미한 빛을 의지해 물 위 1미터에서 10미터 위를 날아간다고 합니다. 강을 떠나면 끝장입니다. 희미하게 빛나는 강의 흐름, 혹은 물소리, 냄새에 의지하여 연약한 날개를 파닥거리는 모습, 날개 대신 튼튼한 다리로 계속 걸어 나가는 또 하나의 모습……. 실로 감동적이지요.

강도래목의 '정착 사이클'은 조금 다릅니다. 그들은 아마 돌 밑에 꼭 달라붙어서 급류를 이겨 내고 그 장소에서 그다지 움직이지 않습니다.

앞에서 말한 뮐러는 북극권에 가까운 핀란드의 숲 속에서 이 벌레들의 생태를 관찰하였습니다. 아주 추운 땅이지만 그래도 4월이 되면 눈이 녹기 시작하고, 강의 얼음이 녹으며 그 틈에서 성충이 된 강도래목이 밖으로 나옵니다. 눈 밖으로 나온 강도래목은 강물 위가 아니라 땅의 검은 것을 목표로 걷기 시작합니다. 숲 속에서 검은 것이라고 하면 나무이므로, 나무를 목표로 합니다. 기온이 높을 때는 약한 날개로 1~2미터쯤 날아서 전진합니다.

나무에 닿으면 나무 주변에서 짝짓기를 하고 여기서 수 주일을 지냅니다. 그동안 암컷의 알이 성숙해 갑니다. 알이 성숙하면 암컷은 나무를 기어오르기 시작합니다. 오르고 올라 가지에 도착하면 영차 하고 단숨에 자기가 나왔던 강을 목표로 날아가서, 그곳에 알을 낳고는 생을 마칩니다. 그러나 강도래목에 대해서는 아직 모르는 부분도 많고, 그런 점에서 나 같은 풋내기도 왕성한 상상의 나래를 펼 수가 있습니다.

예를 들면 책에서는 '날개가 약하고 나는 것이 서투른 강도래목에게는 가지에서 날아가는 방법이 어울린다.' 고 쓰여 있지만 이상하지 않습니까? 나는 것이 서투르면 기를 쓰고 나뭇가지에 기어오르지 말고 그냥 눈 위를 걸어서 강에 되돌아가면 될 텐데 구태여 위험을 무릅쓰고 나뭇가지에서 날 필요는 없겠지요.

나뭇가지에 올라가서 나는 방법을 고른 것은 강도래목이 종을 보존하는 데 그것이 가장 확실한 방법이기 때문이겠지요.

여기서부터는 완전히 나의 추론이지만 그다지 틀리지 않을 거라 생각합니다.

종족 보존을 위해 천 분의 일, 만 분의 일의 확률을 노리는 것들도 있습니다. 그런 경우 천 마리, 만 마리 중의 한 마리가 물에 들어가면 되겠지만, 숲에서 보이는 강도래목의 수는 그렇게 많지 않습니다. 그렇다면 성공률이 대단히 높다는 것이겠죠.

날개가 있다는 것은 이게 중요한 역할을 담당한다는 것을 의미합니다. 눈 위를 걸어가는 것을 집어 올려 공중에 던져 보았습니다. 날갯짓을 하지만 앞으로 날지를 못하고 거의가 밑으로 떨어집니다. 날개를 펄럭이니까 연착륙은 하지만요…….

이 벌레들이 눈에 띄는 것은 개울 바로 옆에서만이 아닙니다. 개울에서 70~80미터 떨어진 곳에서도 눈에 잘 띕니다. 그 둘레 나무에도 올라가겠지요. 나무 높이는 대체로 18~20미터, 가지 끝에서 개울까지는 100미터는 충분히 되고, 그 사이에는 다른 나무들도 많습니다.

알을 가득 품고 있으니 그만큼 무겁습니다. 개울은 좁다랗고 고소 공포증이 있는 나는 알 것 같지만, 20미터 높이에 오르면 개울은 정말 좁게 느껴질 것이 뻔합니다. 바람도 붑니다. 때로는 강풍이 불기도 하고요. 바람을 뚫고 날 수 있을 만큼 날개가 강한 것도 아니고, 어떻게 하면 확실하게 개울에 내려앉아 무사히 알을 낳을 수 있을까……?

강도래목이 정확하게 개울에 닿는 방법은 단 하나 '바람을 탄다', '바람을 읽는다'는 것입니다. 엔진이 없는 글라이더처럼 바람만 제대로 타면 상승 기류를 타고 높이 날 수 있다고 생각합니다. 내가 읽은 책의 저자가 본 강도래목의 일종은 강물 위로 불어오는 차가운 맞바람 위(10미터 정도의 높이)를 하늘이 보이지 않을 정도로 무리를 이루어 상류로 날고 있었다고 합니다. 불어오는 바람의 위쪽 부분에는 틀림없이 역풍의 흐름도 있어서, 강도래목들이 그 바람을 잘 이용해서 탄다고 생각합니다.

가지 위에서 나는 강도래목의 경우도 분명히 그러할 것입니다. 이 숲과 같은 골짜기에서는 바람이 여러 방향으로 붑니다. 지상 20미터의 높은 곳에서 몸길이 1센티미터도 안 되는 강도래목이 글라이더 조종사나 복잡한 계산에 뛰어난 수학자인 양 시시각각 바뀌는 바람을 읽고, 이것이다 싶은 바람을 감지하면 날개를 펼치고 단숨에 날아오릅니다. 실로 바람 계곡의 나우시카입니다.

　강물에 정확하게 들어가면 자손을 남길 수 있지만 만일 실수하면 죽음, 그 극한 상황의 한순간을 포착하려고 기다리는 모습이 나에게는 너무도 숭고하게 생각될 따름입니다.

5장 조몬 문화에 배우다
- 숲의 문화, 숲의 사상 3

겨울이 일찍 오다

숲의 문화 · 숲의 사상의 밑바탕

'고작 나무'가 아니다 – 과학을 뛰어넘는 것

심호흡할 수 없는 도심

너도밤나무 숲에 안기다

갈비뼈가 부러진 줄도 모르고…

왜 너도밤나무를 고집하는가?

조몬 문화에 배우다

'橅'(너도밤나무)라는 한자에 담긴 깊은 뜻

이번 10월은 거의 한 달 내내 홋카이도를 떠나 있었습니다. 10월 11일 고향인 가나자와의 호쿠리쿠 동화교육연구(北陸同和教育研究) 강좌에서 강연해 달라는 부탁을 받았기 때문입니다. 나는 원래 높은 곳에서 일방적으로 이야기하는 '강연'이란 것을 그다지 좋아하진 않습니다. 하지만 친한 사람의 부탁이고 숲이 지금 나에게 가르쳐 주고 있는 생명의 존귀함에 대해 기회가 있을 때마다 널리 알리는 것이 중요하지 않겠나 싶어서 마음을 바꾸었습니다. 게다가 이번 가을의 너도밤나무 산행에 하쿠 산(白山)에 있는 지부리오네(千振尾根)에 다시 한 번 가 보고 싶었던 터라 기꺼이 승낙했습니다.

나의 숲 속 오두막집에 걸려 있는 '森'이라는 글씨(이누이 치에 씨의 글씨)도 가져가기로 했습니다. 내가 가나자와에 간다는 것을 알고는 오사카의 지인으로부터 오사카에 먼저 들려 달라는 부탁을 받고 흔쾌히 승낙했습니다. 그리하여 여느 때보다 훨씬 긴 여정이 되어 집을 나선 게 10월 5일, 돌아온 게 11월 1일이었습니다. 도시와 숲이 상반되는 두 곳에서 내 몸이 어떻게 반응을 했는지……. 개인적인 체험이긴 하지만 단지 개인적인 문제에 그치는 것이 아닌 것 같아 현황 보고 겸 친한 사람들에게 보내는 편지에 그 반응들을 정리해 보았습니다.

겨울이 일찍 오다

오사카, 가나자와, 동북 지방의 너도밤나무 산행에서 돌아왔을 때, 이 일대의 낙엽송은 아직 황금색을 띠고 있었습니다. 그리고 그 며칠 뒤

눈이 내리기 시작했습니다. 낙엽송 잎이 완전히 떨어지기 전까지는 밑눈(맨 밑바닥에 쌓인 눈이 녹지 않고 그 위로 다시 눈이 쌓여 다음 해 봄까지 녹지 않고 있는 눈)이 되지 않을 거라 예상했는데 12월 초순 현재 숲의 눈은 70센티미터 이상 쌓였습니다.

밑 눈이 한 달이나 일찍 쌓였다는 것은 요즘에야 그렇게 느끼는 것이고, 옛날에는 당연한 일이었는지도 모르겠습니다. 올여름은 지독히도 더웠기 때문에 이번 겨울은 오랜만에 엄청나게 추운 겨울이 찾아올지도 모르겠군요. 재작년에도 너도밤나무 산행에서 돌아온 직후인 11월 7일에 1미터 가까운 폭설이 내려 닷새나 숲에 갇혔던 적이 있습니다. 그래도 그때는 기온이 높아 물기가 많은 무거운 눈이었습니다. 또 지난해에는 비정상적으로 따뜻해서, 11월에 머위 새순과 갯버들의 눈이 텄는가 하면, 오리나무가 수꽃을 피우는 등 깜짝 놀라곤 했었죠.

올해 11월은 계속 영하의 기온입니다. 영하 10도도 드물지 않죠. 그러다 보니 눈도 한겨울 수준의 싸락눈에 강한 북서풍으로 눈보라가 치고 초원에서는 눈 회오리도 종종 일어났습니다.

11월 24일에는 동틀 녘에 영하 12도, 한낮에도 영하 7도 이상은 올라가지 않았습니다. 전날까지 기세 좋게 나오던 수돗물도 꽁꽁 얼어서 안 나옵니다. 물이 세차게 흘러나오던 모양 그대로 얼어붙은 희한한 얼음 조각이 물을 받던 드럼통 위에 만들어졌습니다. 내가 사는 오두막집의 고드름도 길고 굵게 뻗어 땅에 닿았습니다. 숲 전체가 눈으로 하얗게 덮였고, 이제 내년 4월 말까지는 흙빛을 볼 수도 없겠죠.

숲의 수도는 90미터 상류에 있는 계수나무 밑에서 취수하여 합성수지 파이프로 가마솥 목욕통까지 끌어다 놨습니다. 9월에 일어난 재해로 파이프 일부가 토사에 묻혀 버렸지만, 간신히 물은 흘러나왔습니다. 수도가 얼어붙음과 동시에 개울물도 얼기 시작했습니다. 물이 안 나오게 되면 얼음을 깨서 양동이로 목욕물을 퍼 날라야 합니다. 그런데 이번 재해로 인해 개울의 흐름이 바뀌어 버렸습니다. 지난해까지는 개울의 이쪽 둑에서 지류와 합류해 물을 실컷 공급해 주던 본류가 이제 건너편 둑의 산자락을 따라 흐르게 됐습니다. 지금대로라면 물 긷는 불편함뿐만이 아니라, 건너편 나무들의 밑동을 파헤쳐서 나무들을 차례차례 쓰러트리는 결과를 초래할 것입니다.

어떻게든 개울물의 흐름을 다시 원래대로 되돌려 놓고 싶어 정(町, 마을 단위)과도 의논을 해 왔지만 그것도 이 눈 때문에 실현하지 못하고 그대로 묻어 두고 있었습니다. 지금은 직접 고랑을 내서 본류의 일부분만이라도 이쪽으로 흐르게 하는 방법을 궁리하고 있습니다. 양동이로 물을 길어 오려고 개울 바닥을 삽으로 파 두었지만, 얼마 지나지 않아 모래나 자갈 때문에 금세 얕아지고 맙니다. 개울 표면 전체가 얼음으로 뒤덮여 있는데도 파면 메워지고 메워지면 파내는 일만 계속 반복하게 되겠지요. 그럴 때마다 이런 파괴를 초래한 자들에 대한 분노가 치밀어 오릅니다.

숲의 문화 · 숲의 사상의 밑바탕

인간이 마음대로 숲을 주무르는 게 더 이상 허용되지 않는 시대가 되었음을 알아야 합니다. 아니, 어느 시대이든 인간이 자기 이익만을 중심에 두고 숲을 대해서는 안 되는 것이었지요.

세계적 규모로 숲의 파괴가 이루어지고 있고, 수많은 생명들이 멸종되어 가고 있습니다. 숲은 '森'으로, 나무와 물과 흙 사이에서 모든 생명들이 빛을 발하며 자라나는 곳, 조그만 숲에서부터 지구 전체까지 그 모두가 다양한 생명들이 다양하게 엮여서 이루어져 있습니다. 그 어떤 생명이라도 빠지게 되면 생명의 고리는 무너지게 됩니다. 숲에서 살기 시작한 지 꼭 10년, 이제야 새로운 시대를 이끌어 갈 '숲의 문화, 숲의 사상'의 밑바탕을 이루는 것이 무엇인지 어렴풋이나마 보이기 시작했습니다. 그것은 말로는 쉽지만 몸으로 실천하기는 매우 어려운 일입니다.

인간은 무수한 생명 가운데 하나에 지나지 않으며, 다른 생명들 위에 서 있다는 오만함을 버리고, 모든 생명을 존중하며, 거기에 감동할 수 있게 되는 일, 다양한 생명들의 다양한 연결 고리가 곧 풍요로움이자 아름다움이라는 관점, 있어도 그만 없어도 그만인 생명 따윈 단 하나도 없다는 신념, 풀 하나를 베더라도 망설이는 마음을 갖는 것.

이런 것들을 배울 수 있느냐 없느냐에 앞으로의 인류의 행복도, 어쩌면 인류의 생존 문제까지도 걸려 있다는 생각이 끊임없이 듭니다.

'고작 나무'가 아니다–과학을 뛰어넘는 것

'과학으로서의 임학(林學)'이 탄생한 것은 겨우 200년, 일본 임학의 역사는 고작 100년 밖에 안 됩니다. 그러나 어린이 마을의 숲의 주인인 계수나무는 천 년의 수령을 헤아리며, 내가 가을에 잎새버섯을 따곤 하는 물참나무 거목들은 족히 300년 이상은 살았습니다. 이 계수나무나 물참나무들이 어떻게 태어났고, 다른 생명들과의 관계 속에서 어떤 성장 과정을 거쳐 왔는지……. 그 모든 것을 임학이 해명할 수 있을 리가 만무합니다. 내가 너도밤나무 숲에서 맛보는 더없는 행복감을 임학은 어디까지 고려할 수 있을까요?(임학이라는 학문이 내가 너도밤나무 숲에서 맛보는 더없는 행복감을 얼마나 생각해 보았을까요?) 임학자나 임업가들에게 지금 가장 요구되는 것은 인간이 숲의 생명들에 대해서 거의 아는 게 없다는 겸허함입니다.

그들뿐만이 아닙니다. 오래전의 나 자신도 포함해서 대부분의 사람들은 나무, 다시 말해서 단순한 재목, '고작 나무' 정도로밖에는 보지 않습니다. 예전에도 적었는데, 지난해에 이어 올해에도 나무들은 헤아릴 수 없을 정도의 많은 나뭇잎들을 달았습니다. 요즘 계속 차가운 여름이 이어졌기 때문에, 지난해에 나뭇잎 수가 많은 것을 알아봤을 때 어쩌면 더운 여름이 오지 않을까 했었는데 그 예감이 적중했었습니다.

올해 나무들은 지난해를 능가할 정도의 많은 잎사귀를 달았습니다. 꽃도 많이 피었죠. 나는 올해는 작년보다 더 더워질 것이고 산의 나무 열매들도 풍작이 될 것이라 예상했었는데 예상했던 대로 되었습니다.

잎은 광합성을 통해 나무에 필요한 영양소를 만드는 생산 현장입니다. 여기에는 태양 에너지가 필수적이죠. 태양 에너지를 충분히 얻을 수 없는 차가운 여름에 잎을 많이 내 봐야 투자 대비 효과가 미미하다는 것입니다. 그런 해에는 무리하지 않고 힘을 저축해 놓았다가 햇빛이 쨍쨍 내리쬐는 더운 여름에 힘껏 잎도 내고, 꽃도 피우는 것이죠. 이 얼마나 뛰어난 지혜입니까? 지난해와 올해에 벤 나무들의 나이테를 조사해 봤습니다. 어느 나무를 보더라도 최근 6~7년 동안의 나이테의 폭이 좁아져 있었습니다. 그러고 보니 얼마 전 여름 어린이 마을에서는 여름인데도 저녁에는 스웨터가 필요할 정도로 쌀쌀했던 기억이 납니다. 꽤나 추워서 고생했던 재작년, 나뭇잎이 적다는 사실을 처음 알게 됐습니다(이것은 홋카이도의 국지적인 현상인지도 모르겠습니다. 도쿄나 오사카 등 대도심에서는 혹서가 계속됐다는 소식을 들었던 터라……).

지난해에는 나뭇잎 수와 여름 무더위 사이에 어떤 관련성이 있지 않을까……. 막연하게 그런 생각이 들었을 뿐이었습니다. 하지만 올해는 눈에 뒤덮인 숲에서 겨울눈을 낸 나무들을 바라보며 골똘히 생각을 해 봤습니다. 늦가을부터 초겨울에 이르기까지 나무들은 겨울눈을 냅니다. 겨울눈 안에는 내년에 필 꽃과 잎들이 준비되어 있겠죠. 그렇다면 나무들은 이미 늦가을에 내년 기후를 예측해서 미리 그에 대비하는 걸까……. 만약 그렇다면 정말 대단한 일이 아니겠습니까? 인간이 최첨단 과학을 총동원해서 인공위성을 쏘아 올리고 그곳에서 보내오는 데이터에 기초해서 보도하는 일기 예보도 종종 예상이 크게 빗나가곤 합니다. 한 달 후의 예측조차 맞는 경우가 거의 없죠. 나무들의 지혜는 과학을 뛰어넘는다는 얘기가 됩니다.

다양한 책들을 조사해 봤는데 이런 관점에서 나무를 바라본 책은 없었습니다. 그래서 나는 멋대로 이런 생각을 해 봅니다. 나무들은 자신들의 종을 남기기 위해 다양한 능력들을 발달시켜 왔고 그렇기 때문에 수백만 년이라는 세월을 살아남을 수 있었던 것이라고. 그럼 이듬해 기후를 예지하는 능력이 있다고 해도 전혀 놀라운 일이 아니죠. 인간에게 필요한 것은 겸허하게 나무들에게 배우고자 하는 자세입니다. '고작 나무' 따위가 아니라는 것입니다. 나무들이 말을 안 한다고 생각하는 것은 잘못입니다. 우리 인간이 들으려고 하지 않을 뿐인 거죠.

심호흡할 수 없는 도심

올해 여행 중에도 숲의 힘을 마음속 깊이 실감할 수 있었습니다. 최근 10년 동안 나는 숲에서 땀을 흘림으로써 행복을 느끼고 기쁨에 젖어 있었으며 지금 이곳에 살아 숨 쉬고 있다는 체감을 해 왔습니다. 오감뿐만 아니라 육감까지도 예리해졌습니다. 오늘도 기온은 영하 15도, 초승달 그림자가 수면에 비치는 목욕통에 들어가 나를 살게 해 주는 숲의 신들―숲의 생명들에게 감사하던 참이었습니다.

이번 여행은 오사카부터 시작했습니다. 야오(八尾) 시에 있는 '숲의 플레이파크'를 찾아간 것이 시작이었습니다. 관계자 여러분과 오랜 벗인 마쓰이 씨 등 다들 북쪽 숲에서 홀로 나온 오지지가 대도시의 분위기 때문에 상처받는 일이 없도록 많은 신경을 써 주셨습니다. 마이즈루(舞鶴)에서 야오, 야오에서 쓰루가(敦賀)까지, 익숙지 않은 도시 길을 운전하지 않아도 되게끔 내 차를 대신 운전까지 해 주셨습니다. 오사카에서의 이동도 모두 하나에서 열까지 챙겨 주셨습니다. 그저 감사할 따름입니다.

그래도 지금의 도시 공기에 내 몸 자체가 강한 거부 반응을 보였습니다. 결국 이틀째 '숲의 플레이파크'에 가서 여러 사람들과 만나고 있을 때 나는 자신의 몸에 이상한 현상이 일어나고 있음을 알아차렸습니다. '숲의 플레이파크'는 이코마(生駒), 시기 산(信貴山)의 산기슭으로, 삼나무가 많다고는 해도 야오 시 교외에 위치한 골짜기에 있었습니다. 도시 한가운데와는 다릅니다. 그곳에서 다양한 사람들과 만나서 이야기를 나누고 있었는데 바로 이때 나는 평소와 같은 목소리가 나오지 않는다는 걸 알았습니다. 숲에 있을 때는 늘 배에서 목소리가 났습니다. 그런데 그 소리가 안 나는 것이었습니다. "이건 내 목소리가 아냐." 가슴 주변, 목 주변에서 소리가 나기는 해도 배에서는 소리가 나지 않았습니다. 지인에게도 확인을 해 봤지만 평소의 오지지 목소리와는 다르다고 합니다. 자기 목소리를 잃는다는 건 참 괴로운 일입니다. 여러분에게 나의 생각을 전하고 싶은 마음은 굴뚝같았는데 그것을 전해야 할 자신의 목소리에 위화감을 계속 느끼고 있었으니, 나의 생각의 반만이라도 전달할 수 있었는지 지금에서야 걱정이 됩니다. 왜 이렇게 된 걸까요?

나는 직감으로 알 수 있었습니다. 나의 몸이 오사카에서는 심호흡하기를 거부하고 있는 것입니다.

요 10년 동안 나는 숲에서 맑고 상쾌한 공기를 가슴 가득 마시고 살아왔습니다. 물참나무 숲에서는 공기가 맑고 서늘하다는 것을 알게 되었고 너도밤나무 숲에서는 공기 맛이 달콤하면서 부드럽다는 걸 알게 됐습니다. 영하 20도를 넘는 구마데 숲의 겨울 공기는 '난 살아 있다', '난 행복하다'는 소리가 배에서 날 수 있게 해 주었습니다.

숲 속에서는 나는 늘 심호흡을 함으로써 나 자신을 유지해 왔습니다. 가마쿠라에 눈을 쌓아 올릴 때도 제아무리 숨이 가빠져도 공기를 가슴 깊이 들이마시고서 '후욱' 하고 배 깊숙한 곳에서부터 숨을 내뱉으면 가슴이 진정되면서 새로운 힘이 솟아났습니다. 숲과 하나가 되고 싶을 때도 심호흡을 합니다. 마음이 편안해지면서 몸 구석구석까지 숲이 들어찹니다. 숲에 사는 동안 내 몸은 이런 식으로 변해 온 것입니다.

나의 책 《숲에 살다》에서 나는 도쿄에 갔을 적의 체험으로, 인간이기를 반쯤 포기하지 않으면 오늘날의 도시에서는 살아갈 수 없다고 쓴 적이 있습니다. 들려오는 소리를 다 듣고 있다가는 정신을 잃어버릴 것만 같고, 보이는 것을 모두 보려다가는 머릿속이 이상해져 버릴 것만 같았습니다. 냄새 맡는 것도 그랬어요. 패스트푸드 중심의 음식으로는 미각도 미쳐 버릴 것 같았습니다. 아무튼 듣고 싶은 소리만 듣고, 보고 싶은 것만을 보는 생활……. 오감을 둔화시키지 않고서는 태연히 도시에서 살아가는 일이란 불가능합니다. 이게 인간이기를 반쯤 포기하는 것과 다를 게 뭐가 있겠습니까?

숲에서는 사정이 전혀 다릅니다. 단순히 '보는' 행위 하나만 보더라도, 그저 막연하게 바라보기만 하면 온통 똑같은 녹색으로밖에는 보이지 않지만 사실은 그 초목들이 백이면 백 모두 서로 다른 초록색을 지니고 있습니다. 숲에서 살려면 그 차이점을 한눈에 알아볼 수 있는 능력이 있어야 합니다. 보기를 들면, 나는 산나물을 아주 좋아하는데 진초록의 산 표면에서 갖가지 산나물을 차차 분별해 알아볼 수 있게 되었습니다. 숲에서 살다 보니 근시였던 시력이 좋아져서 0.1이었던 시력이 거의 1.0

정도까지 돌아왔습니다.

결국 시각이면 시각을 갈고닦음으로써 숲에 살 수 있게 된 것입니다. 인간의 오감은 말할 것도 없고 육감마저도 연마해 나가는 것, 자연 속의 한 생명으로서, 본디 인간이 지니고 있었을 힘을 최대한 심화시키는 것…… 그것이 숲에서는 가능합니다.

인간이기를 반쯤 포기한다는 것은 생명을 깎아 먹는 일입니다. 몸도 마음도 병들지 않을 리가 없지요.

오사카에서 내가 호흡이 곤란해졌다는 것은 그만큼 내가 건강하다는 증거가 되지 않겠습니까? 나를 일부러 오사카까지 불러 주신 분들, 여러 가지 도움, 많은 분들과의 만남에 감사드리면서도 한편으로 '대도시는 숲의 오지지를 호흡 곤란에 빠뜨릴 정도로 심각하게 병들어 있다'라고밖에 쓸 수 없는 것을 부디 용서해 주셨으면 합니다.

너도밤나무 숲에 안기다

나의 비정상적인 목소리는 고향인 가나자와(金澤)에서 다소 회복이 됐지만, 완전히 원상태로 돌아온 것은 너도밤나무 산행이 시작되고부터였습니다. 맨 처음 목적지인, 하쿠 산(白山)의 치부리오네(千振尾根) 숲에 들어선 순간 평소의 목소리로 돌아왔습니다. 치부리오네는 몇 년 전에도 찾아왔던 적이 있습니다. 너도밤나무뿐만 아니라 예전에 본 적이 있는 계수나무, 물참나무, 칠엽수 거목들이 반갑게 맞이해 줬고 호흡이 편해지기 시작했습니다.

나의 너도밤나무 산행은 그 이름처럼 너도밤나무 숲에 몸을 담그는 것이 목적이지, 산 정상에 오르는 것이 목적은 아닙니다. 너도밤나무 숲이 끝났구나 싶으면 미련 없이 내려옵니다.

치부리오네에서 몸 풀기 산행을 마치고 11월 6일 이번 산행의 주된 목표 중 하나인 니이가타(新潟) 현과 후쿠시마(福島) 현의 경계에 위치한 아사쿠사 산(淺草山)에 올랐습니다. 아사쿠사 산은 이번으로 세 번째. 처음에 왔을 때는 너도밤나무 평원이라 불리는 해발 1,070미터 정도에 있는 멋진 너도밤나무 숲을 발견했고, 두 번째인 올해 5월에도 이곳을 찾았습니다. 하지만 깊은 눈에 발이 묶였고 그뿐만 아니라 눈사태에 휩쓸릴 뻔했던 것을 간발의 차이로 살아남았던, 그런 인연이 있는 산입니다. 이 너도밤나무 평원에 텐트를 쳐서 하룻밤을 묵고 광대한 늪지대를 돌아서 내려오는 코스입니다.

후쿠시마 현 쪽으로 다다미(只見) 정의 이리카노즈(入叺津)에 있는 등산로 입구를 통해 늘 들어갑니다. 주차장에 차를 세워 너도밤나무 숲에서 흘러내리는 달콤하고 차디찬 맑고 깨끗한 물로 목을 축인 다음 오르기 시작했습니다. 중간에 내가 멋대로 '물참나무 대왕' 이라 이름 지은 괴이한 모습을 한 거목이 있습니다. 이 나무에 합장하며 무사히 산행을 할 수 있게 해 달라고 비는 것이 늘 하는 습관입니다. 흉고 직경(나무의 직경은 가슴 높이에서 잽니다.)이 15미터나 되는 칠엽수도 있습니다. 여기서부터 산신(山神)나무를 목표 삼아 산등성이 길을 거쳐 너도밤나무 평원으로 향하는 것입니다.

5월 말 여기서부터는 눈에 뒤덮여 있어서 완전히 길을 잃어버렸습니다. 눈 덮인 급경사 골짜기를 오르다가 '산신나무'가 저 멀리 오른쪽에 있는 것을 보고는 엉뚱한 방향으로 와 버린 걸 알아차렸습니다. 눈 덮인 골짜기의 급경사면을 '산신나무'가 있는 쪽을 향해 길을 따라나선 지 몇 분 후 요란한 소리와 함께 눈사태가 방금 전까지 내가 있었던 경사면을 덮쳤습니다. 거기에 휩쓸렸다면 뼈도 못 추렸을 것입니다. '산신나무'가 살려 주신 겁니다. 산신의 신체는 두 그루의 삼나무입니다. 그 밑에 자그마한 사당도 있죠. 너도밤나무, 물참나무, 칠엽수들 속에 딱 두 그루만 있는 삼나무는 눈에 확 띕니다. 삼나무 숲은 어두워서 좋아하지는 않지만 이 삼나무만은 특별합니다. 나는 마음에서 우러나오는 고마운 마음을 담아 두 손 모아 합장했습니다.

그건 그렇고, 눈사태가 난 경사면은 거의 수직으로 보이는 급한 절벽으로, 눈사태가 일어나도 이상할 건 없겠다 싶었습니다. 화를 면한 후 서둘러 절벽을 기어올랐지만, 발붙인 산등성이도 급한 절벽이라, 요즘 같은 가을에는 오를 엄두도 못 낼 곳입니다.

'산신나무'에서 너도밤나무 평원으로 통하는 길은 급경사에 지그재그 모양으로 뚫어 놓은 등산로입니다. 조금이라도 발을 헛디디면 천 길 낭떠러지로 떨어질 것입니다. 중간에 멋진 너도밤나무도 보였지만 고소 공포증이 있는 나로서는 그저 걸음을 재촉할 따름입니다.

너도밤나무 평원은 너도밤나무로만 이루어진 고요한 숲입니다. 200~300년을 산 너도밤나무들이 우아하게 서 있습니다. 조릿대도 별로 없어서 텐트를 칠 만한 곳을 찾을 수 있을 것 같습니다. 둘러보다가 길에서 조금 벗어난 곳에 수령 200년 정도로 보이는 너도밤나무 밑에 딱 좋은 공간을 발견했습니다. 바로 그곳에 텐트를 쳤죠.

사실 나는 이날을 위해 오사카에서 텐트, 오리털 침낭, 우장 등을 샀고, 가나자와에서는 배낭까지 준비했습니다. 왜 오사카에서 샀냐면 값이 쌌기 때문입니다. 전에 있던 등산화나 우비도 물이 새서 새로 장만하려고 했더니 야오 시에 사는 마쯔무라 사와코 씨가 '무조건 오사카에서 사라, 홋카이도의 반값밖에 안 된다' 며 강권했기 때문입니다. 확실히 쌌어! 너무나 불공평한 일이더군요. 도시에 살고 싶지 않은 사람은 늘 두 배 값을 쥐야 하다니…….

갈비뼈가 부러진 줄도 모르고…

한마디로 쾌적한 하룻밤이었습니다. 그렇게 바라던 너도밤나무 숲에서 잠이 들었으니까요. 습관이 될 것 같습니다. 나중에 이 얘기를 들은 사람은 곰은 안 무서웠냐고 묻곤 합니다. 나는 항상 반달곰이 아니라 그 두 배는 되는 불곰들의 영역에서 살고 있습니다. 주의를 게을리하지는 않습니다만, 겁이 난다는 생각은 안 듭니다. 숲의 동물들도 불의의 방문객 때문에 당황했는지 기척조차 없습니다. 개울 소리가 들리지 않아서 아쉬웠지만 넓은 밤하늘의 총총한 별 아래 조용히 그리고 느긋하게 깊은 잠에 빠져들었습니다. 마치 어머니 배 속에 있는 듯한 편안함이 바로 이런 것일 거란 생각이 들었습니다.

아침 6시 눈을 떠 보니 아주 맑게 갠 날씨인데 산 밑은 엄청난 구름 바다의 장관이 펼쳐져 있었습니다. 산등성이의 끝자락이 마치 곶 마냥 구름바다에 돌출해 있습니다. 아침의 너도밤나무들은 그 흰 속살을 한층 더 뽐내고 있었습니다. 이 너도밤나무들에 안기며 잠들고 싶다……. 그 꿈이 이루어진 기쁨으로 가슴이 벅찼습니다.

내년 가을에도 여기서 잘 수 있기를……. 그렇게 하룻밤을 함께한 너도밤나무들에게 빌고, 늪지대를 향해 내려가기 시작했습니다. 엄청난 급경사였습니다. 나는 다른 사람들보다 산을 오르내리는 데 자신이 있었지만 그런 나도 무릎에 힘이 다 빠질 정도의 내리막길의 연속입니다. 구름바다 속에서는 너도밤나무들은 안개에 뒤덮여 있었습니다. 빛을 받아 눈부신 흰 나무껍질도 멋졌지만, 안개 속에 몽환적으로 우두커니 서 있는 너도밤나무의 자태도 각별했습니다.

단숨에 해발 1,070미터에서 780미터까지 내려온 곳에 '혼자와' 라는 개울이 있습니다. 건너편에서 한숨 돌릴까 싶어서 둘러봤더니 조금 위쪽 상류에 징검다리가 있어 저리로 해서 건너갈까 생각하고 개울가 바위에 발을 디뎠습니다.

새로 산 신발이 아직 편하지 않았던 탓도 있고, 돌에 이끼가 끼어 미끄럽다는 것을 눈치채지 못한 나의 부주의 탓에 보기 좋게 홀라당 자빠져 버렸습니다. 텐트 같은 게 들어 있는 배낭이 평소보다 무겁기도 해서 그대로 왼쪽의 커다란 둥근 바위에 왼쪽 가슴을 사정없이 부딪쳤습니다. 한순간 숨이 탁 멎고 지독한 통증으로 일어날 수가 없었습니다. 갈비뼈가 부러졌나 싶을 정도의 통증이었습니다.

한참 웅크리고 있으니 통증도 가시고, 일어나서 보니 다른 문제는 없는 것 같고, 그저 왼쪽 가슴 아래 갈비뼈 둘레에 묵직한 느낌이 들 뿐입니다. 무사히 하산했습니다. 나로서는 타박상쯤으로 생각했습니다.

그날부터 집에 돌아오기까지, 다시 한 번 아사쿠사 산 중턱까지 오른 것을 비롯해, 히소(日尊)의 구라야마 산(倉山, 후쿠시마 현), 와가 산(和賀岳), 메가미 산(女神山, 둘 다 이와테 현), 구리코마 산(栗駒山, 미야기 현), 고카게 산(小影山, 표고 558미터)과 그 근처 산들, 야쿠시 산(藥師岳, 둘 다 아키타 현)의 너도밤나무 숲들을 걸었습니다.

거의 모든 산이 가파른 등산로입니다. 평소보다 빨리 숨이 차서 아무래도 발이 무거워지면서 걸음이 느려집니다. '작년의 자동차 사고로 몸이 약해진 건가?' 이런 생각을 하면서도 너도밤나무 산행을 무사히 마쳤습니다. 가고 싶었던 곳을 다 갈 수 있었고, 평소와 마찬가지로 너도밤나무 숲에 있을 때의 행복감을 만끽하고 왔습니다.

그런데 돌아온 다음 날 가슴이 무거운 게 아무래도 신경이 쓰여서 몬베쯔의 정형외과에서 엑스레이를 찍어 보았습니다. "왼쪽 열 번째 갈비뼈가 부러졌군요. 절대 안정을 취하세요."라는 말을 들었습니다. 실은 부러진 것은 보름도 더 전이고 그 뒤에 여덟 개의 산을 오르고 약 4,000킬로미터의 거리를 운전해 왔다고 했더니 의사도 어이가 없었던 모양입니다.

절대 안정이라고는 하지만 숲에는 겨울이 일찍 찾아옵니다. 눈도 치워야 하고 장작도 패 놓아야 합니다. 그렇지 않으면 얼어 죽습니다. 그 작업을 다 처리하고 난 다음 부러진 지 꼭 한 달 만에 뼈가 붙었는지 확인 차 엑스레이를 찍으러 다시 병원에 갔습니다. 의사는 가슴을 눌러 보더니, "엑스레이도 필요 없네요. 완전히 붙었어요." 그러고는 이렇게 말했습니다. "역시 단련된 사람은 다르군요." 하며 파스조차 주지 않았습니다.

　나도 나 자신에게 놀랐습니다. 20년 전, 30년 전의 나라면 뼈가 부러진 순간에 여행을 끝냈든지 어쩌면 걷지도 못해서 산속에서 큰일을 당했을지도 모를 일입니다. 최근 10년 동안 숲에서 땀 흘리며 산나물이나 버섯을 따러 산을 돌아다니고 매년 한 달 이상은 너도밤나무 산행으로 산에 오르내리던 72살의 나의 몸은 확실히 강해졌으며 근육도 붙었다고 생각합니다. 산에 오를 때 숨이 찼던 것도 동양 의학을 하시는 분께 물어보니, 갈비뼈가 부러지면 무의식적으로 흉곽의 움직임이 억제되고 그러면 산소 흡입량이 줄어드니까 아무래도 숨이 차게 된다는 것이었습니다. 결코 나이 탓, 몸이 약해진 탓은 아니었던 것입니다.

　그건 그렇고 최근 10년 동안 숲이 나에게 준 생명력은 참으로 대단하다는 생각에 새삼 깊이 감동했습니다. 작년의 자동차 사고로 보나, 이번 골절로 보나, 숲이 없었다면 결코 지금 같은 결과를 얻을 수 없었을 것입니다.

왜 너도밤나무를 고집하는가?

　봄(5월부터 6월에 걸쳐서)과 가을(10월), 동북 지방 너도밤나무 산행을 해 온 지도 이제 벌써 5년쯤 됩니다. 왜 꼭 너도밤나무냐 하면 거기에는 내 나름대로의 이유가 있기 때문입니다.

　아마 도호쿠 대학 연습림의 관리를 맡고 계셨던 니시구치 지카오 씨의 책이었던 것 같습니다. 거기에 "요즘 동북 지방의 너도밤나무들이 이상하다."라고 써 놓은 내용을 읽었던 것이 계기가 됐습니다.

보통 너도밤나무는 6, 7년마다 한 번씩 많은 열매를 맺습니다. 왜 하필이면 6, 7년마다 열매를 맺는 걸까요? 예를 들어 도토리는 탄닌을, 칠엽수 열매는 사포닌을……. 이런 식으로 독을 품어서 다른 동물들에게 먹히지 않도록 애써 종을 보존하려고 합니다.

그에 비해 너도밤나무는 열매에 독을 품지 않고 동물에게 먹히더라도 나머지 남은 열매들이 싹을 틔워 종을 존속시킨다는 방식을 택한 모양입니다. 열매를 많이 맺은 이듬해에는 쥐의 개체 수가 엄청나게 불어난다고 들었습니다. 쥐들이 열매를 그렇게 먹어 치워도 막상 그해에 가 보면 숲에는 1제곱미터에 쫙 깔리다시피 어린나무들이 싹 터 있습니다. 너도밤나무가 떨구는 열매 수가 상상을 초월할 정도로 많다는 얘기겠죠.

해마다 그런 엄청난 양의 열매를 맺는다면 너도밤나무도 버틸 수가 없을 것입니다. 거기다 쥐도 기하급수적으로 불어나겠죠. 그래서 너도밤나무는 6, 7년 동안 쉬고 몸 상태를 조절하면서, 먹이가 없어 쥐의 개체 수가 가장 적어졌을 시기를 가늠해서 다시 대량의 열매를 떨구는 것입니다. 너도밤나무의 평균 수명은 300년쯤 된다고 하니 6, 7년에 한 번만이라도 충분히 종을 보존할 수 있나 봅니다.

너도밤나무는 특히나 동일본의 수종 중에서도 가장 중요한 나무입니다. 음성(음지, 그늘인 숲 속에서도 싹을 틔울 수 있는 힘)이 가장 강하며, 인간이 개입만 하지 않는다면 동일본의 낙엽광엽수림의 대부분은 최종적으로 너도밤나무 숲이 될 것입니다. 너도밤나무는 극상림(極上林)을 이루는 나무인 것입니다.

찬란한 조몬 문화 만 년 역사의 중심에는 동일본의 너도밤나무 숲이 있었습니다. 그리고 동북 지방의 너도밤나무 숲은 '확대 조림'을 내세우며 국가라는 이름하에 말 그대로 '원수'라도 되듯 마구 베어 왔지만……, 그래도 여전히 전 세계에서 가장 풍요로운 너도밤나무 지대입니다.

니시구치 씨의 책 속에서 "90년대 들어 너도밤나무의 대풍작이 있는 해의 간격이 점점 좁아져 이제 3년에 한 번씩 일어나고 있다……."는 취지의 내용을 읽은 적이 있습니다.

나는 너도밤나무가 생을 너무 급하게 보내고 있다는 느낌이 들었습니다. 인간이 너도밤나무를 둘러싼 환경을 계속 파괴해 온 결과, 자기 종을 남기려고 무리수를 두고 있는 것이 아닐까, 거꾸로 말하면 수백만 년 동안 이 일본에서 살아가며 번영을 누려 온 너도밤나무가 그 생존 방식을 바꾸지 않으면 안 될 만큼 숲의 위기, 자연의 상태가 중대한 갈림길에 이르게 된 것이 아닐까……. 그것을 이 눈으로 직접 확인하고, 몸소 느껴 보고 싶다는 생각을 하게 된 것입니다. 그렇게 해서 너도밤나무 산행이 시작되었고, 앞으로도 계속 해 나갈 것입니다.

그리하여 푹 빠져 버렸다고나 할까, 이제는 너도밤나무 숲에만 있으면 더없는 행복을 느낍니다. 어떤 숲이든 좋아하긴 하지만 특히 너도밤나무 숲에만 들어가면 어머니 품속에 있는 것 같은 편안함, 달콤한 감동, 황홀한 기분이 들게 됩니다. 어쩌다 길을 잃어 헤매는 일이 있더라도 이대로 숲에 계속 있어도 괜찮겠다는 생각이 들고 눈사태를 만나건, 뼈가 부러지건 금방이라도 다시 가고 싶을 정도로 홀딱 반해 버린 것입니다.

너도밤나무 숲에는 나무 열매도, 버섯도, 산나물도 모든 게 풍족합니다. 그 너도밤나무 숲을 흐르는 개울물을 마셔 보세요. 푸르고, 차디차고, 달콤하답니다. 아마 물고기들도 많이 살겠죠. 인공적인 것들로부터 방해받지 않는 한, 이 물이 바다에 흘러 들어가면 바다의 물고기들도 늘어날 겁니다. 이번 여행에서도 나는 버섯을 따 먹고 살면서 조몬 인들의 기분을 조금은 알 것 같았습니다.

역시 홀딱 반하는 것이 중요하다고 생각합니다. 그렇습니다, 숲에, 강에, 바다에…… 홀딱 반해 보지 않고서 '자연 보호' 만 외치는 사람들의 말이 나에게는 왜 그렇게 공허하게 들리는지 모르겠습니다. 반한다는 것은 안기는 것입니다. 감동하는 것입니다. 그리고 이것이 더할 나위 없는 행복이라고 말할 수 있을 정도로 철저하게 빠져드는 걸 의미합니다.

조몬 문화에 배우다

앞에서도 썼던 내용이지만 벼농사가 이 일본 열도에 전해진 것이 2,300년 전이고, 중국의 황하 문명에서는 6,000년 전에 이미 벼가 재배되고 있었습니다. 이런 사실 때문에, 그리고 일본이 섬나라이기 때문에 세계 문명 가운데 뒤쳐진 문명이었다고 생각되기 일쑤인데, 사실은 그렇지 않습니다.

예를 들어 후쿠이(福井) 현의 도리하마(鳥浜) 패총은 조몬 시대 초창기부터 전반기에 걸쳐서 형성된 유적인데, 이 유적과 중국 장강의 하류에 있는 절강성의 허무두(河母渡) 유적이 매우 닮았다고 합니다. 이 둘은 거의 동시대의 유적으로서 6,000년 전쯤의 식물 출토품은 벼를 제외하면 거의 동일했고 옻그릇 역시 같이 출토되었습니다. 옻칠의 원산지가 양쯔 강 상류인 것을 감안하면, 조몬 시대 사람들은 동해나 동중국해를 건너면서 활발하게 교역을 했을 것으로 추측이 됩니다. 미개인, 야만인이었을 것이라는 기존의 시각들은 다시 생각되어야 합니다.

토기의 분포도나 비취 등의 유통만 보더라도 그들은 산을 넘나들며 강이나 바다를 이용해서 자유롭게 돌아다녔던 것으로 보입니다. 그런 그들이 옻칠에 대해서는 알고 있었는데 벼에 대해서는 몰랐을 거라는 건 말이 되지 않습니다. 차라리 조몬 인들은 산이나 숲, 바다나 강에서 나는 산해진미들이 너무 풍족해서 굳이 벼를 필요로 하지 않았을 것이라고 보는 게 더 자연스럽습니다.

3,000년 전쯤부터 세계적 규모로 한랭화가 시작되어, 조몬 인들 주변에서도 서서히 식량들이 부족해지면서 처음으로 벼농사를 받아들인 게 아닐까 추측해 봅니다.

1만 년이라는 유구한 세월에 걸쳐 이 일본 열도에서 꽃핀 조몬 문화는 인류 역사상 유례없는 뛰어난 문명이었으며 그 문명이 주로 너도밤나무 지대를 무대로 펼쳐져 왔던 것입니다. 숲의 파괴를 통해 이루어진 현대 문명이 막다른 길에 부딪히며 인류 스스로가 파멸의 늪에 빠져든 지금, 조몬 문화로부터 무엇을 배우고, 무엇을 계승할 것인지……, 이것이 큰 과제가 되고 있습니다.

한 가지 예를 들면 조몬 문화의 유적들의 특징은 다른 취락, 다른 문화권을 배척하기 위한 성벽도 없거니와 도랑이나 해자도 없다는 점입니다. 조몬 인들은 지극히 평화적이고 우호적이었던 것 같습니다. 전쟁이 없는 문화입니다. 이것은 정말 놀라운 일이며, 자랑스러운 일입니다.

나는 너도밤나무 숲(구마데의 숲도 마찬가지지만)에 안겨 있으면 마음이 부드러워지는 자신, 무엇 하나 바라는 것 없이 더없는 행복감을 느낄 수 있는 자신, 나무도 생명, 풀도 생명이며, 인간만이 아닌 모든 생명들의 소중함을 알고 그들과 연결되어 하나가 되기를 기뻐하는 나 자신이 조금씩 내 안에서 자라나는 것을 느낄 수가 있습니다. 바로 이런 느낌을 소중하게 간직하고 싶습니다.

벼농사를 시작하고 나서부터 이 일본 열도에서도 숲의 파괴가 자행되기 시작했지만 유럽의 경우와는 사정이 크게 달랐습니다. 영국은 18세기에 국토의 90%에 이르는 숲을 잃었고, 미국은 300년 사이에 그동안 국토를 차지하던 울창한 숲들의 90% 이상을 초토화시켜 버렸다고 합니다. 이와는 대조적으로, 일본에서는 숲과 인간이 조화롭게 살 수 있는 지혜를 살리며 숲을 유지해 왔습니다. 마을 숲 문화, 재생 순환 구조를 가진 수도작(水稻作), 숲을 닥치는 대로 먹어치우는 대형 가축을 동반하지 않는 농업……. 숲을 멸종 위기로 몰고 가지 않았던 것은 그 배경에 조몬 시대 이후부터 1만 년 이상에 걸쳐 면면히 이어져 온 이와 같은 숲의 문화의 전통이 있었기 때문이라고 생각합니다.

서구 문명과 그것을 낳은 근대 과학에 만족하며 서구식 풍요로움과 편리함에 푹 빠져서, 찬란한 숲의 문화와 일본인의 관계가 끊어져 버린 것은 그리 먼 옛날의 일이 아닙니다. 특히 '열도 개조'나 '확대 조림'이라는 미명하에 국가의 이름으로 대대적인 숲 파괴에 나서기 시작한 것은 최근 40년 사이에 일어난 일입니다. 이 짧은 기간 동안 일본인의 마음속에서는, 숲은 없어서는 안 될 보물에서, 위험해서 가까이해서는 안 될 곳으로 바뀌고 말았습니다. 현대 일본인들이 병들어 있는 커다란 원인 중 하나가 바로 여기에 있는 것입니다.

지금 나와 같은 고향 출신으로 불손하게도 모리(森)라는 이름을 쓰고 있는 한 사내가 어처구니없는 정치가들의 어처구니없는 권모술수 속에 다시 이 나라의 정상의 자리에 앉아 있습니다. 국민의 80% 이상이 포기하고 국제적으로도 웃음거리가 된 자를 떠받들며 자민당, 공명당, 보수당이라는 국회 안에서만의 숫자상 다수로 국민의 미래와 직결되는 악법들을 차례차례 성사시키고 있습니다.

나는 앞으로도 계속 조몬 문화의 맥을 이어 가는 일본인이고 싶지만, 앞에 소개한 작자들이 만든 악법을 따르느니 일본 국민이기를 포기하고 싶은 생각까지 들 때도 있습니다. 그러나 그런다고 문제가 해결되는 것은 아닙니다. 모리(森喜郎)를 비웃으면서도 모리 연립 내각을 받아들여, 요즘 세태를 변혁할 커다란 물결을 만들지 못하고 있는 우리 일본인 전체가 완전히 병들어 있다고밖에 할 말이 없습니다.

숲에 대해서도 마찬가지입니다. '자연은 소중하다', '숲을 지키자' 며 말로는 잘 떠들고, 머리로도 잘 이해하고 있음에도 불구하고 마음은 이미 숲에서 떠나 숲의 파괴, 그것도 단기간의 대량 파괴를 용납해 버린 지금의 우리를 조몬 인들이 봤더라면 틀림없이 마음이 병들었다고 생각했을 것입니다.

조그만 골짜기의 숲만 파괴해도 곧바로 큰 피해를 초래하는 만큼 지금의 자연이나 숲은 언제 터질지 모를 폭탄을 끌어안고 있는 셈입니다.

그 선을 넘어 버리면 어떤 일이 일어날지 알 수가 없습니다. 그래서 우리는 이 지경까지 오게 된 지금의 상황을 진지하게 주시할 필요가 있는 것이죠.

'橅'(너도밤나무)라는 한자에 담긴 깊은 뜻

인터넷이다, IT 혁명이다 하고 들뜨기 전에 만 수천 년 동안 일본 열도에서 축적되고 존중받아 온 문화인 숲의 사상을 새로운 시대의 필요에 따라 재구축하고 더 깊이 배워서, 그것을 일본에서 전 세계를 향해 널리 알려야 합니다.

내가 일본에 전해 내려온 문화의 심오함을 절실히 깨달았던 예를 하나 들어 보겠습니다.

꽤 오래된 일입니다. 자연 보호 운동을 하는 분이었는지 아니면 학자였는지는 잊어버렸지만, 너도밤나무라는 글자에 대한 자신의 생각을 쓴 글을 읽었던 적이 있습니다.

너도밤나무는 한자로 '橅(무)' 라고 씁니다('山毛欅' 라고 쓸 때도 있습니다). 중국에서는 '水青崗' 라고 쓰기 때문에 '橅' 는 일본에서 만든 한자임에 틀림없습니다.

그 사람이 말하기를 "너도밤나무는 썩기 쉬워서 건축재로서도 유용하지 않기 때문에 옛사람들은 '나무(木)가 아니다(無)' 라고 했었는데, 이제는 너도밤나무에 대해 재평가해야 할 때가 왔다. 이제는 귀(貴)한 나무라 해서 마땅히 '欟'라고 써야 한다." 대략 이런 내용이었습니다. 이 논리는 의외로 널리 알려져 있는지 최근 어떤 청년에게 같은 질문을 던졌더니 이와 똑같은 내용의 말을 했습니다.

나도 처음에는 '아, 그렇구나.' 라고 납득을 했는데, 너도밤나무 숲을 계속 다니면서 서서히 의구심이 들기 시작했습니다. 너도밤나무 숲에 있기만 해도 더없는 행복감을 느끼며 이 숲의 풍요로움에 경탄하곤 하는데 나와 같은 신참이 아니라 이 숲에 오래전부터 의존하며 살아왔던 사람들이 이를 보고 나무가 아니라고 했을 리가 없다는 생각이 문득 들었던 것입니다. 조몬 문화가 만 년에 걸쳐 너도밤나무 숲에서 꽃피어 왔다는 사실을 알면 알수록 그런 생각은 더욱 강하게 들었습니다.

지난해 가을 제멋대로 '생명의 숲' 이라고 이름 지은 숲 속에 깊숙이 들어갔을 때 문득 이런 생각을 했고, 그리고 깨달았습니다.

'나무가 아니다' 는 말이 안 된다. '無' 란 '있다·없다' 의 '무' 이고, '나무가 아니다' 라면 나무 옆에 '비(非)' 나 '부(否)' 를 썼을 텐데, 그렇다면 '橆' 는 '나무가 없다' 는 뜻이 돼 버리니 이건 말이 안 된다. 분명 뭔가 더 깊은 뜻이 있을 것이다.' 라고 생각을 했습니다. 이때 짚이는 것이 하나 있었으니 이는 인도나 중국의 사상, 일본의 불교 사상까지도 포함한 동양 사상 속에서의 '空(공)' 이나 '無(무)' 가 가진 깊은 뜻입니다. 그리고 나서는 '無' 란 과연 무엇인가를 탐구하느라 불교나 중국 사상에 관련된 책을 꽤나 많이 읽었습니다.

그 결과 '橆' 는 너도밤나무에게 가장 잘 어울리는 한자라는 걸 알게 됐습니다. ‘無’든 ‘空’이든 단순히 ‘없다, 텅 비어 있다’를 뜻하지는 않습니다. 그것은 만물을 낳고, 만물로 충만하고, 만물의 근원이 되는 것, 동양 사상에서는 이렇게 정의를 하고 있습니다.

그래서 어떤 한자 사전을 보면 ‘無’라는 항목의 끝에는 ‘풍요로움’이라는 뜻이 소개되어 있습니다. 그리고 보니 유명한 에도 시대의 하이쿠[20] 시인 중에 요사노부손(与謝蕪村)이라는 사람이 있는데, 여기에 쓰인 ‘蕪’라는 한자는 ‘풀이 없다’가 아니라 ‘풀이 무성한 상태’를 나타내며, 마찬가지로 ‘풍요로움’을 의미하고 있습니다.

풍요로운 나무, 풍요의 근원이 되는 나무……. 너도밤나무는 꼭 ‘橅’이어야만 했던 것입니다.

너도밤나무를 ‘橅’라는 한자로 표기해야 한다는 현대인의 생각이 얼마나 얄팍한 것인지를 여실히 보여 주고 있다고 해도 과언이 아닙니다.

이것은 어디까지나 내 나름의 해석이긴 하지만 정확히 핵심을 짚은 것 같지 않습니까?

너도밤나무를 ‘橅’라고 쓴 옛사람들의 깊은 사상이야말로 지금의 우리에게 꼭 필요한 것이 아닐까……. 그 옛날 사냥꾼들이 반달곰(흑곰)을 쫓았던 생명의 숲의 깊은 정적 속에서 절실하게 그런 생각을 했습니다.

---

20) 하이쿠: 일본 고유의 짧은 정형시. 각 행마다 5, 7, 5음으로 모두 17음으로 이루어진다. 일반적인 하이쿠는 계절을 나타내는 단어인 키고(季語, 끝 말씀)와 구의 매듭을 짓는 말인 키레지(切れ字)를 가진다.

6장 '상불경보살'의 삶의 방식
- 숲의 문화, 숲의 사상 4

지난해에 비해 올해는 눈이 늦게 왔습니다. 11월 중순에 10센티미터나 쌓여서 이게 밑 눈이 될까 생각했더니, 그 뒤 날씨가 13~14도 정도여서 거의 다 녹아 버렸습니다. 올해는 따뜻한 겨울이 되려나 보다 생각했는데 12월에 들어서자 며칠 동안 연이어 추워서 가마솥 목욕통에 물을 공급해 주던 수도는 순식간에 얼어서 물이 안 나오게 되었습니다. 숲의 눈도 40센티미터를 넘어 내가 좋아하는 눈 치우기의 계절이 되었습니다. 어제(12월 7일)는 아침부터 일곱 시간 동안 눈을 치웠습니다. 그리고 나서 들어간 노천의 가마솥 목욕통은 최고였습니다.

이 글은 언제나 누군가에게 보내는 편지 형식이기 때문에, 이번에는 도야마(富山) 현의 산속 깊은 곳에 사는 I씨 댁을 마음속으로 떠올리며 썼습니다. 11월 23일 I씨에게서 택배로 길쭉한 상자가 왔습니다. '참마구나.' 하고 직감적으로 알았습니다.

3년 전에 나는 이 가족을 방문했습니다. 막내 아이를 출산한 때라서 짧은 시간밖에 머물 수 없었지만, 아이들의 튼튼함에 감동했습니다. 아이들은 학교에 가지 않고 있었지만 자연과 함께 살아가는 강한 힘과 깊은 지혜를 몸에 터득하고 있었습니다. 이름도 마음에 들었습니다. 모리타로(森太郎), 린타로(林太郎), 후코(楓子), 그리고 내가 갔던 날 밤에 태어난 아이가 간타로(幹太郎). 그때 아홉 살이었던 린타로가 매우 간단하게 참마가 있는 것을 발견해서 손으로 파내어서 먹게 되었습니다. "더 기다란 것을 파서 다음에 오지지에게 보낼게요."라고 한 약속을 지킨 것입니다.

고맙구나, 린타로야. 고맙습니다, I씨 가족 여러분.

잎의 수는 무엇을 말하는가!

지난해는 재작년에 비해 나뭇잎 수가 아주 많기에 틀림없이 무더운 여름이 될 것이라고 예측했더니 맞았습니다. 산의 나무 열매도 많이 열렸습니다. 가로수로 심어져 있는 마가목도 가지가 부러질 정도로 많은 열매가 열렸습니다.

인간과 달리 자연의 생명은 쓸데없는 일을 하지 않습니다. 태양 에너지가 찬란하게 쏟아지는 해에는 많은 잎을 내고 영양도 잔뜩 흡수합니다. 태양광이 적은 해에는 미리 알고 잎을 적게 낸다고 생각합니다.

올해는 지난해를 훨씬 웃도는 잎의 수였습니다. 그런 게 홋카이도 만이 아니라 10월에 너도밤나무 숲을 산행했던 동북 지방에서도 그랬습니다. '엄청 더운 여름이 되겠군.' 하고 생각했습니다. 하지만 일본 열도의 절반 이상, 특히 간사이(關西) 지방에서는 더 그랬지만 홋카이도는 냉하(冷夏)였고, 동북 지방도 냉하에 가까웠다고 들었습니다. 산의 나무 열매도 거의 안 열리고 버섯도 아주 적었다고 합니다. 그래서인지 홋카이도에서도 동북 지방에서도 곰이 마을에 내려와서 다시 '곰은 해로운 짐승'이라는 말이 나오고 있습니다.

올해처럼 많은 잎을 달기란 나무에게도 쉬운 일이 아닐 겁니다. 잎은 가을 동안에 만든 겨울눈 속에 준비되는 것이므로 나무의 예지 능력은 뛰어나다고 할 수 있습니다. 아마도 몇 십만, 몇 백만 년을 살아온 경험이기에 인간은 그 발뒤꿈치에도 못 따라갈 정도의 능력밖에 지니지 못했음은 틀림없습니다.

그런 능력을 가지고도 예지할 수 없을 정도로 지구 환경이 파괴되어 온 것일까요? 그 때문에 쓸데없는 짓을 하지 않는 나무들이 무리를 하며 서두르는 걸까요? 모르겠습니다. 잘 모르겠지만, 심상찮은 일이 일어나고 있음은 틀림없습니다.

올해도 너도밤나무 산행을 나서다.

올해도 5월과 10월에 너도밤나무 산행을 하고 왔습니다. 너도밤나무에 반해서 하는 산행이지만 이 여행을 통해서 언젠가 동북 지방을 중심으로 번성했던 세계에 자랑할 만한 조몬 문화, 그것을 밑바탕으로 한 뛰어난 우리의 선조, 그들의 세계관, 종교관, 인생관이 숲, 특히 너도밤나무와 얼마나 깊은 관계였을까……, 거기에 마음이 끌리게 되었습니다.

최근에 눈사태에 깔릴 뻔하기도 하고, 갈비뼈가 부러지기도 했던 터라 앞으로 또 무슨 일이 생기면 산행도 못 하게 될 것 같아서 이번 10월은 조금 느긋한 일정으로 너도밤나무 숲을 걸었습니다.

내가 태어난 고향인 가가(加賀)의 하쿠 산(白山) 주변이라면 표고 1,000에서 1,800미터쯤까지가 너도밤나무 지역이지만, 도호쿠는 대체로 700에서 1,200미터 정도까지입니다. 그보다 높아지면 너도밤나무는 없습니다. 여기가 너도밤나무의 삼림 한계라고 생각되면 곧바로 내려옵니다. 나의 산행은 결코 정상을 정복하는 것이 목적이 아닙니다.

여담이지만 등산이라며 산꼭대기에 오르는 습관은 메이지 시대의 '문명 개화' 이전에는 없었다고 생각합니다. 후지 산(富士山)이나 하쿠 산, 다테야마(立山) 등에서 보이는 산악 신앙으로서 산꼭대기에 있는 사당에 가려고 올라가는 일은 있어도, 산꼭대기를 정복했다고 쾌재를 부르는 따위의 사고는 일본인에게는 없었을 겁니다. 일본인에게 산이란 숲을 말하는 것이고, '산에 간다'는 것은 옛날이야기에 "할아범은 나무하러~"라는 식으로 숲의 혜택을 받으러 가는 것이었습니다. 삼림 한계를 넘은 더 위쪽은 '딴 세계'여서 오히려 사람이 들어서면 안 되는 장소라고 생각했던 게 아닐까요?

산이라면 기껏해야 바위산, 민둥산이 다인 초원에서, '신 → 인간 → 자연(인간은 신의 허락을 받아 자연 위에 서고 자연을 정복해서 인간의 왕국을 만들 수 있다)'이라는 기독교적 세계관, 자연관이 지배하는 유럽 문명을 기초로 해서 처음으로 등산이라는 행위가 생겨나고, 도중에 있는 자연의 아름다움에 접하기보다는 인간의 한계에 도전해서 산꼭대기까지 올라가는 기술로 발달했던 것이라 생각됩니다.

숲을 보지 않는 등산객

나무가 없는 알프스의 소녀 하이디의 세계를, 나무들이 빽빽이 들어차 깊은 숲이 되어 많은 생명이 약동하는 일본의 깊은 숲, 특히 너도밤나무 숲보다 더 아름답다고 느끼는 마음을 일본인들이 언제부터 갖게 되었을까요?

나는 너도밤나무 숲을 따라가며 그 매력에 취해 있습니다. 굵고 나이들어 썩기 시작하는 거목들을 만나면, 자연스레 합장하고 싶어집니다.

살짝 허리를 비튼 너도밤나무들 사이에 서면 우키요에(浮世繪) 속의 미녀들에게 둘러싸인 기분이 되어 떠나기가 아쉽고 이대로 여기에 머물렀으면 좋겠다는 심정입니다.

그런 숲에서 가끔 만나는 등산가들은 이 아름다운 숲을 멈춰 서서 보려고도 하지 않고 위로 위로만 빠른 걸음으로 올라갑니다. 옛날부터 폐활량이 적어 마라톤 같은 것은 정말 서툴러서 곧 숨이 차 버리는데, 더욱이 2년 전의 자동차 사고 뒤로 허리와 무릎까지 아픈 나에게는 그들의 스피드가 놀라울 따름이고 존경스럽기도 하지만, 내 페이스에 맞게 천천히, 숲을 마음으로 즐기는 것이 나는 좋습니다.

이번 10월에는 나에바 산(苗場山)에 가까운 아카유(赤湯)에서 시작해서 아사쿠사타케(니이가타 현과 후쿠시마 현의 경계), 구리코마야마에 연결된 다이치모리(大地森, 미야기 현), 오오아사히다케(大朝日岳)의 '생명의 숲'(야마카타 현, 숲 이름은 내 마음대로 지었다), 다자와코(田澤湖)에 가까운 뉴토잔(乳頭山, 아키타 현), 미야자와 겐지의 동화 〈나메토코 산의 곰〉에 나오는 나메토코 산, 고마가시라야마(駒頭山, 이와테 현)의 너도밤나무 숲을 걷고 왔습니다. 단풍은 아직 철이 이르고, 비가 와서 고생을 좀 했지만 아주 만족스러웠습니다.

풍요로운 숲

숲 속에 있으면 마음속 깊이 행복해지고, 기쁨이 온몸의 세포라는 세포에 스며들어 순간순간 나는 '살아 있구나, 즐겁구나.' 라고 생각합니다. 숲의 생명이 몸으로 쑥 파고듭니다. 만 년이라는 아득한 시간, 여기서 세계 역사상 유례없는 풍요로운 조몬 문화가 꽃피어 왔다는 것을 조금이나마 알 것 같습니다.

나일, 티그리스·유프라테스, 인더스, 황하, 양쯔 강의 문명도 오랜 역사를 자랑하지만, 지금 그 땅들은 모두 숲 같은 것이 거의 없는 황폐한 땅입니다.

그들보다 긴 역사를 가지면서 지금도 여전히 풍요로운 숲을 남겨 두고 있는 이 땅, 특히 동북 지방의 너도밤나무 숲의 풍요로움은 서양인 들에게는 믿기지 않을 것입니다. 물론 일본에서도 메이지 시대 이후, 특히 제2차 세계 대전 뒤의 열도 개조론 이후로 국가의 이름으로 동북 지방의 산들(홋카이도는 특히 데)이 마구 잘려 나갔습니다. 그래도 아직은 이 풍요로움을 간직하고 있습니다.

너무나 신비한 한 일이 아닙니까? 이 신비함의 진수가 수천수만 년에 거쳐 맥맥이 이어져 흘러왔음에도 많은 일본인이 신경조차 쓰지 않고 잊어버려 왔지만, 앞으로의 시대의 핵심 사상이 될 것임이 틀림없습니다. 나는 그렇게 생각하며 산행을 계속하고 또 구마데의 숲에서 살아가고 있습니다.

산천초목이 모두 부처다(山川草木悉皆成佛)

앞에서 언급한 야마가타 현 오구니(山形県小國町) 정에서 들은 이야기 입니다. 앞에서도 쓴 적이 있지만, 다시 한 번 쓰겠습니다.

먹이를 정신없이 먹고 있는 곰을 봤을 때, 그 곰을 쏠 것인가? 나가

노(長野)의 사냥꾼과 오구니의 사냥꾼 사이에 거친 논쟁이 벌어졌습니다. 나가노의 사냥꾼은 곰이 가장 방심한 때이므로 좋은 기회라고 말했습니다. 그에 대해 마타기의 피가 흐르는 오구니의 사냥꾼들은 크게 분노했습니다. 인간이 생명이면 곰도 생명, 생명에 경중이 없다. 곰이 먹이를 먹고 있을 때는 가장 행복할 때이다. 생명이 행복해할 때에 그것을 쏘아 죽이는 것은 '산의 법도, 숲의 법도'에 어긋난다는 것입니다.

'산의 법도'란 게 뭐냐고 정색을 하고 물으면 말한 사람도 대답하기 어려울 것입니다. 이것은 말로써가 아니라 마음으로 아는 것입니다. 그것은 해석은 할 수 없어도 숲과 그 생명들을 소중히 여기는 마음, 숲의 모든 것을 '신'으로 인정하고, 공경하려는 마음이 '법도'라는 말에 들어 있기 때문입니다.

'산천초목실개성불'은 불교가 기독교나 그 밖의 종교와 근본적으로 다른 점입니다. 이 사상은 숲의 땅인 일본에서 더욱 심화되었습니다.

'자연 보호 사상'은 유럽에서 자연 파괴의 반성으로 생겨났습니다. 나는 인간이 자연을 보호할 수 있다고 생각하지 않지만, '자연 보호 사상'에서 인간을 중심에 둔다는 점을 없앤다면 크고 중요한 구실을 하리라고 생각합니다.

그러나 이 숲의 나라 일본에서는 숲을 공경하고 자연과 동화할 수 있다는 깊은 사상이 먼 옛날 조몬 시대부터 맥맥이 이어져 왔습니다.

가까이에 숲이 있는 게 너무 당연하기 때문에 도리어 현대의 일본인은 숲의 귀중함을 모르게 되었습니다. 숲이 가르쳐 주는 것을 내다 버리고 잊어버려서, 그 때문에 스스로 괴로워하고 있습니다.

숲의 민족에게는 살아 있는 것 모두가 신입니다. 수령 400년의 너도밤나무, 500년의 졸참나무, 천 년의 계수나무 앞에 섰을 때, 뭐 좀 안다고 말할 수 없는 나 자신을 깊이 느낍니다. 인간보다 훨씬 오랜 역사를 가지고, 이 지구라는 별에 맞추어서 자신의 사는 방식을 만들어 내어, 저마다 수천만, 수천억도 넘는 사슬을 맺어서 갖가지 생태계가 생겨났습니다. 인간도 이 과정에서 탄생했겠지요. 신인류가 되고 불과 수만 년밖에 안 된 인간은 새내기로서 배우고, 밑바닥까지 아주 겸허해져야 합니다.

숲에 살아 보고 나서야 비로소 내가 모르는 것투성이라는 것을 깨닫게 되었습니다. 숲은 신비함으로 가득 차 있습니다. 그렇기에 매력적이고 아름답다고 생각합니다. 신비함이 가득하기에 풍요롭다고 말할 수 있습니다. 인간이 아는 거라고는 진짜 조금밖에 되지 않습니다.

한편 신비함은 신비함으로 남겨 두고 모르는 쪽이 더 좋다고 생각하지 않습니까? 그런데도 인간은 알아서는 안 되는 부분에까지 흙발을 들여 놓아 결국은 망하는 길로 내달리고 있습니다.

'살육의 정의' 란?

지금 아프가니스탄에서 벌어지고 있는 비극이 이것을 말해 줍니다. 나는 어떤 이유에서든 사람이 사람을 죽이는 것에는 반대합니다. 그런데 '부시의 정의' 는 무엇입니까? 이것은 세계에서 가장 부자 나라가 가장 가난한 나라에게 건 '전쟁' 일 뿐입니다. 이유도 도리도 없는 전쟁, 기다리고 있던 것처럼 핵무기 이외의 모든 '현대 무기' 를 사용한 대량 학살의 전쟁입니다.

텔레비전 같은 걸 거의 안 보는 내가 더러 텔레비전에서 보게 되는 것은 '대형 폭탄'의 영상입니다. 핵무기를 제외한 현존하는 무기로는 가장 파괴력이 강한 폭탄이라고 NHK 해설자가 얼굴색 하나 바꾸지 않고 설명하고 있었습니다. 한 방으로 축구 경기장 예닐곱 개 넓이의 땅에 있는 사람도, 나무도, 건물도 충격파로 단숨에 휩쓸어 버리는 폭탄이라는 겁니다. 그 밖에도 클러스터 폭탄(여러 개로 쪼개지며 다시 폭발하는 집속탄)에 의한 융단 폭격, 이것은 이미 살인광만이 할 수 있는 일입니다. 탈레반을 상대할 때는 뭘 해도 좋다는 겁니까? 탈레반이란 것이 예전에 미국이 소련을 압박하려고 무기를 대 주던 사람들 아닙니까? 그러던 것이 미국 입맛에 안 맞고 거슬린다며 전쟁을 벌인 것입니다. 부시가 쇳소리로 떠드는 '정의' 따위는 어디에도 없습니다.

그런 부시를 미국인들이 성조기를 흔들며 "유에스에이! 유에스에이!" 하고 환호하는 꼴은 가관입니다. 자유에 대해 유연한 사고방식을 가졌다는 미국인의 모습은 어디로 간 걸까요? 다른 대국의 지도자들도 '테러'의 불똥이 자기 나라에 튈까 봐, 미국이 시키는 대로 하고 있습니다. '시키는 대로'라고 하면 '고이즈미의 일본'이 바로 나옵니다. '기회는 이때!'라는 듯이 사실상 헌법을 개악하고, 자위대의 해외 파병도 해 버렸습니다. 고이즈미에게 높은 지지를 해 준 일본 국민도 문제입니다.

모두가 이상합니다. 모두가 경직되어, 자유와 유연한 마음을 스스로 내던지고 있습니다. 억압에 저항하는 마음이 마비되어 있습니다. 부시에게 찬성하지 않으면 테러에 가담하는 것이라는 엉터리 논리가 활개

치며 통용되고 있습니다. "하이(Hi), 부시!!"라는 위험을 느낍니다. 물론 모두가 다 그렇다는 것은 아닙니다. 전쟁이 싫다고 생각하는 사람도 많을 거라 믿습니다. 최근에도 이웃 아저씨와 이야기하다가 "부시에게 줄 돈이 있으면 우리한테나 주라지."라는 말을 들었습니다.

문제는, 대형 폭탄으로 생명이 박살 나는 것을 매일 텔레비전으로 보고 있으면 결국 그런 일들이 예사로 느껴져 사람이 살해당해도 아무 일도 아니라고 생각하고 지나쳐 버리는 마음, 잘못된 것은 다수를 상대로 해서라도 과감히 지적하고 고치려고 노력하는 용기가 없어진 마음, 헌법을 위반하고 자위대 군함이 '당당하게' 인도양으로 나가는 것을 보고도 '할 수 없지 뭐' 하고 포기해 버리는 마음, 딴 사람들 모두 다 그렇게 생각한다고 안심하는 마음, 그런 마음들입니다.

숲이 말하다 – 미국 문명 멸망의 징조

언론은 이번 전쟁을 서구 문명, 즉 기독교 문명과 이슬람교 문명의 '문명의 충돌'로 그리고 있지만, 그렇지 않다고 생각합니다. 유럽 문명 멸망의 징조라고 나는 생각합니다.

나치스와 일본 군국주의가 나타나서 엄청난 위세를 떨쳤을 때, 이에 저항하여 이겨 낼 힘이 서구 문명 안에 존재했습니다. 그로부터 50여 년이 지난 지금 소련도 붕괴되고 군사, 경제, 정치의 모든 면에서 독불장군처럼 행동해 온 미국이 패권을 목표로 하고 있습니다. 그 결과 세계적인 규모로 빈부의 격차는 벌어지고 이번 테러의 밑바탕에도 그런 것이 있습니다. 서구 문명 속에 이 사태를 뛰어넘을 힘이 남아 있을까 매우 의심스럽습니다.

사실 이번 호 〈통신〉에서 숲이라는 관점에서 볼 때 미국 문명은 붕괴 위기에 놓였다고 쓸 셈이었는데 그 까닭은 이 전쟁 때문이었습니다.

왜 숲에서 내가 그렇게 느꼈을까 좀 이상하게 들리겠지만, 느릅나무한테서 가르침을 받았습니다. 이야기가 조금 돌아가지만 들어 주시길 바랍니다. 알고 계시는 대로 느릅나무는 '이 나무 무슨 나무, 걱정되는 나무' 라는 광고로 유명해진 나무입니다. 이 숲에도 많이 자라고 있습니다. 나무의 숫자로 보면 이 숲은 느릅나무, 오리나무 숲이라고 해도 좋을 정도입니다. 나는 이 나무가 좋습니다. 자태가 뭐라 말할 수 없을 징도로 우아합니다. 잎이 떨어진 지금도 겨울눈이 붙은 가지 끝까지 섬세함을 계속 살리고 있는 이 나무가 좋은 것입니다. 아이누 민족도 이 나무를 사랑해서, 이 나무를 두고 전설이 전해집니다. 먼 옛날 벼락신이 느릅나무 공주의 아름다움에 홀딱 반해 발을 헛디뎌 구름에서 떨어져 버렸습니다. 그때 태어난 것이 아이누 사람들이라는 이야기가 전해지고 있습니다.

느릅나무는 물과 가까운 계단 모양의 지형처럼 습기가 많고 기름진 땅을 좋아합니다. 그런 점에서 느릅나무는 소나무와 정반대입니다. 소나무는 척박한 땅을 좋아해서 마르고 거름기가 없는 땅에 자라납니다.

일본 사람들은 소나무를 좋아합니다. 정월이면 문 앞에 장식용으로 세워 두기도 하고, 시나 그림에도 반드시 등장합니다. 이렇게 친근한 소나무이지만, 일본에서의 역사는 기껏 3,000년 정도입니다. 너도밤나무, 졸참나무, 느릅나무가 수백만 년의 역사를 가진 것과 견주면 소나무는 일본 열도에서는 지극히 최근에 들어온 새내기입니다.

조몬 시대 대부분에 걸쳐서 소나무는 편서풍을 타고 중국이나 한반도에서 일본 열도로 많이 날아왔겠지만, 울창한 숲으로 덮이고 땅이 기름져서 자라날 수가 없었습니다. 벼농사가 전해지고 그에 따라 숲이 파괴되자 일본 열도에도 소나무의 서식지가 생긴 것입니다. 논이 넓어지고 도시가 발달하면서 숲이 베어지자 토지는 척박해지고 소나무 숲이 넓어져서 가장 친근한 나무가 된 것입니다.

연료 혁명으로 땔감을 쓰지 않게 되고 마을의 산들과 사람들의 관계가 끊어지게 되자, 나무만이 아니라 낙엽이나 죽은 가지(옛날에는 거름이나 사료로 쓰였습니다.)조차 가지고 나오지 않게 되어 숲의 토양은 점점 비옥해져 갔습니다. 소나무는 원기를 잃고 '소나무 시듦병'이 크게 유행하였습니다. 소나무좀이 직접적인 원인이지만 숲과 인간의 관계가 바뀌어 소나무가 약해진 것이 간접적 원인입니다. 어떤 나무도 건강한 때는 병원균이나 해충이 달라붙지 못합니다. 이 소나무와 닮은 것이 유럽과 미국의 느릅나무에 나타나고 있습니다. 서양 사람들은 느릅나무를 아주 좋아하는데, 그게 '느릅나무 시듦병'[21]이라는 병에 걸려 거의 전멸 상태가 되었다고 합니다. 이것은 소나무의 경우와는 정반대로 유럽, 특히 미국의 토지가 척박해져 대지가 풍요로움을 잃어버린 증거입니다.

산업 혁명 이전에 미국(특히 동부)은 느릅나무로 뒤덮인 숲의 나라였습니다. 그러던 것이 1980년대 미국 전체 토지에서 숲이 차지하는 비율이 20%쯤 되고, 드디어 최근 어딘가의 자료에서는 미국의 삼림 점유

---

21) 느릅나무 시듦병: 정식으로는 네덜란드 느릅나무병(Dutch Elm Disease)이라고 한다.

율이 10%로 떨어졌다고 합니다. 대규모 공업과 농업은 확실히 미국의 토지를 악화시키고 있습니다.

10%(참고로 일본은 67%)라는 것은 놀라운 수치입니다. 유럽에서는 13세기경부터 숲의 파괴가 눈에 띄게 늘어나고 15세기 중엽에는 10%, 16세기에서 18세기에 걸쳐서 반 이상의 숲이 사라졌습니다. 그 결과 14세기 전반과 17세기 후반에 페스트가 창궐하여 수많은 사람들이 죽어 갔습니다. 14세기의 페스트로 두 사람 중에 한 사람이 죽었다고 합니다. 17세기의 페스트도 그에 못지않게 맹위를 떨쳤습니다. 숲을 부수고 자연을 파괴한 인간에 대한 당연한 벌이었습니다.

그러나 그때 베이컨과 데카르트 같은 이들이 나타나, '인간은 자연법칙을 알고 그것을 이용해서 자연 위에 인간의 왕국을 쌓아올릴 수 있다'고 하는 사상을 확립했습니다. 그래서 당장의(눈앞의) 위기는 극복하게 되었습니다. 근대 과학 문명의 탄생이었으며 인류에게 구세주처럼 보였습니다. 그러나 300년도 지나지 않은 지금 그 때문에 빚어진 결과가 인류 자신을 위협하고 있습니다.

'숲'에서 미래를 본다

숲이 빠르게 없어지고 느릅나무가 사라진다는 것은 페스트에 버금가는 무서운 사태가 언젠가 미국에서 일어나더라도 이상하지 않다는 것입니다. 미국 전성기는 끝난 것입니다. 지금 미국에 필요한 것은 모든 힘을 다해서 자국에 초록색을 늘리는 것입니다. 그러려면 미국은 전 세계에 있는 군사 기지를 없애고 세계 곳곳에 주둔해 있는 미군을 본토로 불러들여 황폐한 국토를 초록화하는 전사로 바꾸어야 합니다. 오키나와를 비롯한 일본에 있는 기지에서도 당연히 철수해야 합니다. 이거야말로 미국 스스로 안전을 보장하는 올바른 길입니다.

이렇게 쓰려고 마음먹고 있었는데 사태는 완전히 거꾸로 돌아가고 있습니다. 몇 번이고 말하지만, 그것이 미국의 강함을 나타내는 게 아니라 멸망으로 곤두박질하는 길이라고 나는 생각합니다. 혹시 아프가니스탄에서 미국이 탈레반에게 '이긴다'고 하더라도 나의 생각은 변함없습니다.

이제, 서구 문명의 전성 시대, 미국의 시대, 과학 만능의 시대는 막을 내리려 하고 있습니다. 와야 할 시대는 '숲의 시대'가 될 거라고 나는 믿습니다.

내가 만든 글자지만 '숲(森)'이라는 글자를 가만히 바라보고 있으면 나무와 물과 흙 속에서 맑고 맑은 생명들이 보이기 시작합니다. 이들 생명을 멸망시키는 것이 아니라, 되살려 번성하게 만들려면 우리는 지금 무엇이 필요할까, 어떻게 생각하고 무엇을 해야 할까⋯⋯. 하나라도 좋으니 그 단서가 될 것을 찾는 여행, 삶의 방식으로 살아가고 싶다고 생각합니다.

'상불경보살(常不輕菩薩)'의 삶의 방식

이번 산행에서 미야자와 겐지의 〈나메토코 산의 곰〉에 나오는 나메토코 산의 너도밤나무를 찾으러 갔습니다. 등산로 입구를 잘못 들어서 충분히 즐기지 못했던 여행이었기에 다시 한 번 가 보고 싶다고 생각하고 있었습니다.

이 동화에 나오는 나메토코 산, 나카야마가도(中山街道), 오소라 폭포(大空の瀑), 나마리 온천(鉛溫泉), 시라사와(白澤) 등은 실제로 있는 지명입니다. 단지 겐지가 말하는 '나메토코 산'은 실제로 있는 나메토코 산이 아니라, 고마가시라야마(駒頭山)에서 오소라 폭포, 나카야마 고개(中山峠)를 포함한 넓은 범위의 너도밤나무의 산들을 말합니다.

'나메토코 산의 곰이라면 재미있다.'로 시작되는 이 동화에서 겐지는 마타기인 고쥬로(小十郎)와 곰들 사이의, 말로 할 수 없는 관계를 그린 것입니다. 고쥬로는 곰을 잡는데 마지막에는 큰 곰에게 당하게 됩니다. 죽고 죽이는 관계처럼 보이지만 실은 곰들은 고쥬로를 좋아하고 고쥬로도 가족을 위해서 곰을 잡고 있지만, 언제나 마음속에서 '용서해 다오. 곰들아.' 하고 생각하고 있습니다.

달빛 속에서 건너편 절벽에 하얗게 빛나는 것을 보면서 눈인가 꽃인가 하고 서로 묻고 대답하는 어미 곰과 아기 곰의 몸에서 후광이 비치는 것 같아서 살짝 그 자리를 떠나는 고쥬로. 눈과 달빛 속에서 고쥬로의 시체를 둘러싸고 가만히 언제까지고 기도를 올리는 것 같은 수많은 곰들. 그것이 생명과 생명의 진정한 관계가 아닐까……. 그 장소와 겐지의 마음을 만나고 싶어서 나메토코 산으로 향한 것입니다.

고쥬로도 곰도 서로의 마음속에 '부처'와 '신'을 보고 있었습니다. 겐지는 니치렌종(日蓮宗)[22]의 열렬한 신자였습니다. 그래서 나도 최

---

22) 니치렌종(日蓮宗): 일련종. 일본 불교 13종파의 하나이다. 천태종의 법화사상(法華思想)을 배우고 우주의 통일적 진리(妙法蓮華經), 그것의 인격화(久遠釋尊), 그리고 그 현실에의 구현(具現 : 菩薩行)을 강조하였으며, 특히 개인 구제뿐 아니라 사회 · 국가의 전체적 구제(立正安國 · 佛國土建設)를 주장하여 독자적인 사상 체계를 수립하였다.

근에 니치렌에 관한 책과 법화경 입문서를 읽었습니다. 불교에 대해 잘 알지는 못하지만, 법화경의 진수라고 이해한 것은, 하나는 '산천초목이 모두 다 부처' 라는 사상이고, 또 하나는 '상불경보살처럼 살아라' 라는 것입니다. 전자에 대해서는 이미 서술하였고, '상불경보살' 이란 누구일까요?

상불경보살은 돌팔매에 맞건, 몽둥이로 두드려 맞건, "나는 당신을 존경합니다. 결코 가볍게 보지 않습니다. 당신은 미래의 부처이니까요……." 하면서 싱글벙글 웃으며 남을 위해서 애쓴 사람입니다.

겐지의 〈비에도 지지 않고〉 속의 바보는 확실히 상불경보살입니다. 겐지는 이 보살처럼 되고 싶었던 것입니다.

'산천초목이 모두 다 부처다' 도 '상불경보살의 사는 방식' 도 불교에 의해서 처음으로 일본에 들어온 것이 아닙니다. 일본 열도의 아름답고 풍요로운 숲 속에서 만 년에 걸쳐서 빛나는 문화를 살아온 사람들이 키워 온 사상이, 전래되어 온 불교와 맺어져서 특히 이 일본에서 활짝 꽃핀 것입니다.

앞의 〈통신〉에서도 썼지만, 조몬의 유적에는 다른 부족과의 전쟁이나 싸움을 위한 도랑이나 성벽이란 게 없었습니다. 다른 고대 문명의 유적에서는 있을 수 없는 일입니다.

모든 사물 속에 '신' 이나 '부처' 를 인정하고, 아무렇게 해도 좋은 생명은 하나도 없다고 생각하며, 무용한 살생을 하지 않고, 결코 다투지 않으며, 상대를 공경하고, 상대를 위해 애쓴다……. 이것이 겐지의, 나아가 숲의 민족이 가진 사상의 모든 것이므로 부시의 사상과는 결코 어울리지 않는 것입니다.

　숲의 시대의 사상이란 이런 게 아닐까요. 그것을 심화시키기 위해서 숲에 사는 내 삶의 여행은 앞으로도 계속될 것입니다.

7장 버섯의 경고
- 숲의 문화, 숲의 사상 5

올해는 예년보다 눈도 빨리 오고 추위도 심합니다. 11월 중순부터 숲에는 밑 눈이 쌓였습니다. 개울도 얼기 시작했습니다. 가끔 따뜻한 날이 있어서 눈이 조금 녹고는 곧바로 추위가 왔습니다. 이 숲에 이어지는 임도는 완전히 아이스반[23]이 되었습니다. 강풍이 그 위의 눈을 흩날려서 스케이트장에 요철이 생긴 것 같은 모습입니다. 주의했는데도 임도가 좁아지는 곳에서 내가 몰던 무거운 차가 스르륵 미끄러졌습니다. 미끄러지자 멈추지 않고 순식간에 길에서 벗어나, 작은 나무에 부딪쳐 옆으로 넘어지고 말았습니다. 다행히 몸은 아무렇지도 않았습니다. 언제나 숲에서 몸을 움직이고 있기 때문일 것입니다. 숲에 감사했습니다.

몇몇 아는 사람들이 이번 가을의 너도밤나무 산행에 함께 가고 싶다고 했습니다. 교통편을 생각해서 구리코마야마의 너도밤나무 숲으로 정했습니다. 세카이야치(世界谷地) 늪지대에서 구리코마야마 중턱을 넘어 램프 근처 여관인 유하마 온천(湯浜温泉)까지 약 10킬로미터를 이틀에 걸쳐 왕복했습니다. 하지만 산도 있고 골짜기도 있어서 첫 산행인 사람에게는 결코 쉽지 않습니다. 예닐곱 시간 정도 걷는데 그 사이에 있는 너도밤나무 숲은 압권이었습니다. 참가한 사람은 미국 미시건 대학에서 교편을 잡고 있는 레슬리 핀커스 씨를 포함해 열 명 정도였는데, 참가자들의 사정으로 10월 상순에 여덟 명, 하순에 두 명으로 나누어지게 되어, 나는 결국 두 번 왕복했습니다. 상순에는 아직 초록빛이었던 숲이 하순에는 완전히 단풍이 들어 있었습니다. 덕분에 나는

---

23) 독일의 고속도로 아우토반에 빗대어 얼음길임을 뜻함.

좋아하던 숲을 마음껏 누릴 수 있었습니다.

참가자의 나이는 10대에서 70대까지 다양했는데, 가장 젊은 18세의 S가 내 디지털카메라로 숲을 촬영했습니다. 그 영상을 보고 나서 그녀에게 편지 쓰는 형식으로 이번 원고를 씁니다.

잘 지내시는가요?

숲은 이미 새하얗습니다. 깊은 곳은 40센티나 눈이 쌓였습니다. 요 2, 3일은 영하 10도 아래로 내려갔습니다. 처마에는 기다란 고드름이 매달려 있습니다. 가마솥 목욕통에 물을 공급해 주던 수도는 11월 21일에 얼어 버렸습니다. 작년보다 보름이나 빠릅니다. 이번 겨울은 매우 추울 지도 모르겠네요. 편지 잘 읽었습니다. 감사합니다.(줄임)

너도밤나무 산행도 몇 년이나 계속 하다 보니 많은 산을 돌기보다는 여기다 싶은 곳(몇 군데)에서 차분히 머물며 너도밤나무들과 이야기를 나눈다든지 숲 속에 있는 행복과 기쁨을 더 깊이 누리고 싶다는 생각이 들었어요. 그래서 이번에는 평소보다 산행의 양을 반으로 줄였지만, 당신들과 함께했던 두 번째 구간인 구리코마 램프의 여관까지 오간 산행은 매우 힘든 산행이 되고 말았습니다.

산을 걷는 자체는 온 산에 단풍이 들어 있어서 첫 번째보다 상쾌하고 즐거웠습니다. 당신들도 만족했으리라 생각합니다. 그 뒤가 좋지 않았습니다. 산행을 제대로 하려면, 전날 일곱 시간이나 걸었으니 여유 있게 온천에라도 들어가 몸을 쉬며 한숨 돌리고 나서 다음 행동으로 옮겼어야 했습니다.

내 계획의 실수로 산을 내려오자마자 센다이로 곧바로 가서 거기서 당신들을 내려 주고, 나는 대도시의 저녁 시간의 혼잡과 정체 속에서 숨 돌릴 틈도 없이 페리를 타는 지경이 되어 버렸습니다.

여러분의 마음을 조급하게 만들어서 정말로 죄송합니다.

구리코마의 숲

당신에게 편지를 쓰게 된 직접적인 계기는 당신이 촬영한 구리코마의 영상을 본 뒤에 당신 편지도 읽었기에 그 내용도 언급하면서 지금 내가 생각하고 있는 것을 쓸까 합니다.

나는 구리코마의 그 코스가 좋아서 최근 7, 8년 사이에 열 번 정도 갔습니다. 그 둘레의 숲은 관광 붐, 중장년층의 등산 붐에서 제외되어 오히려 좋은 상태를 지키고 있는 귀중한 숲입니다. 이 숲은 시라카미(白神) 숲과 맞먹는다고 생각합니다.

그렇게 아름다운 숲인데도 가는 사람이 드물어서 누구에게도 방해받지 않고 숲에 안겨 그 평안함을 마음껏 느낄 수 있는 곳입니다. 스무 번이나 오가며 그 산길을 걸었더니 어디에 어떤 나무가 어떤 모습으로 있는지도 차차 알게 되었습니다. "어이!" 하고 말을 걸어 오는 지인이나 친구가 있는 숲에 가면 즐겁습니다. 지인이나 친구를 얻으면 숲은 좀 더 깊은 곳까지 보여 줍니다.

내가 구리코마를 시작으로 너도밤나무 숲에 매료된 것은 숲 전체가 자아내는 부드러움, 상냥함, 평안함, 행복감을 온몸으로, 아니 온 마음으로 느끼고 싶기 때문입니다. 폐활량이 남보다 적은 나는 쉽게 숨이 차고 허리도 아프고 다리가 아플 때도 있습니다. 그러나 어느 정도까지 가게 되면 '고통'을 넘는 황홀한 상태가 됩니다. 흔들리는 것 같은 따뜻함에 안겨 황홀한 기분이 됩니다. 어머니의 자궁 속에 있는 것 같은 느낌, 양수에 떠 있는 태아의 안도감과 분명 비슷한 기분일 것입니다. 그걸 느끼는 순간 너도밤나무 숲은 쑤욱 내 안으로 들어옵니다.

글로 표현하기 어렵지만, 이 기분을 느끼고 싶은 마음만으로 나는 숲에 있을 수가 있습니다. 그래서 램프의 여관에 가지 않아도 됩니다. 될 수 있으면 그렇게 느낀 숲 속에 눌러앉아 마음껏 숲을 느껴 보고 싶습니다.

이런 식으로 느껴지는 것은 그 숲이 생명으로 한가득 차 있기 때문이라고 생각합니다. 수많은 생명이 복잡하게 서로 얽혀서 안정된 생태계를 이루고 있습니다. 그것은 저 풍부한 개울물을 보면 알 수 있습니다. 십 년 또는 수십 년 전에 내린 비가 너도밤나무 숲에서 여과되고 저장되었다가, 차갑고 투명하고 맑고 달콤한 물이 되어 흘러나옵니다. 우리들이 무심코 지나치거나 빠질까 봐 조심하며 건너던 그 개울물과 견줄 만한 물은 요즘 세상에 그다지 많지 않을 것입니다. 구리코마의 물은 그 숲의 풍요함을 보여 주는 틀림없는 증거라고 생각합니다.

비디오를 보고 나서…

당신이 찍은 비디오를 봤습니다. 미안한 말이지만, 내가 모르는 다른 숲을 보고 있는 것 같았습니다. 당신이 그 숲에서 느끼고 마음에 새겨 넣은 것이 찍혀 있지 않습니다. 기술 문제도 있습니다. '처음이라서'라고 하면 할 말은 없습니다. 그래도 감히 적습니다.

나는 기계 다루는 데는 서툴러서 대여섯 번밖에 찍은 적이 없고, 다루는 방법도 거의 모릅니다. 진짜로 서툽니다.

앞에서 썼던 것처럼 그 숲이 주는 행복감, 안도감, 기쁨……. 그런 것을 글로써 그려 내는 것도 어려운데, 더구나 영상으로 나타내는 것은 매우 어렵습니다. 그 점은 알고 있습니다. 그러나 어려운 건 어려운 것이고, 서투르면 서투른 대로……, 그래도 자연과 인간이 마주 대하여 일체 감을 가질 때는 마음에 흘러넘치는 것이 있을 것입니다.

그 비디오의 앞부분은 내가 찍은 생명의 숲, 뒷부분은 당신이 찍은 구리코마입니다. 이번에 구리코마에 갔던 모두에게도 조금 편집해서 보냈습니다. 생명의 숲에 대해서는 대부분이 "좋다", "감동했다", "가 보고 싶다"고들 했습니다. 구리코마에 대해서는 "우리가 보았던 단풍이 저렇게 예뻤나?" 약간의 망설임 섞인 반응들이었습니다. 아마 실제 모습을 본 자신의 느낌과 영상을 보는 느낌의 차이를 표현한 것이라고 봅니다.

이건 당신과 나의 감성을 비교하려는 것이 결코 아닙니다. 어쩌면 아주 작은 것일 수도 있습니다.

기계 같은 것을 통해서 숲을 보면, 아무래도 기계적 장치를 거쳐 실제 모습보다 더 좋게 느껴지곤 하죠. 우리도 모르는 사이에 손재주를 부리는 그런 정도일 것입니다. 다만, 나는 당신이 스스로도 인정하고 있는 감성을 더욱 갈고닦으셨으면 하고 굳이 문제로 삼은 것입니다. 당신은 자신 속에 남과는 다른 '자신의 감성'이 있다고 편지에 썼더군요. 나도 그렇게 생각했기에 당신에게 너도밤나무 산행을 권했고, 구리코마의 숲에서도 그것을 느꼈습니다.

사람이 숲과 대면할 때 여러 가지 개성이 나타납니다. 어떤 게 좋다는 것은 아니지만, 숲 속에서 존재감이 있는 사람도 있는가 하면 그렇지 않은 사람도 있습니다. 당신의 경우(스스로는 알아차리지 못했겠지만), 숲 속에 있는 것이 너무도 자연스럽고 금세라도 슬그머니 풍경 속에 녹아 사라져 버릴 것처럼 생각되었습니다. 걷다가 문득 뒤돌아보면 뒤에서 오는 당신이 아주 작게 보였습니다. 큰 나무가 빽빽한 숲 속에서는 인간은 누구나 하찮은 존재입니다. 그것이 머릿속에 있음에도 두드러지게 당신만 작게 보이는 건지……. 그 까닭을 알 수는 없었습니다. 그리고 그러한 당신의 모습을 보고 나는 '좋구나.' 하고 생각했습니다. 왜 그런지 잘 모르겠지만요.

당신이 '나만의 감성'이라고 한 것은 어쩌면 당신이 생각한 것 이상의 것인지도 모릅니다. 그러나 그것은 이번 비디오에서도 알 수 있는 것처럼 어설프고, 갈고닦아진 것이 아닙니다.

숲의 경고

이 시대에서 숲이 말해 주는 것을 재빨리 파악하는 감성이 어느 시대보다 중요해졌습니다. 인류는 지금 중대한 국면에 서 있습니다. 이제까지의 가치관이나 세계관, 인생관을 뿌리째 뒤집지 않으면 인류 자신이 멸망할지도 모르는 상황입니다. 인간 중심으로 자연을 계속 파괴해 온 결과, 이제까지의 '좋아'가 통용되지 않게 됐습니다. 이제까지는 '괜찮아'였던 것이 그렇지 않게 되었습니다. 가까스로 지탱해 온 생태계는 조그만 틈새로 일제히 무너져 내릴 우려가 있습니다. 그런 위기적 상황입니다.

일본인은 사계절의 변화가 당연하다고 생각하지만, 세계적으로 보면 특별한 모습입니다. 숲이 있다는 것 자체가 세계 속에서 결코 당연한 일이 아닙니다. 당신이 본 구리코마의 너도밤나무 숲은 일본의 귀중한 숲이지만, 단적으로 말하자면 세계적으로 보아도 귀중한 숲입니다.

열대 우림의 생물의 다양성과 그 숲이 지닌 중요한 의의에 대해 많이들 이야기해 왔지만, 그것도 엄청난 위기에 처한 것 같습니다. 바로 최근에 태국에서 보내온 작은 책을 보면 50년 전 태국의 열대 우림은 국토의 60%를 차지하였는데, 20년 전에는 국제 자본의 남벌 등으로 30%가 되고, 지금은 겨우 20%라고 쓰여 있습니다. 숲이 국토의 10%가 안 되는 상황이 되면 질병, 전쟁……, 아니라 더 무서운 일이 일어나도 이상하지 않을 것입니다.

이렇게 보면 일본 숲의 위기는 지구의 위기라고 보아도 좋지 않을까요?

숲이나 나무, 풀 또는 야생 동물과 버섯, 균류마저도 저마다 자기들의 언어로 이 위기를 말해 주고 있는데도 둔감한 인간은 태평스레 자기 멋대로 행동하고 있습니다. '부시의 전쟁'도 그러합니다.

나는 〈통신〉에서 요 몇 년 동안 숲의 나무들이 잎을 엄청나게 많이 낸 것을 계속 언급해 왔습니다. 올해는 특히 나뭇잎이 많았습니다. 예년의 몇 배나 된다고 생각될 정도입니다.

어떤 사람은 숲 중심부에 있는 목련나무를 보고 "저 나무, 커진 것 아닌가?" 하고 물어 왔습니다. 그 커다란 잎을 빈틈없이 단 모습이 한층 더 커진 것같이 보였던 것입니다. 이렇게 잎이 많은 것이 무엇을 말하는 것인지 지금으로서는 아무것도 모릅니다.

재작년에는 그전 해보다 나뭇잎이 많이 달렸기에, "아주 덥겠는걸." 하고 예측했더니 맞았습니다. 지난해는 재작년보다 잎이 많기에 '더 더워지겠군.' 하며 마음을 단단히 먹었습니다. 간사이 지방부터 서쪽에서만 맞았고, 홋카이도 동북 지방은 오히려 차가운 여름이었습니다. 올해 잎의 수는 그 어느 때보다도 가장 많았습니다. 나는 아예 예측을 포기했습니다. 그랬는데 홋카이도는 추운 여름, 간토(關東) 지방부터 서쪽은 열대야 현상으로 밤에도 잠을 잘 수 없을 정도로 지독하게 더웠습니다.

뭔가 잘못되고 있습니다. 숲의 생명들은 '심상찮은 사태야' 하고 경고하고 있는데 인간은 그걸 정확히 받아들일 감성을 연마하지 못해 그 감성을 몸에 지니지 못하고 있다고 생각합니다.

버섯의 뛰어난 구실

당신도 알다시피 나는 버섯 따는 것을 무척 좋아합니다. 6월에 산나물 채집의 계절이 끝나면 곧바로 매일 아침 버섯을 따러 여러 군데 숲에 들어갑니다.

생태계 속에서 버섯이 수행하는 역할을 생각한 적이 있나요? 나는 처음에는 식용 버섯 따기에만 흥미를 가지고 있었습니다. 아침마다 버섯을 따는 동안 버섯이 가진 신비함, 숲과 버섯의 관계를 생각하게 되었습니다. 그러자 다른 눈으로 숲을 볼 수 있게 되었습니다.

옛날 조몬 시대부터 버섯은 인간에게 중요한 식량의 하나였습니다. 그럼에도 불구하고 버섯에 대해 아는 것이 많지 않습니다. 이 마을에도 버섯 따기의 달인이라는 사람들이 많이 있지만 잎새버섯, 송이버섯, 표고버섯과 같은 맛있는 버섯이 나는 장소를 자세히 안다는 것이지, 수많은 버섯의 종류를 아는 게 아닙니다. 수적인 면에서는 내가 더 많이 알고 있습니다.

일본 열도는 숲이 풍요로워서 버섯의 보고이기도 합니다. 알려진 것만도 3,000종, 앞으로도 그 서너 배쯤 밝혀지리라고 봅니다. 구리코마의 산행에서도 말굽버섯과 많은 이름 모를 버섯들을 보았지요. 쓰러진 나무 위에도 온갖 버섯이 자라고 있었고요.

내가 버섯 따러 가는 숲 중에서는 어떤 것은 둥그렇게 원을 만들고, 어떤 것은 줄을 지어서 있고, 색깔도 빨간색, 흰색, 검정색, 갈색, 보라색……, 각양각색입니다. 많이 나는 때에는 발 디딜 틈도 없을 정도입니다. 그중에 먹기 위해 따는 것은 극히 일부입니다.

버섯은 크게 두 종류로 나눌 수 있습니다. 부생균과 균근균(공생균)입니다. 부생균이란 나무나 나뭇잎을 썩혀서 분해하는 버섯입니다. 잎새버섯, 표고버섯, 탱자나무버섯 등이 대표적입니다. 나무는 세포벽이나 섬유를 이루는 셀룰로오스, 목질을 이루는 리그닌이라는 아주 단단한 물질로 되어 있습니다. 이 셀룰로오스와 리그닌을 분해해서 흙으로 되돌릴 힘을 가진 것은 버섯뿐인 것 같습니다. 버섯이라는 생명이 없다면 숲 속은 넘어진 나무, 가지, 잎으로 뒤덮여 있겠지요.

균근균(공생균)이라는 것은 그리 많이 들어보지 못한 이름이겠지만, 우리들이 알고 있는 버섯으로는 송이버섯, 땅지만가닥버섯이 대표적입니다. 쉽게 말하면, 인공 재배하여 가게에서 팔고 있는 것이 부생균, 재배할 수 없는 것이 균근균이라고 생각하면 됩니다.

균근균은 나무뿌리에 착 휘감겨 거기서 균사의 그물망을 땅속에 둘러칩니다. 나무와 어떤 관계냐고 하면 균근균은 뿌리가 닿지 않는 넓은 땅속에서 효소를 내어 땅속의 인이나 질소를 흡수해서 물과 함께 나무에게 공급합니다. 그 대신, 나무로부터는 잎에서 광합성한 당분을 얻어 자기의 영양분으로 합니다. 결국 나무와 균근균은 공생 관계에 있습니다.

균근균은 한 그루의 나무와 공생 관계에 있을 뿐만 아니라, 숲 속 어디에나 균사의 그물을 내뻗어서 나무와 나무, 큰 나무와 어린나무를 서로 맺어 주어서 영양을 주고받거나 상호 보급하는 관계를 만들어 냅니다. 정확하게는 '외생 균근균'이라고 불러야겠지만, 일본에서 삼나무, 편백나무, 단풍나무 등을 빼고 숲을 이루는 대다수의 나무는 이 균근균과 공생하지 않고는 살아갈 수 없으므로 여기서는 그냥 '균근균'이라고만 써 둡니다.

이렇게 보면 버섯은 생물 생태계 속에서 눈에 보이지 않는 부분(땅속과 식물의 내부)에서 아주 중요한 구실을 하고 있습니다.

나는 버섯이 건강하면 나무, 풀, 숲도 건강하고, 숲이 건강을 잃으면 버섯도 건강하지 않다……. 그렇게 생각합니다.

버섯으로 본 숲의 삶과 죽음

올해는 버섯이 몹시 적었습니다. 이건 어찌된 일인지, 숲의 생태계 문제로 생각해 볼 필요가 있습니다. "버섯이 해마다 줄어든다. 철없는 사람들이 너무 따 버리기 때문이다."라고들 합니다. 과연 그 때문일까요? 내가 아는 사람도 "20년 전에는 한 번 가면 송이버섯을 배낭 가득 딸 수 있었다. 지금은 돈이 된다니까 누구나 경쟁하듯 따 버리니 거의 딸 수가 없다."라고 말합니다.

나는 늘 산나물이나 버섯 같은 숲의 혜택을 돈으로 계산해서는 안 된다고 생각합니다. 자연의 혜택을 돈으로 계산하게 되면 숲의 파괴, 나아가 인간의 타락이 시작된다고 말입니다. 그러나 지금은 그것만으로는 설명할 수 없는 무서운 사태가 숲의 땅속 생태계에 일어나는 것 같아서 어찌할 바를 모르겠습니다.

올해 버섯이 적게 났다고 썼습니다. 앞에서도 말했지만, 발 디딜 틈이 없을 정도로 버섯이 나던 숲에서조차 아주 적었습니다. 이전에 이 숲에서는 균근균의 달걀버섯이 산처럼 났는데, 올해는 가을 내내 열 몇 개밖에 못 땄습니다. 버섯 종류도 수도 격감하였습니다.

버섯의 종류와 양, 특히 나무와 공생하며 나무를 건강하게 해 주는 균근균이 아주 적어졌다는 것은 곧 나무가 약해지고, 숲이 생기를 잃어 간다고 말할 수 있지 않을까요?

임학자나 임업가들은 인공림은 인간이 심은 것이기 때문에 인간의 손이 가지 않으면 안 된다고들 합니다. 물론 그런 측면이 없다고는 할 수 없지요. 하지만 우리는 그것도 숲이라고 숲의 소리를 듣고 몸으로 느낄 수 있어서 좋다고 했습니다. 그러나 지금은 오히려 큰 위험을 안고 있다고 생각합니다.

훗카이도에 대해서 자연의 풍요로운 대지라든지, 풍요로운 원시림이 남아 있다고들 합니다만, 시레토코(知床)나 다이세츠잔(大雪山) 둘레의 일부를 빼고는 너무 심할 정도로 인간의 손길이 들어가 있습니다. 본래의 생태계를 무시하고 낙엽송, 분비나무, 가문비나무들을 한꺼번에 심어 인공 조림을 하는 탓에 졸참나무를 비롯한 낙엽 활엽수는 '적'이 되어 마구 잘려 나갔습니다.

여기서 그 부분에 대해서는 깊이 언급하지 않겠지만, 뒤에 말할 것과도 관계가 있으니까 기억해 두시기 바랍니다.

그리고 다음 사진을 봐 주십시오.

이것은 내가 가을이면 날마다 버섯을 따러 들어가는 이른바 '구마데의 숲(곰이 나오는 숲)'입니다(내가 처음 새끼 곰을 만났던 숲인데, 나무에 곰이 할퀸 발톱 자국이 남아 있습니다). 올해 찍은 사진입니다. 분명히 알겠지요? 오른쪽이 삶, 왼쪽이 죽음. 한가운데 보이는 것은 굵은 잎갈나무로, 오른쪽은 잎갈나무 숲이고, 왼쪽은 가문비나무 숲인데 밑바닥의 풀마저 마치 선을 그은 것처럼 왼쪽에는 하나도 없습니다.

양쪽 모두 인공림이지만, 잎갈나무 숲은 적어도 최근 20년 동안 사람 손을 조금도 타지 않았습니다. 그래서 숲의 아랫부분에서는 졸참나무, 고로쇠나무, 피나무 등의 낙엽 활엽수가 큰 것은 10미터 넘게 자라 있습니다. 이 숲은 잎갈나무의 균근균인 큰비단그물버섯(라쿠요나 붉은사슴뿔버섯이라고도 불리는 버섯)이 많이 납니다. 올해처럼 다른 사람들이 "라쿠요가 딸 게 없다."고 탄식하는 해에도 나는 제법 땄습니다. 이 숲은 언젠가 낙엽 활엽수 숲으로 변해 갈 것입니다.

왼쪽의 등피나무 숲도 예전에는 버섯의 보물 창고였습니다. 구석구석을 걸어도 20분도 안 걸리는 조그만 숲이지만, 큰전나무버섯(흰 송이버섯), 달걀버섯, 노란반달버섯, 민자주방망이버섯과 같은 것을 엄청 딸 수 있었습니다.´나의 비밀 장소 중 하나입니다.

송이버섯과 함께 전형적인 균근균인 큰전나무버섯은 땅속 깊숙이 커다란 성(균핵)을 만들고, 거기서부터 무수히 뻗치는 균사로 나무뿌리와 이어져 있습니다. 한 개의 무게가 1킬로그램이나 되는 것도 있었고 한번은 200개쯤의 균사를 발견했지만, 캐려다 불쌍해서 캐지 않고 두었더니, 내 뒤를 따라오던 아사히가와(旭川) 번호판을 단 차를 타고 온 사람이 몽땅 캐 가 버려서, 울지도 웃지도 못한 적이 있었습니다.

그러던 것이 4, 5년 전에 갑자기 간벌을 했습니다. 넘어져 있는 나무들이 보이지요? 그것이 간벌된 나무입니다. 간벌은 숲을 활성화시키고 남은 나무를 굵게 하기 위해서 한다고들 합니다.

다른 숲도 그렇지만 이 숲에서는 특히, 간벌되자마자 버섯이 눈에 띄게 줄었습니다. 달걀버섯, 노란반달버섯, 만자주방망이버섯은 전혀 볼 수가 없을 정도로 나지 않았습니다. 큰비단그물버섯은 작년까지는 가을 내내 열 개 정도 땄지만, 올해는 한 개, 그것도 조그만 것을 찾은 것 뿐이었습니다.

땅을 파고 조사해 보지 않아서 확실하게 말할 수는 없지만, 그렇게 건강했던 균근균의 버섯이 전멸했다는 것은 뿌리를 둘러싸고 나무에 영양을 보급하던 균사 다발이 없어졌다는 게 아닐까요? 적어도 나무와 버섯의 공생 관계에 중대한 이변이 일어난 것은 틀림없습니다. 그 결과 나무는 물, 인, 질소를 얻지 못하고, 고사에 가까운 상태가 된 것은 아닐까요? 너무나도 분명한 숲의 삶과 죽음……, 당신은 이걸 보고 무엇을 느끼나요?

부끄러운 것은 인간이다

확실히 인간은 나무 없이는 살 수 없습니다. 지금 나도 나무로 만든 작은 오두막에서 생활하고 있습니다. 땔감을 때서 따뜻하게 하고, 산나물이나 버섯을 얻어먹습니다. 내가 숲에 살기 시작하고서 십 년 넘어 숲의 나무는 한 그루도 베지 않았고 풀이나 조릿대를 자르는 것도 삼가는 마음이 가슴속에 생겼습니다.

그래도 인간이 숲 속에 있다는 것 자체가 숲을 파괴하는 것과 마찬가지일지도 모릅니다. 인간의 존재 그 자체가 숲이나 자연에게는 커다란 모순입니다. 그것이 모순이라는 것을 깊이 주시하지 않고서는 앞으로 인간의 삶의 방법은 없다고 생각합니다.

인간은 숲에 대해, 자연에 대해 너무나 오만해졌습니다. 과학이 발달하고 너무나 편리한 세상이 되었습니다. 그러나 편리함과 맞바꾸어 많은 것을 잃었습니다. 오감을 둔화시키고, 인간이 인간임을 반은 포기하고 있습니다. 거기다가 핵이나 환경 호르몬, 유전자 조작 따위, 본디 인간이 들어가서는 안 될 영역에 거침없이 쳐들어왔습니다.

숲은 상냥함으로 가득합니다. 그것은 숲 속의 생명들이 자기의 생존을 위해서 다른 어떤 것도 희생시키지 않기 때문입니다. 모든 생명이 땅 위에서나 땅속에서도 서로 맺어지고 서로 돕고 있어서, 아무렇게나 해도 좋은 생명 같은 것은 하나도 없는 관계를 만들어 놓았기 때문입니다.

인간 중심의 자연과의 관계, 인간들끼리의 관계와는 너무도 다릅니다. 인간 사회에서는 차별이 아무 거리낌 없이 빚어지고, 결국 강한 자, 부유한 자가 약한 자, 가난한 자를 차별하고 억압합니다. '부시의 전쟁'을 보면 분명합니다. 숲을 파괴하고 숲에서 떨어져 나온 인간이 어떻게 되는지 너무나 분명히 보여 줍니다.

자신들은 세계 속 모든 것을 합친 것보다 많은 핵무기, 대량 파괴 무기, 생화학 무기를 갖고 있으면서, '반테러', '정의' 라는 이름으로 아프가니스탄을 비롯한 전 세계의 분쟁 지역에 미국제 대량 살육 폭탄을 비처럼 퍼붓고 있습니다. 그리고 또다시 이라크에 대해 대규모 전쟁을 시작하려 합니다. 미국에 이익만 된다면 몇 만 명을 죽이고, 몇 십만 명을 굶겨 죽이고, 몇 백만 명의 난민이 생겨도 쳐다보지도 않습니다. 지금 '납치 문제'(북한이 일본인을 납치한 문제)로 확산되는 일본의 내셔널리즘에도 똑같은 불쾌감을 느낍니다.

이름도 없는 버섯에 대해서조차도 부끄러운 것은 인간입니다.

숲에게 배우는 마음을

지금 감성을 갈고닦는 것이 대단히 중요하다는 것은 말할 필요도 없지만, 무엇보다도 '지금 필요한 것은 어떤 감성인가'를 알아야 합니다.

인위(예를 들면 숲에 대한 파괴와 간섭)가 어느 한도를 넘어설 때 무슨 일이 일어날지 모릅니다. 숲(자연 환경 모두)에 인위에 대한 허용 범위라는 게 있는지 어떤지 모르겠지만, 있다고 한다면 지금 인류는 그 선을 이미 넘었든지, 아니면 넘으려고 하고 있든지 둘 중의 하나입니다. 이러한 시대에는 우리가 '좋다'고 생각해 왔던 것조차 중대한 위험을 불러오기 쉽습니다. 새로운 시대의 '좋음'이란 과연 무엇인지 아무도 모릅니다. 진보했다는 과학 지식도 무력합니다.

그러나 숲의 생명들은 수백만 년에서 수천만 년을 살아온 체감을 통해서 변화와 위험을 민감하게 헤아리고 갖가지 형태로 소리를 높이고 있다고 생각합니다. 그런 소리 없는 아우성을 들을 수 있는 감성이 필요한 게 아닐까요? 숲 속 생명들의 모든 생태에서 배우는 마음을 가져야 합니다. 또 하나 중요한 것은, 인간이 자연 법칙을 이해하고 그 지식을 인간을 위해 이용할 수 있다는 오만함을 버리는 것입니다. 어느 정도는 그렇게 말할 수도 있습니다. 과학의 성과를 아주 부정하지는 않습니다.

신문 한 면에 통째로 "숲을 만들고, 숲을 키우자" 따위의 광고도 자주 나오고 있으며, 그런 심포지엄도 각지에서 열려, 이제부터 '미래를 창조' 하자는 논의가 자주 오갑니다.

나는 그 선의는 인정하지만, 우선 대전제가 틀렸다고 생각합니다. 인간이 숲을 조성한다거나 육성한다는 것이 가능할까요?

인간이, 예를 들어 나무 묘목을 심을 수는 있습니다. 그러나 그것이 자라날지 어떨지는 인간의 지혜를 훨씬 넘어서는 무수한 생명들, 눈에 보이는 생명뿐 아니라 눈에 보이지 않는 미생물, 균류 그 밖의 것들이 지극히 치밀하게 서로 연결되어 있는 속에서 비로소 결정되는 것입니다. 이것은 이미 신비함이라고밖에 할 수 없습니다. 신비함이기 때문에 아름다운 것이고 풍요로운 것입니다.

무엇을 하지 않는 것이 좋을지를 묻다

신비함을 신비함으로 인정하고, 신비함의 아름다움과 풍요로움을 그대로 마음에 받아들여 그 속에 있음을 행복하게 느끼는 마음, 그 마음을 기르는 것이 머리로 궁리하며 "이렇게 또는 저렇게 하지 않으면 안 된다"고 하는 운동보다 훨씬 더 강력할 수 있다는 것을 알아야만 합니다. 물론 나는 그런 운동의 필요성을 부정하지는 않습니다. 나무를 심는 사람들을 무척 존경합니다.

숲 속에서는 '해야 한다'거나 '하지 않으면 안 된다'거나 '힘껏 노력한다'조차도 몸에서 떨쳐 내었을 때 숲의 생명들과 하나가 될 수 있습니다.

구리코마의 너도밤나무 숲에서 우리는 모두 산의 신령에게 아주 자연스럽게 두 손을 모아 합장했지요. 두 손을 모은다는 것은 저 풍요로운 숲의 무수한 생명들에게 "제발 이 작은 생명을 친구로 받아 주세요." 하는 바람의 표현이 아니었을까요.

산천초목실개성불(山川草木悉皆成佛)

그런 마음이 생겼을 때 '숲이 지켜 주고 돌봐 주는 데'에 대한 고마움이 마음에서 우러나올 것이고, 어떤 파괴에 대해서도 대항하는 강력한 힘을 가질 수 있다고 생각합니다. 이제 숲이나 자연에 대해 인간이 무언가를 하지 않으면 안 된다가 아니라, 무엇을 하지 않는 게 좋을까를 깊이, 또 깊이 생각해 봐야 할 시대입니다.

나는 다가올 새로운 시대는 숲의 시대(나무와 물과 흙 속에서 생명이 피어나는 시대)가 되었으면 하는 바람입니다. 그런 숲의 시대를 지탱해 나갈 '숲의 사상', '숲의 문화'라고 하는 것을 나는 찾아내고자 합니다.

조몬 시대 사람들이 이어 온 삶의 방식에 그 실마리가 있을지도 모릅니다. 숲과 인간의 기나긴 관계 속에 틀림없이 실마리가 있을 것이다, 특히 그중에서 인간이 놓아 버리고 내던져 버려서 느끼기를 포기한 것

가운데 중요한 것이 있을 거라고 생각합니다. 그 때문에 나는 숲에 있고, 너도밤나무 숲을 떠돌기를 멈출 수 없다고 한다면 잘못이 있겠지요. 무엇보다 숲에 있는 것이 너무나 좋아서 벗어날 수 없기 때문이기도 하지만, 그러면서 더욱더 새로운 사상, 새로운 문화의 필요를 통감하는 것도 사실입니다. 그리고 그것은 자신의 몸이 숲 속에 있어야 비로소 희미하게나마 보이게 된다는 것도 최근에 더욱 강하게 느끼게 되었습니다.

미앙게(선물) 사상

아이누 민족의 '곰 보내기' 라는 의식을 알고 있나요? '이요만테' 라고 합니다. '이' 는 그것, '오만테' 는 보내다, 즉 이요만테란 '기무카무이' 라 부르는 숲의 최고신이기도 한 곰을 저세상에 보내는 의식입니다. 아이누 인들에 따르면 저세상에서는 인간도 곰도 나무들도 모두 같은 모습으로 살고 있지만, 이세상에 올 때 곰의 모습을 하고 많은 고기를 '미앙게(선물)' 로 가지고 옵니다.

'미앙게' 는 정확하게 말하면 몸을 바친다는 뜻입니다. 그러므로 그 고기를 소중히 받고, 많은 선물(미앙게)을 들고 저세상으로 돌아갑니다. 돌아간 곰은 사람들에게 좋은 대접을 받았다고 동료들에게 이야기합니다. 그러면 이번에는 내가 가 보자……, 이런 식으로 된다고 생각한 것입니다. 나무도 그렇습니다. 나무도 '미앙게' 입니다. 따라서 소중하게 써야 합니다. 산나물도, 버섯도 그렇게 생각해야 합니다. 나는 이 속에 흐르는 사고방식을 '미앙게 사상' 이라고 부르고 있습니다.

생각하기에 따라서는 인간들에게 유리한 제멋대로의 사고방식이라고 할 수도 있겠지요. 그러나 인간의 존재 그 자체가 모순이고, 현대의 심각한 모순을 낳고 있습니다.

숲의 모든 생명, 나아가 산이나 강까지 신이라고 생각하고 '미앙게 사상'을 소중히 한다면 적어도 요즘과 같은 난벌(함부로 나무를 베는 것), 난획(함부로 잡음), 난개발(함부로 개발함), 심지어 전쟁에 의한 파괴를 멈추게 할 수 있지 않을까요? '미앙게 사상'은 새로운 '숲의 사상'의 토대가 될 것이라고 생각합니다.

새로운 배움터란…

이것은 지금의 학교에서는 가르쳐 주지 않는 것입니다.

당신은 앞으로의 삶의 방식으로써 대학 진학도 선택할 수 있는 한 방법이라고 써 보냈지요. 그것은 어디까지나 당신 스스로 결정할 일이지 내가 간섭할 일은 아닙니다. 내가 말하고 싶은 것은 지금의 대학은 지식은 커녕 진정한 의미에서 시대의 새로운 필요에 대응할 수 있는 장이라고는 도저히 생각되지 않는다는 것입니다. 가까운 예를 하나만 들겠습니다.

4, 5년 전부터 나는 숲의 오리나무(습지오리나무와 물오리나무)가 11월에 수꽃은 달고 있는 것을 이상하게 생각하고, 도쿄 대학과 홋카이도 대학의 연습림에 문의한 적이 있습니다. 도쿄 대학에서는 답변이 없고, 홋카이도 대학 교수의 답변은 "이상 개화일 겁니다."라는 것이었지요. 그때부터 해마다 주의해서 지켜보고 있지만 언제나 반 정도의 오리나무,

거기다 자작나무 일부도 11월에 수꽃을 달고 있습니다. 올해에는 어느 나무나 수꽃이 달려 있습니다.

만일 '이상 개화'로 그것이 매년 계속 된다면 오리나무들은 뭔가 중대한 것을 말해 주는 것임에 틀림없습니다. 반대로 이렇게 주의 깊게 관찰했는데 해마다 같은 현상이 계속된다는 것은 어쩌면 오리나무는 원래 11월에 수꽃을 내어서 겨울을 지내고 3월에 꽃가루를 날려 보내는 것은 아닐까……. 그렇게도 생각해 보았습니다. 그렇다면 교수가 말하는 '이상 개화'는 실제를 모르는 것이 됩니다. 참고로 다이쇼(大正) 연간(1912년~1926년까지)에 출간된 《홋카이도주요수목도감(北海道主要樹木圖鑑)》(홋카이도 대학 도서간행회)에서는 어떤 오리나무도 봄에 미상 화서(꼬리 모양의 꽃송이) 수꽃을 단다고 되어 있습니다. 오리나무는 숲이 생성되는 데 선구자적인 구실을 수행하는 중요한 나무입니다. 그런 실정을 모르는지, 이상 현상을 알려 주면서도 모른 척하다니……. 이래서는 대학을 배움터라고 할 수 없습니다.

거듭거듭 말하지만, 환경 파괴가 여기까지 오게 되면 모든 생명이 이대로는 큰일이 날 것이라고 알려 주고 있습니다. 특히 숲에서는 버섯까지 한꺼번에 이상 변화를 말하기 시작했습니다.

문명 탓에 갈수록 둔화된 오감(육감)을 다시 한 번 갈고닦아, 그들의 소리를 알아듣고 느껴야 합니다. 그러기 위해서는 숲에 녹아들어 숲과 하나가 될 수 있는 자신을 찾아야 합니다. '숲에서 배운다'는 것은 이런 것입니다.

우리는 이번 9월 '숲을 배우는 집, 제1회 포럼'을 이 숲에서 열었습니다. 포럼이라고 하지만 토론을 하는 것은 아닙니다. 어린아이부터 미국의 대학 교수까지 저마다의 방법으로 숲을 느끼는 것입니다. 편리함과는 떨어진 이 숲 속에 있는 것, 여기서 땀을 흘리며 다른 생명과 만나고 모닥불을 지켜보고 노천의 가마솥 목욕통에 들어가는 것, 그런 것들이 얼마나 행복한 일인가를 느꼈다고 믿고 있습니다.

한 사람당 평균 3~4일이라는 짧은 시간이었지만, 9월 내내 예상을 넘어서 80명 가까운 사람들이 참가했습니다. '숲에서 배우기'의 첫걸음을 내디딘 것입니다. 3월에도 제2회를 예정하고 있습니다. 매년 두 차례 다양한 사람들이 이 숲에 모여 숲에 있는 기쁨을 알고, 숲에서 배우는 감성을 길러 간다면 새로운 시대를 떠받칠 새로운 사상의 한 조각이라도 손에 쥘 수 있으리라……. 나는 그렇게 바랍니다.

도시 사람들이여, 우리와 어울려 벗하자

내가 태어나기 2년 전인 1926년에 미야자와 겐지는 〈농민의 예술 줄거리〉를 썼습니다. 늘그막에 쓴 〈비에도 지지 않고〉와 거의 같은 시기입니다. 요즘 세계가 겨우 실마리를 찾아 나가는 것에 대한 진수를 겐지는 이미 76년 전에 말하고 있습니다. 귀를 기울여 봅시다.

새 시대는 세계의 의식이 하나가 되어 생물이 되는 방향에 있다.
올바르고 강하게 산다는 것은 은하계를 자기 안에 의식하며 그에
따라가는 것이다.

우리는 세계의 참 행복을 찾아 나서자. 구도(求道) 자체가 이미 길(道)이다.

또 이렇게 쓰고 있습니다.

지금 우리들에게는 그저 노동과 생존이 있을 따름이다.

종교는 피폐해져 근대 과학으로 바꿔치기되었지만, 과학은 차갑고 어둡다.

예술은 지금 우리들을 떠나 더욱더 초라하게 타락했다.

지금의 종교가, 예술가란 참과 선(眞善), 또는 아름다움(美)을 독점하고 장사 놀음을 하고 있다.

우리에게는 종교와 예술을 살 능력도 없고, 또한 그런 것을 필요로 하지 않는다.

지금 우리는 새롭고 올바른 길을 가서 우리의 아름다움을 창조해야 한다.

예술이여, 그 잿빛 노동을 불태워 버리고 새로운 노동을 살리자.

여기 우리의 끊임없는, 깨끗하고 즐거운 창조가 있다.

도시 사람들이여, 여기 와서 우리와 어울려 벗하자.

세계여, 사심 없이 우리를 받아들여 다오.

그렇습니다. 지금의 시대야말로 "도시 사람들이여, 숲으로 와서 우리와 어울려 벗하자. 숲의 생명과 이야기 나누자."라고 호소할 때입니다.

지금 사람은 숲으로 돌아가야 할 때이고, 숲으로 돌아오라고 소리쳐 부르고 있습니다. 둔감해지고 지쳐 버린 오감을 치유하여 본디 인간의 모습으로 돌아가려면 인간 그 자체를 낳은 숲으로 돌아가는 것이 최선입니다. 거기서 숲에 안긴 참행복과 황홀감을 맛보는 것입니다.

거기서부터 다시 출발하는 것입니다. 겐지도 "무의식 속에서 흘러넘치는 것이 아니면 대개는 무력하거나 거짓"이라고 합니다. 그리고 "바람과 사귀며, 구름한테서 에너지를 얻어라."라고도 합니다.

새 시대로 가는 길은 상식의 연장선상에 있지 않습니다. 지금까지의 '좋음을 단념하는' 것이라고 생각합니다. 나는 그것이 '숲에 사는 것'이라고 생각해서, 십 년 넘게 그런 생활을 계속해 왔습니다. 틀렸다고 해도 좋지 않습니까? 아무도 이 길이라고 장담하지 못하는 이상은 얼마든지 틀릴 수 있습니다.

그래도 스스로 이것이라며 마음에 정한 삶의 방식을 찾아서 사는 구도가 곧 길입니다. 나 한 사람의 길은 분명 작은 것이겠지요. 그러나 같이 걷는 사람들의 힘이 모아지면 언젠가 큰길이 될지도 모릅니다.

아니, 큰길을 목표로 하지 않아도 좋습니다. 나는 내 길을 걷고, 사람들에게는 저마다의 길이 있습니다. 그것을 숲에 묻고 바람에 묻고 구름에 묻는 겁니다.

숲의 위기 상태라고 하지만 당신도 구리코마에서 보고 겪은 것처럼 일본의 숲은 아직 풍요로움을 지니고 있습니다. 아직은 세계 어디에서도 찾을 수 없는 다양한 숲에 둘러싸여 있습니다. 그 점에서 우리들은 참으로 다행입니다. 숲에서 배우고 숲에 의지해서 자기의 감성을 갈고닦을 수 있으니까요…….

거듭 말하지만, 저마다 사람들 안에는 자신도 미처 알아채지 못한 깊은 감성, '새로운 자신'이 숨어 있을 것입니다. 숲과 만나서 새롭고 이제껏 생각해 보지도 않았던 자신을 발견하고 마주하는 것……, 그것이 진정한 '배움'이라고 나는 생각합니다.

이 이 숲이 아니더라도, 너도밤나무 숲이 아니더라도, 나무와 물과 흙 속에서 생명이 피어나는 곳이라면 어디라도 좋습니다. 여기가 '자신의 숲'이라 할 만한 곳을 찾아서 거기서 진정한 의미에서의 감성을 갈고 닦으시기 바랍니다.

숲(森)과 인위(人爲)

H씨에게

편지를 잘 받아 보았습니다.

포포, 유야는 건강하게 잘 지냅니까? 올해 나에게 포포 신이 붙어서 정월 이후 접시 닦기 가위바위보에서 지는 횟수가 무척 줄었습니다.

그건 그렇고 당신이 써 보낸 것에 대해서 나의 의견을 써 보고자 합니다.

나 자신은 숲과의 만남을 막 시작해서 숲에 빠져 있지만, 숲에 대해 거의 모릅니다. 숲의 역사는 3억 년이라고 하며, 지금과 같은 숲, 예를 들어 '구마데'의 숲이나 동북 지방의 너도밤나무 숲과 같은 것은 생성된 지 수백만 년이나 되었으니 인간이 숲에 대해 알 수 있을 리가 없지요.

최근에 여기에 있는 모든 사람들과 '숲의 신비함'에 대해 함께 이야기할 기회를 가졌습니다. 최근 수년 사이에 알게 된 일이지만, 오리나무나 자작나무가 11월경에 수꽃이 피는 일이 많아졌습니다. 봄에 꽃이 피는 게 아닌가, 그렇게 생각하고 이 수수께끼에 대해 도쿄 대학과 홋카이도 대학의 연습림에 물어보았습니다.

지난해에는 도쿄 대학에서는 답신이 없었고 홋카이도 대학에서는 "이상 개화일 겁니다."라는 답변이 왔습니다. 올해는 도쿄 대학 연습림을 최근에 퇴직하신 구마게라 연구가(잘 아는 사람입니다.)에게 물어본 바, 자기의 전문은 아니지만 내가 의문을 가진 점을 잘 알겠으니 그 방면의 전문가에게 물어봐 주신다고 했습니다. 한 달이나 지났는데도 아직 답이 없는 것을 보면 도쿄 대학에서도 모르나 봅니다.

그런 것입니다. 숲에 계속 살면서 나무나 풀, 그 밖의 숲 속 생명들 덕분에 살아가고 있다고 하는(생명을 유지하고 있다고 하는) 행복감을 맛본다 하더라도, 숲이 가지고 있는 심오한 힘이나 신비한 한 부분도 제대로 이해하지 못하는 법입니다. 그래도 숲에 살고 있기에 그런 이변을 눈치챌 수 있는 것이고, 탁상 위의 학문으로서는 눈치채기는커녕 '이상 개화'라며 운운해 버리는 거지요.

숲에 살기 시작한 지 12년째 들어갑니다. 고전으로 유명한 소로의 《숲의 생활》은 2년 동안이었으니, 깊이는 그만두고서라도 기간만으로는 여섯 배가 됩니다. 관찰력이나 시적 감정은 도저히 소로에게 미칠 수가 없고, 또 소로와 나를 견줄 생각도 없습니다만, 숲 속 생활이 오래된 만큼 숲에 대한 감성도 나 나름대로 조금씩 갈고닦아 왔다고 생각합니다.

숲에 있다 보니 편리한 것이 없는 상태라 책도 많이 읽고 생각하는 것도 이전보다 훨씬 많아져서 숲과 하나가 되었을 때 문득 새로운 생각이 떠오르기도 합니다.

나 같은 삶의 방식이 옳은지 아닌지를 말하는 것이 아니라, 지금의 내가 보는 바 당신의 말씀에 대해 내 나름의 의견을 말씀드리고 싶습니다.

독일이나 유럽에서 요즘 확산되고 있다는 '숲 속 유치원' 이라는 발상은 재미있다고 생각하며 일본에도 있으면 좋겠다고 생각합니다. 그에 대해서 상세히 알지 못하므로 비평이나 판단은 하지 않겠습니다. 다만, 그것을 소개한 사람의 사고에 대한 내 의견을 써 보겠습니다.

'숲은 인간이 손대지 않으면 안 된다' 는 점에서 나는 의견이 다릅니다.

일본의 임학은 독일의 임학을 배워서 성립되었지만, 유럽의 숲, 특히 독일의 숲은 어떠합니까? 밀농사와 대형 가축을 함께 하는 농업에 의해 〈통신〉에도 쓴 것처럼 유럽의 숲은 15세기에 10%도 안 남게 되었고, 16세기에서 18세기에 걸쳐 거의 소멸했습니다. 그 때문에 페스트가 대유행하고 거기서 근대 과학도 태어났지만, 현재 독일에 있는 숲은 한 번 절멸하고 식림에 의해 재생시킨 인공림입니다. 검은 숲도 너도밤나무 숲도 그러합니다. 그래서 생태계가 단순한 일제림으로 같은 높이의 숲이 많아서 일본의 숲처럼 임상(林床, 숲의 바닥)부터 임관(林冠)까지 복잡하고 풍요로운 생태계와는 다릅니다.

일본의 임업가나 임학자도 인공림이니까 사람의 손이 가야 한다고 말합니다. 가지치기(밑 쪽 가지를 자르는 짓)나 간벌도 필요하다고 합니다. 어떤 의미에서는 맞다고 생각할 수도 있습니다. 그러나 그렇게 단언할 수 없는 면도 많습니다. 이것은 학자라도 거의 모르겠지만, 내가 버섯을 따러 가는 숲 중에는 인공림도 제법 많습니다. 버섯에 대해서도 인간은 아직 모르는 것이 많은데 적어도 버섯의 대부분은 균근균이라서 나무와 공생하고 있습니다. 나무뿌리에 균사가 없어지면 나무는 선 채 말라 죽어 버립니다. 그 정도로 버섯과 나무의 관계는 밀접하지만, 간벌을 하기 전과 하고 난 뒤에는 분명히 버섯의 수에 변화가 있습니다. 종류도 수도 격감합니다.

내 체험 속에서 개인적인 의견이긴 하지만, 적어도 5, 6년은 버섯이 원래대로 돌아오지 않습니다. 그것은 손을 대었기 때문에 버섯이 죽고, 나무는 약해지고, 숲도 약화된 것이 아닐까요? 바로 그 옆에 올해도 버섯을 많이 딴 숲이 있습니다. 거기도 인공림이지만 적어도 최근 십 몇 년 동안은 사람의 손이 조금도 닿지 않았고, 고로쇠나무, 졸참나무와 같은 낙엽 활엽수가 벌써 상당히 자라서 높은 것은 10미터쯤 되었습니다. 원래는 낙엽송 숲이었지만 이대로 방치하면 언젠가 멋진 낙엽 활엽수 숲이 될 것입니다.

건조하고 땅이 척박한 독일의 경우(독일은 수천 수만 년 이전에는 빙하로 뒤덮여 있었기 때문에 개간하지 않더라도 척박합니다.), 숲의 재생에 어느 정도 인간의 간섭이 필요할지도 모릅니다. 그렇더라도 어떤 나무가 잘 자라고, 어떤 나무가 도중에 말라 죽을 것인가는 생태계의 종합적인 실태와 관계된 것이기에 사람의 지혜로 생각할 수 있는 문제가 아닙니다.

게다가 독일의 임학이건 일본의 임학이건 원래 임업을 위한 학문이라서 어디까지나 좋은 재목을 어떻게 키울까 하는 데에 관심이 있을 뿐,

나무를 생명으로 보지 않으며, 숲은 생명이 빛나고 생명이 자라는 곳이라는 사고방식은 없습니다.

숲이 가진 치유력은 분명합니다. 그것은 내 몸과 마음이 증명하고 있습니다. 나는 그것을 '숲의 신비로움'이라고 말합니다. 이 문제는 뒤에 다시 언급하겠지만, 아주 중요한 점이라고 생각합니다.

'신비로움'은 어디까지나 '신비함'이지 '치료법'이라는 형식으로 할 수는 없는 것입니다. 숲에 있고, 숲을 마음으로 즐기고, 기뻐하고, 거기서 땀 흘리는 것을 행복이라 생각하는 속에서 어느 순간 "아니, 이런 힘(효능)이 있었던가!"라는 식으로 되는 것입니다. 확실히 과학은 거기에 다가가려 하고 있습니다.

1928년이라고 생각합니다만, 소련 과학자가 나무가 내는 화학 물질 피톤치드를 발견하여 큰 화제가 되었습니다. 그때부터 삼림욕의 효용도 관심을 받게 되었지요. 지금은 누구나 삼림욕이란 것을 알고 있고 모두 그 혜택을 받으려고 하지만, 그것도 최근 20년쯤에 세계적으로 확산되었습니다. 피톤치드에 대해서는 후박나무나 조릿대가 가진 살균성 같은 것으로 옛날부터 일본에서도 실생활에 활용되어 왔습니다. 그러나 아직 피톤치드에 대해 확실히 모르는 것 같습니다. 일본의 숲에서 일하는 임업 노동자를 대상으로 한 조사에서도, 숲에 있으면 감기에 걸리지 않는다(이것은 나도 그렇습니다. 숲에 살고부터 감기로 누워 본 적이 없습니다.)는 것이 공통점이었다는 것입니다.

숲의 치유력은 '과학'이라는 것으로 해명할 수 있을 만큼 간단한 게 아닙니다. '과학적 치료법'이란 말을 들으면 나는 어쩐지 수상쩍게 느껴집니다. 그래도 없는 것보다는 나으니까 발명자나 실천자의 말을 초월하여 숲과 교류할 수 있다면 좋은 것입니다. 크나이프(Kneipp) 요법[23]이 어떤 것인지 모르겠지만, 동양의 기공처럼 숲에서 '기'를 얻는 것일까요?

기공이든 마사지나 지압이든 요가든, 확실히 동양에서 생긴 것은 유럽의 것보다 뛰어난 사상이 뒷받침되어 있는 것처럼 보입니다. 나야 그중 어느 한 가지도 안 하고 있습니다. 왜냐하면 숲이 나를 계속 치유해 주고 내 안에 있는 '기'도 숲의 기를 받아 더 강해진다고 생각하기 때문입니다. 그 어떤 것도, 어떤 방법(요법)으로든 누군가 만들어 내서 많은 사람들이 좋다고 하면 거기서부터 정체가 시작되고, '좋다'고 인정된 것이 반복되어 버립니다.

지금 시대에, 특히 대도시에서는, 몇 번이고 말했지만, 인간이기를 반쯤 포기하고 오감을 둔화시키지 않고서는 살아갈 수 없게 되었습니다. 그래서 많은 사람들이 그것(숲의 치유력)을 추구합니다. 그리고 추구한다는 것은 좋은 일이지만, '숲에 산다', '숲의 신비로움, 숲의 심오한 힘과 만난다'고 하는 기본을 잊어버리면, 어딘가에서 노하우(knowhow)로 흘려버릴 위험성이 많다는 것을 끊임없이 인식해야 합니다.

---

23) 크나이프(Kneipp) 요법: 120여 년 전 독일 뵈리스호펜 마을의 가톨릭 사제였던 세바스찬 크나이프(F. S. Kneipp, 1821~1897) 신부가 만든 자연 치유법이다. 냉수욕에 초점을 맞춘 물 요법을 중심으로 산림 산책을 하는 운동 요법, 영양 균형을 맞추는 음식 요법, 허브나 약초를 이용한 요리법과 목욕법, 심신과 자연의 조화를 꾀하는 요법들로 이루어진 자연 치유법이다. 심장과 혈관의 질병, 신경 계통의 기능 부전을 치료하는 데 특효가 있고, 맴돌이 전류(와류) 장치나 냉탕이나 온탕에서 운동하는 단순한 방법을 통해 복통을 치료하는 데도 매우 효과가 크다고 한다.

가마솥 목욕통에 들어갔을 때 일을 생각해 보십시오. 나는 목욕물에 몸을 담그고 나서 얼음 사이로 흐르는 개울물 속에 들어가 물을 뒤집어씁니다. 그리고 다시 한 번 목욕통에 들어갑니다. 그때 눈이 내리건 눈보라가 치건, 뭐라 말할 수 없는 행복, 안심, 평온, 기쁨……. 어떤 말이나 문자로도 표현할 수 없을 정도의 기분, 황홀감과는 또 다른, 어머니에게 안겨 있을 때의 기분과 비슷하지만, 오히려 태내에서 양수 속을 떠다니고 있다는 것이 제일 그럴싸한 표현일지도 모르겠습니다.

그것은 온종일 숲에 있으면서, 땀을 흘린 뒤에 오는 것입니다. 그래서 예전에는 목욕을 싫어하던 내가 하루도 고에몬 목욕을 빠뜨리지 않는 것은, 이 느낌을 맛보고 싶기 때문입니다. 그리하여 마음 깊은 곳에서 "오늘 하루도 살게 해 주셔서 고맙습니다." 하고 숲의 신들, 숲의 생명들에게 감사의 말이 흘러나옵니다. 그것을 통해서 여러 가지 것들을 궁리하고 '숲의 사상, 숲의 문화'라는 밑바탕에 있는 것과 접촉하고 싶지만, 무엇보다도 그 너도밤나무 숲 속에 있을 때의 느낌을 맛보고 싶기 때문입니다.

이 '느낌'(말이나 문자를 넘어, 내 몸에 각인된 감성)을 빼고서는 철학도, 사상도, 문화도 새로운 숲의 시대에 어울리는 것으로 구축할 수 없습니다. 나는 남보다 곱절로 숲의 파괴에 분개하며 온몸을 던져서라도 저지하려고 합니다.

인간이 숲에 손을 대지 않으면 정말 '때가 늦어지는' 것일까요? 나는 나무를 심는 사람, 어떻게든 숲을 재생하려는 사람들의 노력을 부정하지 않습니다. 오히려 경의를 표합니다. 하쿠 산(白山)에 너도밤나무를 심고 있는 사람들이 있습니다. 그중 몇 십 분의 일이라도 뿌리를 내려 살아나기를 바랍니다. 하지만 그것도 숲의 힘입니다. "부엽토가 떠내려가 없어지지 않도록 어린 숲에는 사람 손이 가야 한다." 하고 그 사람들은 말하지만, 아무리 어린 숲(이 구마데 숲도 말하자면 아직 어린 숲입니다.)이라도 나무, 풀, 벌레, 버섯, 균류, 지렁이들이 온 힘을 다해서 원래대로 돌려놓으려고 합니다. 어떻게 하냐고요? 그것은 나무들, 버섯들, 지렁이들에게 물어볼 수밖에 없습니다. 아무것도 모르는 인간이 조그만 지식을 가지고 이렇게 해야 숲이 재생될 것이라는 하는 생각은 오만 그 자체입니다.

　　최근에 돌아가신 도쿄 대학 명예 교수이자 연습림의 소장으로 오래 근무하며, 새로운 임업의 방식을 모색해 왔던 '도로카메 씨'란 분은 광대한 연습림 속에서, 인간이 손을 댄 부분과 전혀 손대지 않고 그대로 둔 부분으로 나누어서 숲의 재생 방식을 연구해 왔지만, 결론은 아직 나오지 않았습니다. 그렇습니다. 숲의 주인은 천 년, 내가 잎새버섯을 얻으러 가는 졸참나무는 400년 정도 서 있습니다. 임학이 성립하고 아직 졸참나무의 반 정도 세월밖에 흐르지 않았습니다. 나는 진정한 의미에서 숲의 힘으로 치유를 받으려면 인간 중심주의, 그 오만함을 버려야 한다고 생각합니다.

　　인간은 나무를 구해 집을 지어 살고, 산나물이나 동물을 채집해서 살아갑니다. 이것은 분명히 모순입니다. 모순이니까 눈을 다른 데로 돌리는 것이 아니라 모순은 모순으로 인정하고, 때문에 '풀 한 포기 자르는 것도 삼가는 마음', '나무 한 그루 베는 것에 아픔을 느끼는 마음'이 중요한 것입니다. 아이누 사람들의 이요만테(곰 보내기)도 그렇습니다. 아이누 사람들은 곰을 가무이(신)로 생각합니다. 산속에서 곰 새끼를 보면 집으로 데리고 와서 사람의 젖을 먹여 신의 아들로 키웁니다. 한두 해가 지난 뒤 곰이 다 자라면 겨울에 곰을 신의 나라로 보내는 의식을 치릅니다. 곰은 하늘나라에서는 사람과 같은 모습이지만, 땅 위 사람들을 위해 곰의 모습으로 와서 고기와 가죽을 미앙게(선물)로 베풀어 줍니다. 그러니 아이누 사람들도 곰을 하늘나라로 보낼 때 많은 선물을 바쳐서, 하늘나라 다른 가무이들에게 "사람들에게 이렇게 대접을 잘 받았다. 다음에 또 가자." 이렇게 말하게 하는 것입니다.

인간의 제멋대로 내린 해석이라고 치부해 버리면 그만이지만, 신으로 우러러 받듦으로써 생태계를 어지럽히며 마구잡이로 잡아들이는 일은 결코 하지 않았습니다. '산천초목실개성불' 처럼 모든 생명뿐 아니라 무기물도 신과 부처로 보고 그 은혜로 살아가고 있다고 하는 사고방식이 일신교의 인간 중심주의보다도 숲이나 자연을 더 훌륭하게 보존하는 결과를 낳게 된다고 생각합니다.

당신도 지난해 태풍으로 숲이 파괴되는 아픈 상황을 보았지요. 나의 반대를 묵살하고 국가가 상류의 숲을 파괴한 결과였습니다. 그래도 하나의 발견은 있었습니다. 재작년에도 그들 파괴자들의 소행 때문에 토사가 흘러내려 우리 숲이 피해를 받은 적이 있었습니다. 지난해에 토사가 밀려올 때 재작년의 현장이 또 무너질까 봐 위험을 무릅쓰고 거기까지 가 봤습니다. 다행히 거기는 괜찮았습니다. 목재를 끌어 내리느라 한때 표토까지 엉망진창이 되었던 작업 길에 풀이 나 있었습니다. 한 포기 한 포기는 조그맣지만 무수히 난 풀들의 뿌리가 무른 흙을 지탱해 주었던 것입니다.

'때 늦은' 면이 없지는 않습니다. 적어도 파괴당하면서도 세계에서 숲이 가장 울창한 일본에서는 아직은 재생하는 힘도 있습니다. 그런데도 '때 늦은' 면만 강조해서 인위를 앞세운다면 도리어 숲을 파괴하는 것이 되지 않을까 염려됩니다.

당신이 말씀하신 대로 우리들의 가치관과 자연관, 살아가는 방식을 근본적으로 바꾸지 않으면 '문제를 전환' 시키는 것밖에 안 됩니다. 멸종된 따오기를 인공적으로 몇 마리 (중국의 힘을 빌려서) 부화시켰다고 해서 이 따오기가 진짜 따오기입니까? 따오기가 멸종되었을 때 따오기에 연결된, 따오기를 따오기로서 살게 해 온, 종으로서 생존시켜 온, 생태계의 수많은 사슬도 역시 부서져 버렸습니다. 인간의 지혜가 도저히 미치지 않는 섬세하고 치밀한 생태계의 사슬이랄까, 그물망이 재생될 때까지는 따오기로 보여도 따오기가 아니라고 생각합니다.

독일의 숲은 울창함으로 말하면 일본의 숲과 비교도 되지 않고, 아름다움도 공원적인 미라고 생각합니다. 그래도 자연은 자연입니다. 한번 만들어진 숲은 중세의 그 깊은 졸참나무 숲과는 다르지만, 자연의 힘 아래 있습니다. 다른 많은 생명과의 미묘한 관계 속에서 살고 있습니다. 인간에게 뭔가 할 수 있는 여지가 있을까요?

전 세계의 숲이 비명을 지르고 있습니다. 숲의 재생을 위해 생각할 수 있는 모든 일을 하는 것도 중요하겠지요. 단지 이렇게까지 인간이 파괴해 버린 시점에서는, 내가 노자는 아니지만 '무위로서 행하는 바가 없다'는 말을 하고 싶습니다. 무위(無爲), (인간이) 아무것도 손을 대지 않으면, (자연은) 모든 것을 해 준다. 그것이 최고의 도의 하나라고 생각해 보면 어떨까요? 인간의 선의에서 비롯된 조급함으로 돌이킬 수 없는 결과를 초래한 적이 얼마나 많았습니까?

당신의 물음에 답변이 되었는지 모르겠지만, 단숨에 써 버렸습니다. 제대로 쓰지 못해서 더 쓰는 게 좋을까도 싶지만 이대로 부치기로 하겠습니다.

먼젓번에 전화드린 것처럼 3월 하순부터 4월 상순에 도쿄에 갑니다. '숲을 배우는 집의 제1회 포럼' 준비로 여러 사람의 도움을 얻기 위해서입니다. '포럼'에서는 숲, 숲의 생명과 인간과의 관계, 새 시대(숲의 시대)의 인간 본연의 자세, 삶의 방식을 숲에 젖어서, 숲에서 땀 흘리며 버섯 맛을 보면서 생각해 보고 싶습니다.

8장 숲에서 살며 배운 생명의 귀중함
- 도쿠무라 아키라(德村彰)의 강연

시작하며

숲(森)이라는 글자

숲으로

숲과 진심으로 사귀다

해바라기문고 이야기

숲에게 생명을 받다

생명에 차별은 없다

숲의 시대로

오감을 죽이는 도시의 생활

새로운 시대를 열기 위하여

마지막으로

시작하며

홋카이도에서 온 도쿠무라입니다.

나는 '강연'이라며 이런 높은 자리에서 내려다보며 이야기하는 것을 싫어해서 그동안 하지 않았습니다. 게다가 자기가 하고 싶은 말을 하고 강사료를 받는 것은 도리에 맞지 않는다고 생각하기에 그다지 하고 싶지 않았지만, 가나자와(金澤)에서의 요청이었고, 또 내가 다녔던 초등학교, 중학교, 고등학교도 가나자와였기 때문에 이곳 가나자와 땅을 밟게 되었습니다.

지금 내가 살고 있는 곳은 홋카이도(北海道)의 북쪽입니다. 대부분의 지도를 찾아봐도 잘 안 나오지만, 북쪽에 유빙 마을이라 불리는 몬베쓰(紋別)가 있습니다, 거기서 서쪽으로 40킬로미터쯤 가면 다키노우에(瀧上)라는 곳이 있습니다. 홋카이도에서는 지면패랭이꽃(고비과의 다년초 꽃)으로 유명하지만, 인구 3,800여 명의 조그만 마을입니다.

그런 작은 마을 제일 남쪽에 다키노시니(瀧西)라는 더 작은 마을이 있습니다. 인구가 52명인데 그 절반이 어린이 마을의 관계자라서 젊은 사람들이 아주 많은 별난 마을입니다. 거기에서 다시 산속으로 4킬로미터 들어가면 내가 아침부터 저녁까지 생활하는 숲이 있습니다. 구마데노자와('곰이 나오는 못'이라는 뜻을 가진 곳)라고 불리며 지금도 진짜로 곰이 많이 있습니다. 나는 그곳에서 햇수로 10년 정도 생활해 왔습니다. 그러한 삶 속에서 여러 가지를 배웠습니다.

나는 동화(同和) 교육(자유와 평등한 사회 건설을 위한 교육)에 관해 많이 알고 있지 않습니다. 인권 문제에 관해서도 마찬가지로 깊이 알고 있지 않습니다. 또 30년간 어린이들과 관계해 왔으니 어린이에 대해서 뭔가 알겠거니 하시겠지만, 실제로는 모르는 것투성이입니다. 그렇지만 내가 느낀 점들을 오늘 이런 높은 자리에서이지만 여러분께 말씀드리고 비판을 받겠습니다.

숲(𣛁)이라는 글자

먼저 이 숲(𣛁)이라는 글자는 내가 만든 글자라 사전에는 없습니다. 이것은 숲에 들어가서, 내 몸으로 느끼고 실감한 것으로 이런 글자가 문득 떠올랐습니다. 나무(木)와 물(水)과 흙(土) 사이에서 모든 생명이 빛난다, 그리고 모든 생명이 길러지는 장소, 그것이 숲(𣛁)이다. 단순히 나무가 많이 있는 곳이라는 의미가 아닙니다. 이 시대에 특히 인류가 숲을 벌채하고 물을 더럽히고 흙을 오염시켜 온 결과, 여러 가지 일들이 우리 사람에게도 일어나고 있습니다. 그런 시대에 숲이라는 역할에 관해 생각해 볼 필요가 있지 않을까 하는 생각으로 이 숲(𣛁)이라는 글자를 고른 것입니다.

이 글자를 써 준 것은 오사카에 사는 이누이 치에(乾千惠)라는 젊은 사람입니다. 본인을 '서예가'라고 부르면 화내겠지만, 뇌성 마비의 몸으로 겨우 조금 움직이는 왼손으로 커다란 붓을 잡고 혼신의 힘을 다해 쓴 글자이므로 정말로 가슴이 뭉클했습니다. 이누이 치에도 중학교 2학년 때부터 숲 속 어린이 마을로 왔었기에 이 숲(𣛁)이라는 글자가 떠올랐을 때에 꼭 치에에게 써 달라고 해야겠다고 생각했습니다. 치에는 1~2년 동안 쪽 자기가 알고 있던 숲의 모습을 마음속에 담아서 자기의 몸과 마음에서 그 형태가 갖춰졌을 때 비로소 그 글자를 처음으로 썼던 것입니다.

숲으로

나는 지금 숲 속 오두막에 삽니다. 숲에는 전기도 없거니와 그 밖에 편리한 것도 대부분 없습니다. 처음에는 살 만한 곳도 없었습니다. 처음 숲을 다니기 시작하면서, 아침부터 저녁까지 거기에 머물다가 밤에는 다키노니시에 돌아와서 자는 생활을 했는데 아무래도 쭉 숲에서 지내고 싶다는 생각이 들었습니다. 나는 개집 하나도 못 만드는 주제였지만, 숲에 있으면 나를 보는 거라고는 나무와 풀과 벌레뿐이고 '솜씨 없다'고 말할 사람도 없는지라 스스로 오두막을 지어서 비록 삐뚜름한 오두막일망정 거기서 생활하게 되었습니다. 텔레비전을 보는 일도 거의 없으며 최근 일흔을 넘기고 나서 이런저런 일들을 하고 있습니다.

오늘 이 강좌가 끝나면 나는 도호쿠 지방의 너도밤나무 숲을 20일 정도 계속 걸을 예정을 하고 있기에 휴대 전화는 가지고 다니고는 있지만, 그 밖의 편리한 물건은 거의 없습니다.

지금부터 왜 내가 숲으로 가게 되었는가를 말씀드리지요. 이 구마데 노자와의 숲은 19년 전부터 '어린이 마을'로 쭉 사용해 왔습니다. 요코하마에서 '해바라기문고'라는 어린이 문고를 시작하고서 어린이들이 자기들의 집이 있으면 좋겠다고 해서 서명 운동까지 했지만, 요코하마 시에서는 이를 거절했습니다. 그러자 아이들은 어린이 마을이 있으면 좋겠다는 바람을 가지게 되었습니다. 그때 나는 모든 아이가 상식을 뛰어넘어 비약해 가는 모습이 정말로 아름답다고 느꼈습니다. 이런 아이들이라면 진짜로 어린이 마을을 완성할 수도 있겠다는 생각에 약 11년 동안 요코하마에 있다가 이후 홋카이도의 다키노우에로 이사 온 것입니다.

그러나 지금부터 15년 전에 커다란 사고가 있었습니다. 어린이 마을에 참가하고 있던 어린이 두 명이 생명을 잃은 너무나도 안타까운 사고가 일어났습니다. 그때 결과는 교통사고였지만, 어린이들의 안전에 대해서 치밀하고 정확한 배려를 내 스스로가 하지 않았다는 것을 깨달았습니다. 그때까지 뭘 해도 잘된다는 자만이 내 속에 있었습니다. 그러한 자만을 간파하지 않으면, 주시하지 않으면 안 된다는 것을 알게 되었지요.

그래서 한때 '어린이 마을'을 그만두는 게 어떻겠냐는 의견이 나왔습니다. 그렇지만 어린이들은 "꼭 노력하겠다, 계속해서 하고 싶다."라고 말했습니다. 나도 '어린이 마을'을 그만두는 걸로 본질적인 해결이 가능할지 어떨지 몰랐습니다. 잘 모르는 바에야 아이들 의견을 따르자, 그렇게 생각하고 해 왔습니다.

어린이 마을을 계속하기로 하고 보니, 아무래도 위에서 관리하는 식으로 되어 버렸습니다. "이렇게 해서는 안 돼, 저렇게 해서는 안 돼."라고 하는 것이 내 마음속에서 생겨났습니다. 아무래도 두 번 다시 사고로 인해 아이들의 생명을 잃어버리는 그런 괴로운 일이 생겨서는 안 된다는 생각이 내 마음속에 있기 때문에 관리해야 한다는 마음이 나타나게 되었습니다. 그렇게 되면 '어린이가 주인공'이라고 일관해 왔던 것 속에서 만들어진 보물과 요코하마 해바라기문고 때부터 어린이들이 쌓아 온 보석

들을 발전시키는 것이 불가능하겠기에 참으로 많은 고민을 했습니다.

생명의 존귀함, 어떠한 생명도 상처받지 않아야 하고, 모든 생명은 빛나게 살아갈 권리가 있는 것입니다. 그것을 관철시키려면 어떻게 해야 좋을까 계속 고민했습니다. 우울한 상태로 여름에 '어린이 마을'이 열리는 때 말고는 대부분 잠을 잤습니다. 체력이 극도로 쇠약해지는 것을 느꼈습니다.

그때 아사히카와(旭川, 홋카이도의 가운데쯤 있는 도시)에 사는 지인으로부터 이곳의 아라시야마(嵐山) 숲에 가 보지 않겠느냐는 권유를 받았습니다. 가서 보니 높이는 400~500미터지만, 오르내림이 아주 심해서 7킬로미터의 산길을 열 시간 걷는 코스였습니다. 내 체력으로는 틀림없이 힘들겠다고 생각했지만, 지인에게 이끌려 가게 되었습니다.

그때부터 숲에 관한 내 생각이 확 바뀌게 되었습니다. 이 아라시야마의 중간에 수령 300년에서 700년 정도의 거대한 신갈나무가 많은 멋진 숲이 있습니다. 거기를 가 보니 공기의 맛이 다르고 기분이 무척 좋아졌습니다. 마음이 점점 편안해지는 것이었습니다. 오르내림이 심해서 다리도 아프고 몸도 무거웠지만, 그런 것을 잊어버릴 정도로 기분이 좋았습니다. 그런 중에 어느새 이 길이 언제까지나 계속되었으면 좋겠다고 마음속에서 바라고 있는 내 자신을 깨닫고 깜짝 놀랐습니다.

구마데노자와의 '어린이 마을' 숲은 느릅나무나 오리나무, 고로쇠나무와 같은 나무가 우거져 있는 비교적 어린 숲입니다. 이 숲과의 인연은 여름 한 시기를 지낸다는 정도로 생각했지만, 아라시야마 산행을 계기로 나의 숲에 대한 태도가 180도 바뀌었습니다.

이 숲도 50년 또 100년이 지나서, 혹은 천 년이 지나게 되면 엄청난 숲이 될지도 모른다, 그 좋은 기분과 그 행복을 천 년 뒤의 아이들에게 주기 위해 이 숲과 더불어 생활하자는 생각이 들게 된 것입니다.

우리들이 있는 곳은 2월이 가장 춥습니다. 2월에는 영하 30도가 되기도 합니다. 영하 30도가 얼마나 춥냐 하면, 우선 디젤 엔진이 걸리지 않습니다. 영하 20도에 가마솥 목욕통에 들어가서 머리털이 젖으면 바로 얼어서 딱딱해지는 정도의 추위입니다. 이런 겨울이 11월부터 4월까지입니다.

봄이 5~6월까지, 여름이 7~8월까지, 가을이 9~10월까지, 그리고 나머지 반년은 겨울입니다. 눈은 니이가타(新潟)의 대설 지대만큼은 내리지는 않지만, 늘 1미터 2, 30센티미터는 쌓여 있습니다. 그것도 엄청난 가루눈(power snow)이라 눈보라가 치면서 바람이 불어오면 눈앞이 새하얘지고 앞이 안 보이게 됩니다. 호쿠리쿠(北陸) 지방의 눈과는 아주 다릅니다.

숲과 진심으로 사귀다

그런 곳이기에 정말 숲을 좋아하게 되고 숲과 진심으로 사귀기 위해서 나는 먼저 겨울 숲에 가려고 생각했습니다. 마을 사람들에게 그 이야기를 조금 내비쳐 봤더니, 산일을 하는 마을 의원이 "여기 홋카이도에서 겨울 숲에 가는 것은 죽으러 가는 것이나 마찬가지예요. 그만두세요."라고 말했습니다. 그래도 나는 겨울 숲에 끌리는 마음이 더 강해져 그 충고를 무시하면서라도 꼭 가 보고 싶었기에 그만둘 수가 없었습니다.

이 구마데노자와라는 곳에는 하나의 임도(林道)가 있는데, 보통 임도라면 제설차가 들어가지 않지만, 이곳은 도중에 정수장이 있어서 거기까지 제설차가 들어갑니다. 정수장은 쭉 가다가 구부러지는 곳에서 위로 올라가는데, 거기로 가지 않고 똑바로 가는 곳, 거기가 우리 자리입니다. 4킬로미터 사방에는 사람 그림자 하나 없습니다. 거기에서 숲까지의 거리 500미터에는 눈이 쌓여 있습니다.

지금 생각해 봐도 신기한 일이라고 생각되지만, 거기를 나 혼자 삽을 가지고 길을 만들려고 한 겁니다. 그것이 1991년의 일입니다. 바로 걸프 전쟁이 일어난 해입니다. 스키로 간다든가 설피를 신는다든가 하는 것이 아닌, 삽으로 눈을 치우면서 거기까지 가고 싶었습니다. 폭 1미터 20센티 정도니까 하루 내내 아침부터 저녁까지, 처음에는 체력도 없어서 대여섯 삽 치우자 헉헉거렸습니다. 두근거리는 심장이 좀 가라앉으면 다시 합니다. 아침부터 저녁까지 20미터 정도밖에 못나갔습니다. 그런데도 그만두고 싶다는 생각이 들지 않았습니다. 다음 날도 20미터쯤 나갔습니다.

그렇게 해 나가면서, 평소 여름에는 차로 가든지 걷든지 합니다만, 걷거나 차로 달려서는 도저히 볼 수 없었던 것들이 달팽이처럼 느릿느릿 눈을 치우며 나아가는 나에게 보이게 된 것입니다. 예를 들면 낙엽 활엽수 숲이기 때문에 가지와 가지가 겹쳐서 그 사이에서 보는 파란 하늘이 가지가 없는 곳에서 보는 것보다 훨씬 새파랗다는 것을 발견하고서는 "아아!" 하고 놀랍니다. 그리고 호두나무의 어린나무를 보통 때는 쳐다보지도 않았지만 헉헉거리며 앞으로 나아가는 나에게는 그 나무가 매우 튼튼하고 당당한 모습으로 보였습니다.

그런 가운데 재미있는 것을 발견했습니다. 기타키츠네(북반구에 널리 분포하고 있는 여우)가 지나다닌 흔적이 있습니다. 에조시카(홋카이도에 서식하는 사슴)가 지나다닌 발자국이 있습니다. 족제비가 지나간 발자국이 있습니다. 곰 발자국은 없었습니다만, 이번에는 저기까지 치우자, 이번에는 사슴 발자국까지 치우자라고 말입니다. 에조리스(홋카이도에 서식하는 산다람쥐) 모습도 보입니다. 이렇게 눈을 치우며 나아갑니다. 어떤 때는 눈보라와 만납니다. 겨울에는 북서풍이 언덕을 넘어 불어옵니다. 여기가 높은 산이라서 북서풍이 산에 부딪칩니다. 부딪치게 되면 바람의 반은 분비나무를 휘감고서 하늘로 오릅니다. 나머지 반은 땅을 기는 것처럼 해서 되돌아와서는 눈보라가 됩니다. 바람과 바람이 서로 맞부딪쳐 곳곳에 회오리가 만들어집니다. 어떤 때는 눈앞이 새하얗게 되어 버립니다. 그것이 순식간에 사라지는 순간 모든 경치가 얼어붙은 것처럼 되어 버립니다. 자연에 대한 외경심이 솟구쳐 오릅니다.

내 속에 감동이랄까, 발견이랄까, 외경심이랄까, 그런 느낌을 받으면 힘이 용솟음쳐 오릅니다. 3일째에는 50미터 나갔습니다. 500미터의 눈길을 겨우 엿새 만에 다 치웠습니다. 다 치워 놓고 뒤돌아보며 생각했습니다. '알지 못했던 힘이 아직 내 안에 있었구나!' 하고 말입니다.

이것은 내가 최근 10년 동안 숲 속에서 생활하면서 끊임없이 생각해 온 것입니다. 진정한 배움이란 단순히 지식을 늘리는 것이 아닙니다. 어떠한 것이라도 좋습니다. 이런 길 만들기만 해도 그렇습니다. 움막 만들기도 그렇습니다. 온 힘을 다해 거기에 쏟아붓습니다. 그러면서 자기 마음속에 지금껏 알지 못했던 자아, 새로운 자신을 발견하는 것, 더불어 그 발견의 과정이 즐겁다는 것, 그것이 진정한 배움이라고 생각합니다.

겨울 숲은 정말 빛났습니다. 낙엽 활엽수림이라서 잎은 모두 다 떨어졌지만 말입니다. 밑은 온통 눈으로 뒤덮여 있습니다. 이런 모습은 겨울에만 볼 수 있는데, 겨울 숲에 가는 사람은 거의 없기 때문에 많은 사람이 본 적도 없는 광경이지만, 햇살이 쫙 비쳐 오면 나무 몸통의 그림자가 눈 위에 비칩니다. 정말로 신비스러운 얼룩무늬를 만들어 갑니다. 나는 그것을 봤을 때 '아!' 하고 생각했습니다. '이토록 아름다운 세계가 있구나.' 하면서 이 숲 속에 계속 있고 싶다고 느꼈습니다.

그러나 앞에서 말한 것처럼 2월경이 되면, 영하 20도나 되는 곳입니다. 더러 영하 30도가 될 때도 있습니다. 그런 상황 속에서 이 숲 속에 있기 위해서는 계속 땀을 흘릴 필요가 있습니다. 어떻게 하면 숲 속에 있을 수 있을까 하고 궁리해 낸 것이 가마쿠라를 만들자는 것이었습니다. 그해는 날짜도 얼마 안 남았고 몸도 아직 약했기 때문에 다다미 2~3장 정도의 조그만 움막을 만들었습니다. 움막 만들기는 어디까지나 방편이었고 나 자신이 숲에 있는 것이 목적이었습니다.

이듬해에는 가을에 풀베기 등 여러 가지 일을 하며 몸을 계속 움직였습니다. 그러자 힘도 붙게 되어서 해가 갈수록 움막이 점점 커져 갔습니다. 최근에 눈이 많이 왔던 해에 큰 것으로는 정면 폭이 22미터, 안길이가 22미터, 높이 4~5미터, 방이 10개 정도 있어서 그 방 넓이의 합계가 다다미 100장 정도나 되는 움막집을 만든 적도 있습니다. 그 정도로 체력이 점점 붙게 되었습니다.

해바라기문고 이야기

내가 어린이들과 만나게 된 직접적인 계기가 된 것은 어린이들이 좋아서가 아니라 지금으로부터 삼십 몇 년 전에 의사로부터 "당신의 생명은 앞으로 2년 남았소."라는 선고를 받았을 때입니다. 간 경화가 매우 심해서 전후 동양 의학의 명의라고 불리는 분에게 앞으로 2년이란 선고를 받고서 몹시 고민했습니다. 이 2년을 사람답게 살다 가기 위해서 어떻게 하면 좋을까, 생각 끝에 우리 집을 어린이들에게 개방해서 문고(도서관)를 만들기로 했습니다. 그러한 기회와 장소를 아마 어린이들도 원했을 것입니다.

그때 나는 우리 집 전체를 개방하면 대략 몇 십 명 정도나 모일 거라고 생각했는데 몇 년 동안에 회원이 3천 명이 되었으며, 매우 멀리까지 퍼지게 되었습니다. 우리들은 문고로 출발하였지만, 아이들은 책보다도 놀이를 하며 점점 스스로 놀이를 발명하게 되면서 놀이가 중심이 되는 마당으로 바뀌고 말았습니다.

그런 식으로 어린이들과 사귀면서, 어린이들이 정말로 뭔가에 몰두하며 일상에서 완전히 벗어나 있을 때의 모습이 너무도 아름답다는 것을 알게 되었습니다. 그래서 그들의 아름다움, 그들의 비약을 소중히 여기며 운영해 오는 동안 10년이라는 세월이 흘러갔습니다. 의사에게 2년 남은 생명이라는 말을 들었지만, 10년이나 살아온 것입니다. 아이들한테 생명을 받은 것입니다.

숲에서 생명을 받다

요즘 나는 날마다 숲에서 생명을 받고 있다고 생각합니다. 구체적인 형태로도 나타났습니다. 요코하마에 있을 때 내 시력은 0.1과 0.09였습니다. 몇 년 전 다시 조사했더니 1.0과 1.2였습니다. 그 밖에도 홋카이도로 이사하기 전에 의사에게 진단을 받아 보니, 위는 거의 없지만(위 수술로), 심장도 나쁘고, 간은 간 경화에, 췌장도 나쁘다며, 결국 오장육부가 거의 다 나쁘다고 하였습니다. 그런데 최근 건강 진단에서는 나쁜 데가 없다고 합니다. 실제로 요즘 30대나 40대 때보다 힘이 있습니다.

예를 들면 앞에서 말한 움막을 만들 때 눈을 쌓아 올리면서 가는 것인데, 다다미 한 장에 50센티미터의 눈이 쌓였을 때 눈의 무게가 얼마나 된다고 생각합니까? 홋카이도의 눈과 여기의 눈은 조금 다르겠지만, 중부 산악 지대에서 조사해 본 바로는 대체로 고니시키(小綿, 스모 선수)의 무게와 같다고 합니다. 이 숲에서는 눈의 두께가 1미터 정도 되니까 500킬로그램쯤 됩니다. 나는 어떤 일에든 기계는 전혀 쓰지 않습니다. 내 몸으로 스스로 눈을 치워 냅니다. 홋카이도 사람이라도 눈 치우기를 아주 싫어해서 이렇게 힘든 일은 없다고 말합니다. 그런데 지금 내가 아주 좋아하는 일입니다. 눈이 내리면 뛰쳐나가 아침부터 눈을 치워 길을 냅니다. 그리고 움막을 만드는데 140일 동안 아침부터 밤까지 같은 일을 하고 있습니다. 옆에서 보기에는 바보 같은 이야기입니다. 어린이들이 오면 도와주는 아이들도 있지만, 대개는 내가 만들어 놓은 움막에서 미끄럼을 타며 놀기 바빠서 내가 움막 위에 열심히 눈을 올려도 모르는 체합니다. 그래도 나는 눈을 올려놓는 게 즐겁고, 어린이들은 눈 위에서 미끄럼 타는 게 즐겁습니다. 즐겁다는 것은 같습니다. 그것으로 좋다고 생각합니다.

그런 속에서 내가 느낀 것은 정말 눈 속에서 똑같은 일을 반복하고 있는 것처럼 보이지만, 알고 보면 너무나도 행복하다는 겁니다. 100킬로그램 정도의 눈을 치우며 정상에까지 올라가면 역시 숨이 찹니다. 그래도 휴, 하고 숨을 한 번 크게 쉬면 숨차던 것도 슬그머니 사라집니다. 그럴 때 몹시도 즐겁습니다.

되돌아보면 내 인생에서 시시각각 스스로가 즐겁다고 느낀 적이 있었던가? 요코하마에 있을 때 갖가지 일을 했었지만 정말 언제나 행복하다고 생각하며 살아간 적이 있었던가?

나는 하루 일곱 시간 눈을 치우는데 그 가운데에 마지막의 한 시간이 제일 즐겁습니다. 마지막 한 시간이 되면 중간에 아팠던 팔다리의 아픔도 잊어버리게 됩니다. 오로지 눈 치우기에만 몰입합니다. 그런 느낌이 되었을 때 이것은 정말 체험해 보지 않고서는 잘 모르겠지만, 숲이 내 안으로 쑤욱 들어와서 내가 숲과 하나가 되었다는 느낌이 듭니다. 행복하다는 그 희열은 엄청난 것입니다. 그러므로 140일 동안 옆에서 보는 사람은 무슨 짓을 하고 있는 거냐며 별난 사람 취급을 하지만, 나로서는 한순간 한순간 행복을 쌓고, 즐거움을 쌓고, 살아 있음을 쌓고 있는 이러한 반복이 겨울의 하루하루인 겁니다. 그런 속에서 예를 들면 눈 치우기도 그렇지만, 싫던 일이 좋은 일로 바뀌고, 아니었던 일이 기쁨으로 바뀌어 가는 겁니다.

지금까지 나는 반거들충이였습니다만 숲 속에서 이런 어중간함이 점점 사라져 갔습니다. 숲 속의 시간은 아주 느긋하게 흘러갑니다. 그래서 숲 속에서는 '이래야지 저래야지, 이렇게 하지 않으면 안 돼'라는 강박 관념이 내 속에서 떨어져 나가게 됩니다.

　　여러분은 그런 감정을 가진 적이 있습니까? 나는 숲과 만나고서야 비로소 그 기쁨과 즐거움(살아서 지금 이 자리에 있는 것을 포기할 수 없는 마음)을 얻을 수 있었습니다. 그런 의미에서는 옆에서 보기에는 극히 단순한 일을 하는 것처럼 보여도 거기에 전심전력을 다해서 땀을 흘리노라면 새로운, 생각지도 못한 자기 자신이 드러나게 됩니다.

생명에 차별은 없다

　　그러던 중에 숲에 대한 여러 가지 것을 아주 다른 시야에서, 지금까지와는 아주 다른 것들을 볼 수 있게 되었습니다. 예를 들면 가마솥 목욕통이 현재 세 개 있습니다. 우리가 손수 만든 것입니다. 하루 종일 땀을 흘리고 나면 목욕통에 들어갑니다. 환경을 더럽히지 않기 위해서 여기서는 비누를 쓰지 않습니다. 어떤 사람이 가르쳐 줘서 소금을 몸에 바르고 그 소금을 물로 씻어 냅니다. 물은 목욕통 옆 개울에 있습니다. 그러나 얼어 있으므로 개울의 얼음을 깨고 그 속에 들어가는데, 정말 상쾌합니다. 다른 사람들에게 이 이야기를 하면 모두가 하나같이 "그런 짓 했다가는 심장마비 일어나."라고 말합니다. 목욕통에 들어간 후 몸에 소금을 바르고 있으면, 기온이 영하 20도일 때 체온은 영하 20도에 가깝게 계속 내려갑니다. 그런데 흐르는 개울물은 영하로는 안 떨어지기 때문에 따뜻한 곳에서 찬 곳으로 들어가는 게 아니라, 추운 곳에서 따뜻한 곳으로 들어가는 것이 됩니다. 여간 용기가 필요한 게 아니지만, 몸에 익으면 무척 상쾌한 냉수욕입니다. 개울에서 나오면 몸이 후끈후끈한 게 "오늘 하루도 살아 있음에 감사합니다."라는 말이 마음속에서 저절로 나옵니다. 이것은 숲의 생명들에게 고마운 나의 마음입니다.

앞에서도 말했지만 구마데노자와 숲은 비교적 젊은 숲입니다. 천년 된 계수나무도 있으므로 전부 어린나무라고는 할 수 없지만, 거의 40년 전까지도 바로 옆에 집이 있었던 것 같아서, 그 무렵에는 땔감도 베고, 숯도 굽고, 낙엽을 농업용 거름으로 썼을 거라고 생각합니다. 그래서 비교적 어린 나무가 많은 것입니다. 예를 들어 너도밤나무 숲처럼 음지에서도 잘 크는 성질이 강해서 울창한 숲을 이룰 수 있지만, 지금은 숲을 이루어 가는 과정에 있습니다. 느릅나무는 보고만 있어도 즐거운 나무입니다. 오리나무나 자작나무는 숲의 선구자와 같은 나무입니다.

이 숲에는 여러 종류의 나무가 있습니다. 내가 숲 속에서 세어 보니 대강 50여 가지를 알고 있습니다. 그러나 모르는 나무도 상당수 있으므로 최소한 80종 이상일 거라고 생각합니다. 그 80종이라는 것이 어느 정도냐고 하면 유럽 전체 숲의 나무 종류가 65종입니다. 그러니까 유럽 전체에 있는 것보다 많은 종류의 나무가 이 조그만 숲 속에 있다는 것입니다. 그런 의미에서는, 일본이 나무를 마구 벌채해 왔기에 나는 그런 벌채에 대해서 머리끝까지 화가 나지만, 아직까지는 나무의 종류가 풍부합니다.

19년 동안 우리는 이 숲을 마을(다키노우에정)에서 빌려 쓰고 있지만, 한 그루도 자른 적이 없습니다. 나무를 잘 안다는 사람이 와서는 "여기는 나무들이 엉켜 있으니 잘라 내는 게 좋다."라고 합니다. 과연 그 말대로 잘라 내면 다른 나무들은 굵어지겠지만, 나는 싫다며 자르지 않습니다. 왜냐하면 그 사람들에게 나무는 재목일 뿐이지만, 나에게는 하나의 생명이기 때문입니다. 앞으로 오백 년, 천 년이 지나면 어느 나무가 커다란 나무가 될지 알 수 없지 않습니까?

　　예를 들면 풀을 벨 때 1제곱미터에 단풍나무의 어린나무가 열대여섯 그루 나와 있습니다. 그 나무 가운데 어느 것이 끝까지 살아남을지, 어느 것이 굵어질지 아무도 알 수 없습니다. 또 숲의 주인이라 불리는 계수나무는 이미 천 년이나 살아왔습니다. 그런데 일본의 임학(林學)은 고작 백 년 정도 됩니다. 숲에 대한 지식이라지만 어느 누구도 한 그루의 나무를 백 년 동안 본 사람은 없습니다. 그러므로 어떠한 생명이 어떤 식으로 되어 갈지 아무도 모릅니다. 그런 주제에 아는 체하며 우리 사람의 사정에만 맞추어서 숲을 베어 버리는 것에 대해서 나로서는 도저히 용납할 수 없습니다.

　　느릅나무는 광고에 나오는 것처럼 굵은 가지를 수평으로 내고 있습니다. 그것이 한 그루뿐일 때 느릅나무의 기본 수형입니다. 하지만 숲 속에는 다른 나무도 있으므로 비스듬히 가지를 뻗습니다. 한쪽에 나무가 있으면 반대쪽으로만 가지를 냅니다. 결국 생명이란 것은 결코 다른 생명을 희생시키고 자기만 살려고 하지 않습니다. 그런 점을 우리는 생각해 볼 필요가 있습니다.

　　예를 들면 이 나무는 썩었으니까 필요 없는 것일까요? 겨울에는 큰오색딱따구리가 많이 옵니다. 이 큰오색딱따구리들이 가는 곳을 보고 있으면 벌레가 많은 나무입니다. 건강한 나무는 벌레가 붙지 않으니까 썩은 나무를 골라서 갑니다. 썩은 나무나 약한 나무에는 버섯도 나옵니다. 팽이버섯은 흰색 버섯이라고 알고 계실지도 모르겠지만, 그것은 콩나물처럼 키워 낸 버섯 종류입니다. 줄기가 검거나 갈색인 것이 대부분 천연의 팽이버섯입니다. 그런 팽이버섯도 썩은 나무에서 나옵니다. 나무는 썩어서도 다른 생명을 키워 냅니다. 그러므로 아무렇게나 해도 상관없는 생명이란 것은 하나도 없습니다. 그것을 알아야 하지 않을까요?

요즘 가드닝(gardening)이라며 여러 가지 꽃을 키우고 가꾸는 일을 여러분도 하고 계시리라 생각합니다. 하나의 꽃을 키우기 위해 많은 풀을 뽑습니다. 뽑은 풀은 잡초라고 합니다. 그런데 잡초라는 풀이 있나요? 없습니다. 내가 숲에서 무작위로 1제곱미터의 땅을 골라서 그 속에 어느 정도의 풀들이 있는지 조사해 본 적이 있습니다. 25종류였습니다. 어떤 풀들이냐 하면 섬조릿대, 나왕머위라는 커다란 머위, 꽃땅두릅(이것도 큼지막합니다.), 왕백합(이것도 백합과이지만 크게 자랍니다.), 샤크(산당근)라 부르는 당근의 원종, 그리고 양치식물류, 또 곤륜초, 연령초라든가 노란 물봉선 등 작은 것도 있습니다. 커다란 것도 자그마한 것도, 키가 큰 것도 키가 작은 것도 그 1제곱미터 속에서 다른 것들은 희생시키고 하나만 키울 수 있을까요? 그것은 사람들이 제멋대로 하는 것이지, 자연 속에서는 그런 일이 허락되지 않습니다.

풍요로움이란 도대체 무엇일까요? 나는 그 풀들을 보면서 생각했습니다. 풍요로움이란 다양성이라고. 사람에게도 그렇겠지요. 정말로 아이들이 생기 넘치고 활기찬 것은 저마다 다른 아이들이 서로서로 다름을 인정하고, 자유롭게, 외부로부터 압박받지 않으면서 움직이고 있을 때에 가장 풍요롭고 아름다운 얼굴을 하고 있습니다.

언젠가 이런 경험을 한 적이 있습니다. 봄에 가장 먼저 나오는 이륜초라는 것이 있습니다. 얼레지와 함께 나오는데, 그 이륜초가 쭉 피어 있다가 질 무렵이 되니까 커다란 잎을 가진 연령초가 그 사이에서 불쑥 나오는 겁니다. 연령초가 먼저 나왔더라면 이륜초는 태양 에너지를 받지 못한다는 것을 정확히 계산하고 있는 겁니다.

봄에 내가 무척 감동하는 것은 숲이 초록으로 변해 가는 순서입니다. 아시는 것처럼 식물은 태양 에너지를 필요로 합니다. 태양 에너지로 잎에서 광합성을 해서 당분을 만들어 성장해 갑니다. 이것은 나무와 풀 모두 마찬가지입니다. 그런데 숲에는 키가 아주 큰 나무들도 있고, 3미터 정도 되는 키 작은 나무도 있으며, 지면에 깔린 풀도 있습니다. 아교목(亞喬木)으로 불리는 10미터 정도 되는 나무도 있습니다. 임관(林冠)이라고 하는 숲 윗부분을 지배하는 것은 아주 키 큰 나무이므로, 잎을 내면 임관의 80%는 고목이 차지하게 됩니다. 만일 고목이 먼저 한꺼번에 잎을 낸다면, 밑에는 태양 에너지가 닿지 않습니다. 사람이라면 어찌 될까요? 강한 자가 먼저 가장 좋은 것을 가지고, 약한 자에게는 평등하게 주려고 하지 않을 것입니다.

그런데 숲에서 가장 먼저 나오는 것은 앞서 말한 것처럼 이륜초와 얼레지입니다. 얼레지는 얼른 나와서 얼른 열매를 맺고 씨를 떨어뜨립니다. 그리고는 9년 동안 기다렸다가 다시 나옵니다. 그런 풀이 움트고 자라는 동안에 위쪽의 나무들은 잎을 피우지 않습니다. 아래쪽이 모두 초록색이 되면 그다음은 낮은 나무들이, 그런 다음에 아교목이 잎을 피웁니다. 고목은 그것을 쭉 기다리고 있습니다. 숲 전체가 초록색이 된 것을 보고 난 뒤에야 마지막으로 잎을 내기 시작합니다.

고목 중에서도 수령이 오래된 것과 어린 것이 있습니다. 수령이 오래된 것은 어린 것을 감싸는 것처럼 가장 마지막에 잎을 피웁니다. 그것을 보면서 숲의 풍부함이라는 것은 '다양성'에 있다고 절실히 느낍니다. 앞에서 말한 것처럼 초목을 보더라도 자연의 모습이란 공원 같거나 인공적인 아름다움이 아닙니다. 그런데도 잘 보면 대단히 아름답습니다. 어째서 아름다울까 생각해 보면 그 무엇도 희생시키지 않기 때문입니다. 다른 것을 잡초라고 부르며 뽑아 버리거나 잡목이라 부르며 베어 넘어뜨리는 짓 따위는 하지 않습니다. 있는 그대로, 사람이 파괴하지 않는 한, 있는 그대로 자유롭게 뻗어 나가니까 아름다운 것이라고 나는 생각합니다.

그렇게 보면 좋은 생명과 나쁜 생명 따위의 구별이 있을 리가 없습니다. 생명을 차별 짓는 일은 틀렸다는 것을 잘 알 수 있습니다. 역시 차별 짓는 것은 사람뿐인 것 같습니다. 피부색으로 차별하고, 여러분의 테마인 출신으로 차별하고, 혹은 남녀로 차별하고, 강한 자가 약한 자를 차별하며, 온갖 것으로 차별합니다. 그런 궁극적인 모습이 지금의 사회 상태로 된 것이 아닐까 생각합니다. 그러나 숲에 가서 갖가지 생명들을 만나 보면 생명들이 서로서로 떠받치고 서로서로 맺어져 있어서 어느 것이 빠지게 되면 생태계가 무너져 버리게 되어 있습니다. 그 점을 분명히 알아야 할 것입니다.

처음에는 '여름 어린이 마을' 앞쪽 풀을 계속 베어 왔습니다. 기계로 확 베어 버리는 것이 마치 인류가 숲을 넘어뜨려 온 모습으로 보이기에 기계로 베는 것은 영 내키지 않아서, 이시가와 현의 쓰루키(鶴來)에서 주문한 명검이라고 불리는 낫으로 두 달 정도 걸려서 조릿대나 풀을 베어 왔습니다. 손으로 풀을 베면 꽃이 있을 때 꽃을 남겨 둘 수 있지요. 앞으로 숲의 주인이 되어 갈 산고로쇠나무나 물졸참나무 등의 어린나무가 조릿대 아래에 나 있습니다. 그런 어린나무도 전부 남겨 둘 수가 있습니다. 그래서 두 달이 걸려도 그런 식으로 했습니다. 그런데 요즘은 일주일도 걸리지 않습니다.

광대수염에 대해서 아십니까? 광대수염은 잎이 매우 촌스럽고, 무리 지어 살아갑니다. 그런데 잎 위에, 무희들이 동그랗게 모여 춤추는 것과 같은 느낌으로 꽃이 피는데, 그 꽃을 하나하나 보면 대단히 아름다운 풀입니다. 그것이 매우 넓게 무리 지어 자라고 있어서 방해가 된다며 자주 베어 버리곤 했습니다.

어느 날 낫을 집어 들었더니 광대수염이 내게 말을 걸어 오는 것 같았습니다. 우리도 꽃을 피우고 생명으로서 가장 소중한 때를 맞이하고 있는데 왜 우리 목숨을 끊어 버리느냐고 말입니다. 거치적거린다고 생각하는 것은 사람밖에 없겠지요. 보기 흉하다고 생각하는 것은 사람이 인공의 것이 눈에 익었기 때문에 그런 것입니다. 나는 낫을 손에 잡은 채 한참 동안 그대로 서 있었습니다.

이 광대수염은 거기에 있어야 하니까 거기에 있는 것입니다. 불필요한 생명이 하나도 없다고 한다면 이것도 생태계 속의 소중한 또 하나의 고리가 아닐까요? 이런 이름도 없는 것, 알려지지 않은 것들 모두가 엮어서 복잡한 고리를 만들어 갑니다. 그러한 것이 생태계가 아닌가요? 거기서 처음으로 나는 풀 한 포기 베는 것도 조심하는 마음으로 해야 한다는 교훈을 광대수염에게 배운 것입니다.

숲의 시대로

지금 온갖 사건들이 일어나고 있지만 지금의 어린이들, 아니 어린이들만이 아니라 어른, 일본 사회, 그리고 전 세계를 보더라도 정말 풀 한 포기를 베더라도 조심하는 마음은 매우 중요한 마음이라고 생각합니다. 이러한 마음을 입으로 가르칠 수 있을까요? 영상으로 어린이들에게 전할 수 있을까요? 그런 방법으로는 할 수 없다고 생각합니다. 풀 한 포기 베는 것도 조심스럽게 하는 마음이란, 진정한 의미에서 어린이들이, 또는 사람이 숲 속에서 '진짜'를 만나고, 생명을 만나고, 그 귀중함을 몸으로 느끼는 것이라고 생각합니다. 그러한 것이 매우 중요한 시대로 와 있습니다. 지금의 환경은 극도로 파괴되어 있습니다. 그런데도 더 진행된다면 엄청난 일이 벌어지리라 생각됩니다.

예를 들면 지금 우리들이 살고 있는 숲의 상류에서 올 3월부터 여섯 달 동안 계속 나무를 베어 냈습니다. 그런데 9월이 되어서 큰비가 내렸습니다. 큰비라 해도 이 지역에서나 큰비로, 24시간에 160밀리리터나 내리는 혼슈(일본 본토)라면 반나절에 그 정도 내리기도 합니다. 그렇지만 그 개울은 무참한 상태가 되었고, 숲도 몹시 파괴되고 말았습니다. 진흙과 돌이 숲 한가운데까지 흘러와서, 우리들이 만들어 놓은 가마솥 목욕통을 덮치게 되었지요. 탈의장으로 사용하던 오두막이 물에 잠겼습니다. 지금 까지는 냉수욕을 하려면 개울 쪽으로 내려갔지만, 지금은 개울이 더 높습니다. 그러니 무슨 일이든 일어나면 곧 주변이 범람해 버리게 됩니다.

예전에는 더 많이 베어 냈다는 사람도 있습니다. 국유림 관계자는 그것이 간벌이었다는 등 여러 가지 말을 합니다. 지금까지 해 오던 방식대로 해서 그 결과가 20~30년 뒤에 나타나는 그런 시대는 지나갔습니다. 예전처럼 나무를 자르면 이제는 곧바로 결과가 나타나는 시대가 되어 버린 겁니다. 그 사실을 잘 알아야 한다는 것을 숲에 있다 보니 절실히 느낍니다.

지금까지의 가치관, 세계관, 자연관들이 소리를 내며 무너져 내립니다. 그렇다고 새로운 자연관과 새로운 세계관, 새로운 가치관이 생기지도 않았습니다. 그래서 모두 헤매고 있습니다. 현재 사람들은 곳곳에서 서로 죽이고 있으며, 돈의 노예가 되어 있으며, 어디서나 모두 한통속이라고 안심해 버립니다. 새로운 시대에 대한 대담한 도전을 해 나가는 자세와 태도는 아직 사람들 속에 생겨나지 않고 있습니다. 나는 새로운 시대는 숲의 시대가 되리라고 생각합니다.

오감을 죽이는 도시의 생활

이번에 가나자와에 오기 전에 오사카에 초청받아 갔습니다. 전에 숲 속 어린이 마을에 오곤 하던 아이들의 집에 갔습니다. 아이들은 모두 나를 오지지라고 부릅니다. "오지지, 목소리가 이상해요."라고 말합니다.

나도 그렇게 느꼈습니다. 즉 오사카에 갔을 때 숨 쉬기가 아주 힘들어졌습니다. 나는 10년 동안 숲에 살며, 언제나 심호흡을 해 왔습니다. 그런데 오사카에 갔더니 몸이 심호흡을 거부하는 겁니다. 그러니 배 깊숙한 곳에서 소리가 나오지 않았습니다. 지금 여기서도 그걸 조금 느낍니다.

앞서 소개한 《숲에서 살다》라는 책은 마이니치신문사의 부탁으로 1995년부터 1996년에 걸쳐서 일요일판에 1년 동안 연재했던 것입니다. 연재가 끝날 무렵에 숲에서 살며 불평만 해 봤자 별 볼 일 없다, 내 몸에는 도대체 도시라는 것이 어떤 것인가, 그런 것을 느껴 보고 싶어서 누구에게도 말하지 않고 도쿄에 간 적이 있습니다. 내가 며칠이나 도쿄에서 견딜까 하고 말입니다.

먼저 식욕이 없어졌습니다. 가장 크게 느껴지는 것은 소리입니다. 인간의 소음에 대해 각오하고 왔기에 매우 신경에 거슬렸지만, 그 이상으로 도시에서는 원인 모를 소리가 넘쳐 났습니다. 그것이 윙-하고 귓속으로 파고들어 옵니다. 보이는 것 모두가 내가 일상적으로 보아 왔던 초록빛과는 다른 것이었습니다. 이런 상태라면 미쳐 버리겠다는 생각이 들었습니다. 공기의 냄새도, 피부에 와 닿는 감촉도 다릅니다. 결국 오감이 완전히 이상해져 버렸습니다.

사람은 오감, 또는 육감을 모두 연마해서 심화시켜야 비로소 사람이라 불릴 수 있습니다. 그러나 가나자와 같은 중소 도시도 그렇겠지만, 도시에서 정말 보통으로 살아가려면 오감을 둔화시키는 것밖에 다른 살아갈 방법이 없습니다. 결국 들리는 소리의 절반이나 3분의 1, 필요한 소리만 듣습니다. 눈에 보이는 것 가운데 보고 싶은 것만 봅니다. 냄새나 피부로 느끼는 감촉도 자기가 받아들일 수 있을 정도만 받아들이는 겁니다. 결국 오감을 둔화시키고 사람이기를 절반은 포기하게 만듭니다. 그러지 않고서는 살아갈 길이 없는 게 아닐까요?

물론, 숲에 있어도 기계 소리는 납니다. 저것은 트럭이다, 이것은 트랙터 하고 소리의 출처를 알 수 있습니다. 귀를 기울여서 새소리를 듣습니다. 10년 동안 나는 개울물 소리를 안 들으면 잠이 오지 않습니다. 개울물 소리는 마음을 편안하게 해 줍니다. 그런 소리는 자신의 귀를 기울여서 오감을 연마하고 심화시키지 않으면 안 되는 것입니다.

아버지가 가나자와 산촌 출신이어서 버섯이나 산나물 채취에 나를 데려가려고 했습니다. 나는 언제나 도망쳐 버렸지만 홋카이도에서는 스스로 버섯이랑 산나물을 따러 다닙니다. 산두릅을 매우 좋아해서 최근에는 순식간에 분별할 힘이 길러졌습니다. 즉 여러 가지 초록색 속에서 산두릅의 색을 식별합니다. 그러기 위해서는 시력을 엄청나게 연마하고 심화시켜야 합니다. 즉 오감을 연마하고 심화시켜야만 사람을 더 사람답게 해 주는 것입니다.

예를 들어 숲 속에서는 신비로운 일도 일어납니다. 어떤 곳에 가면 아이가 하나도 없는데 어린애들 소리가 들려옵니다. "어이." 하고 불러 놓고 나서야, '아! 지금은 아무도 없는데.' 하고 생각합니다. 그런데도 소리는 납니다. 그래서 나는 그것이 '코로보클[24] 씨구나, 닌구루[25] 씨구나.' 라고

---

24) 코로보클: 아이누 족의 전설에 나오는 소인.
25) 닌구루: 키가 15센티미터인 숲 속 지혜자.

생각하기로 마음먹었습니다. 그러면 이웃사람이 더 많이 늘어나겠지요. 그런 식으로 사람이 가지고 있는 사람다움을 닦고 길러야 합니다. 그런 장소가 나에게는 숲이라고밖에 생각되지 않습니다. 지금의 도시라는 것을 그런 눈으로, 거기에 있는 스스로의 눈으로 다시 한 번 새롭게 볼 필요가 있지 않을까요? 도쿄에서는 딱 사흘밖에 있지 못하였습니다. 지금 이런 속에서 많은 사람들이 스스로의 삶의 방식을 되찾으리라고 생각합니다.

새로운 시대를 열기 위하여

이런 시대이니 사람을 반쯤 포기한다는 것은 아주 큰일입니다. 진정 자기다워지려면 지금까지 들어온, '이게 좋다, 저건 나쁘다'고 하는 틀을 뛰어넘어 자기가 생각한 것에 온몸으로 부딪치면서 거기에서 뭔가를 배워나갈 수밖에 없습니다. 앞에서 말한 것처럼 옛 가치관, 자연관이 무너져가고 있습니다. 뭐가 좋다, 뭐가 나쁘다고 말할 수 없는 시대입니다. 그렇기에 어린이들은 물론이고 어른들도 헤매고 있습니다. 헤매면서, 헤매고 있기 때문에 길을 찾고 있습니다. 거기에 응답해야 할 필요가 있습니다.

새로운 시대는 이제껏 인류가 경험한 적이 없는 시대입니다. 지금까지 쭉 풍족함과 편리함과 빠른 것을 추구해 왔습니다. 그러나 그래서는 안 되는 시대가 현실로 와 있습니다. 숲을 파괴하고 문명을 만들어 왔지만, 이제 우리는 나아갈 길이 막혀 버렸습니다. 과학의 진보는 좋은 것이라고 말해 온 시대는 끝난 것입니다.

그러므로 어떤 길을 추구해야 할 것인가를 진지하게 생각해야 합니다. 그런 시대에 우리 한 사람 한 사람이 부딪쳐 있는 겁니다. 이런 때에 '누군가가 하겠지, 다른 사람이 해 주겠지.' 하다가는 살아갈 수 없습니다. 그래서는 새로운 시대를 만들 수 없습니다.

지금은 살아가는 교본이 없는 시대입니다. 교과서는 없습니다. 그것이 어떤 길일까를 스스로 만들어 내야 합니다. 내가 말하는 숲으로의 길은 그중의 하나일지도 모르고 어쩌면 틀린 길일지도 모릅니다. 그걸 모르니 크게 빗나갈 가능성도 있습니다. 그래도 이렇다는 길을 모두가 찾고 구해서 그것들을 자꾸 쌓아 가지 않고서는 우리가 이제껏 체험해 보지 못한 시대, 인류가 부딪쳐 본 적이 없는 시대를 뚫고 나아갈 수 있을까요?

그러한 새 시대를 담당해야 하는 사람은 젊은이와 어린이들입니다. 그래서 나는 현대의 어린이들 문제, 젊은이의 문제도 포함해서, 이것은 교육, 학교라는 범위를 훨씬 뛰어넘는 문제라고 생각합니다. '인류가 이제껏 경험한 적도 없는 새로운 시대를 어떻게 뚫고 나갈까? 어떻게 극복할 것인가?' 라는 커다란 문제의 큰 부분을 차지하는 것이 어린이들의 문제, 젊은이들의 문제라고 생각합니다. 그런 관점에서 어린이들의 문제, 젊은이들의 문제를 보지 않고서는 해결 방법이 보이지 않습니다.

지금의 어린이들에게 나는 하고 싶은 말이 많습니다. 단지 이 시대를 지금의 정치나 문화로 대표되는 어처구니없는 현상을 만들어 낸 책임은 우리보다 앞서 태어난 세대에게 있다고 생각합니다.

나는 30년간 어린이들과 만나 왔지만 어린이들에 관해 무엇 하나 아는 게 없습니다. 단지 한 가지만은 확신이 있습니다. 그것은 새롭게 태어난 세대는 먼저 태어난 세대를 뛰어넘을 수 있는 힘을 가지고 이 세상에 나온다는 점입니다. 그런 마음가짐으로 어린이들을 만나고 싶습니다.

어린이들이 우리를 뛰어넘어 갈 것입니다. 어떤 식으로 뛰어넘을 것인가? 지금 많은 부모들은 어린 시절에 놀이를 모르고 자라났습니다. 자연을 만나지 않은 사람들이 부모가 되었습니다. 그런 사람들이 자기의 등을 구부리고, "자, 뛰어넘어 가거라." 하며 뛰어넘어 가게 만들어 줄까요? 그렇지는 않을 것이라고 생각합니다.

새로운 시대에 우리도 우리 나름으로 새로운 길을 찾아서 스스로 누가 뭐라고 하든지, 세상이 뭐라든, 거기에 도전해 갑니다. 어린이들은 그러한 모습, 어른들의 어깨 너머를 보면서 자라납니다. 그 어깨가 크면 클수록 좋다고 생각합니다. 우리가 그런 모습만이라도 실제로 하고 있는지 어떤지 그런 점을 지금 생각해야 할 시대이지 않을까요? 그러므로 나는 안이하게 어린이들과 타협하고 싶지는 않습니다.

마지막으로

나는 지금 일흔두 살입니다. 일흔둘이면 옛날에는 비실비실거리는 할아버지라고 생각했지만, 지금 내 마음속에 있는 것은 어떤 새로운 것이라도 발견하게 되면, 틀려도 좋으니 끝까지 해 보고 싶습니다. 그래서 그게 실패로 끝나더라도 후회가 없는 삶을 마지막의 마지막까지 해 보고 싶습니다. 그런 모습을 어린이들이 어떻게 봐 줄 것인가. 그것은 어린이들의 몫입니다. 단지 그런 삶의 방식을 우리 스스로 보여 주지 않으면 뒤의 세대는 이 새로운 시대를 뚫고 나올 수가 없습니다.

폭력이나 권위로 어린이들의 앞을 막아서는 게 아니라 진실로 자신의 삶의 방식으로 어린이들 앞에 버티고 서서 보여 주는 겁니다. 그래도 어린이들은 꼭 뛰어넘어 갑니다. 그런 굳은 신뢰만은 견지해 나가야만 하고 그러한 삶의 방식을 지금 우리 자신이 추구해 나갈 수 있다고 생각합니다.

좀 더 이야기하고 싶은 것이 많지만 한정된 시간이므로 일단 마치겠습니다. 잘못된 점이 있다고 생각되시면 질문해주십시오. 감사합니다.

덧붙이는 말 1

숲을 파괴한 문명이 인간을 멸망시킨다

인간은 숲을 파괴하고, 숲 속 생명을 계속 죽여 왔습니다. 저번 호에서도 썼지만, 숲에 인위에 대한 허용 범위가 있다면 인간은 그 선을 이미 넘었거나 바로 지금 넘으려 하고 있습니다. 인간이 그 선을 넘었을 때 무슨 일이 일어날지 모릅니다.

나는 지금의 대도시에서 살아가려면 오감을 둔화시키고, 결국 인간이기를 반쯤은 포기하지 않으면 안 된다고 거듭거듭 써 왔습니다. 그것은 꼭 도시에 한정된 것은 아닙니다. 자연을 파괴하고 숲을 소멸시켜 온 모든 곳이 마찬가지입니다.

인간이기를 반쯤 포기하면 몸도 마음도 병듭니다. 거기에 멈추지 않고 광기로 치닫게 됩니다. '부시의 침략 전쟁'과 이것을 추진하는 미국의 신보수주의(네오콘, neocons)[26]의 사상과 행동이 바로 그것입니다.

네오콘의 논객 R. 케이건(Robert Kagan)에 따르면 '인간의 자연 상태는 만인의 만인에 대한 전쟁 상태'이고, '이 세상은 사람이 사람에 대해서 늑대'인 공포의 세계이다. 괴물적인 폭력에 의해 상대를 공포와 전율

---

26) 네오콘(neocons): 공화당을 중심으로 한 미국의 신보수주의자들로, 미국 우월주의와 종교적 신념을 강조하는 극단적 보수주의 성향을 나타낸다. 네오 콘서버티브(neo-conservatives)를 줄인 말로, 이들은 이라크 후세인 정권 축출에 성공, 조지 W. 부시 미국 대통령 시절에 급부상했다. 대표 인물은 딕 체니 부통령, 도널드 럼스펠드 전 국방 장관, 폴 울포위츠 전 국방부 부장관 등이며, 이들 가운데는 특히 유대 인이 많다. 이들은 힘이 곧 정의라고 믿고 군사력을 바탕으로 미국이 세계의 패권국으로 부상하는 것을 목표로 한다. '야만인들로부터 민주주의를 지키는 것은 자연의 권리이자 책임'이라고 주장한 미국의 정치 철학자 레오 스트라우스(Leo Strauss)를 사상의 기원으로 삼는다.

의 상태로 밀어 넣는 것……. 그것만이 '질서와 평화'를 가져온다고 합니다. 미국은 전 세계의 병력을 갖고서도 맞설 수 없는 첨단 기술을 모은 대량 살육, 대량 파괴 무기의 힘으로 '알몸의 독재자' 후세인을 굴복시켰습니다. 대화라든지 국제 연합과 같은 것은 처음부터 안중에 없었습니다. 미국의 괴물석인 힘을 전 세계에 보여 주기만 하면 되니까요.

도대체 언제부터 인간은 살인광이 되어 버렸을까요? 제발 늑대를 인용하지 마세요. 늑대는 옛날에는 무엇으로도 대신할 수 없던 소중한 생명의 하나였습니다. 사슴 등의 이상 번식이 문제로 되고 있지만, 그 원인은 인간이 사슴의 천적인 늑대를 못된 놈이라고 없애 버렸기 때문입니다. 늑대가 없어지자 생태계가 얼마나 이상해졌습니까?

만인의 만인에 대한 전쟁이 자연의 상태라지만, 조몬 사람들은 전쟁을 몰랐습니다. 그야말로 '만인이 만인에 대해 평화롭고 사이가 좋은 것이 자연스러운 사회'가 일본 열도에서 예전에 만 년 동안이나 이어졌던 것입니다.

만 년입니다. 겨우 300년 동안 광대한 숲을 파괴하고, 숲의 민족, 원주민을 학살하고 성립된 미국 문명이 무슨 말을 할 수 있을까요?

역사는 얄궂습니다.

이라크는 예전에 메소포타미아 문명이 꽃핀 땅입니다. 문자로 남겨

진 인류 최고(最古)의 서사시 〈길가메쉬 이야기〉가 여기서 태어났습니다. 지금부터 5,000년 전 수메르의 도시 국가로서 세계에서 가장 번영했던 우루크(이라크 남부)의 왕 길가메쉬가 이러한 번영을 추구하기 위해 숲의 신인 훔바바를 살해하는 이야기지요. "문명은 숲을 파괴하는 것으로 시작해서 번성했다." 인류 최고의 시는 그렇게 말하고 있습니다. 그리하여 국토의 대부분이 사막화된 지금의 이라크는 숲을 파괴함으로써 문명도 멸망한 것을 보여 주고 있습니다. 현대 문명의 패왕을 자칭하는 미국이 고대 문명의 발상지를 폭탄으로 때려 부수어 가루로 만들고 있습니다. 이 광기 또한 멸망의 징조입니다.

때로는 광기가 사람들을 사로잡습니다. 나치즘이나 일본 군국주의 광기가 대다수 민중을 사로잡은 역사를 잊어서는 안 됩니다. 이라크 침략 전쟁에 대한 반대의 목소리는 사상 최대로 불릴 만큼 드높았습니다. 그것을 무시하는 부시의 광기가 있는가 하면, 반전을 적대시하는 민중의 광기도 있습니다. 고이즈미 총리의 일본 정부가 미국이 시키는 대로 하는 것을 허용하는 우리 자신도 위험합니다.

숲을 파괴하고 인간 중심주의 위에 성립된 현대 과학 문명은 이제 미국 중심주의 문명이라는 괴물을 낳았습니다. 이 괴물이 저지르는 파괴와 유혈은 어디까지 계속될 것인가요? 언제까지 그것을 앉아서 보고만 있을 건가요? 스스로의 문제로서 깊이깊이 물어야만 합니다.

또 하나, 지금 전 세계를 전율시키고 있는 것이 신종 플루라고 불리는 사스(SARS)[27]입니다. 이것이 중국을 중심으로 맹위를 떨치고 있는 것에 주목해야 합니다. 실로 현대의 페스트죠. 신문 보도에 따르면 중국에서는 환자 네 명에 한 명꼴로 사망했고, 65세 이상의 환자 사망률은 50%라고 합니다. 너구나 어디까지 확산될지 상상이 안 됩니다.

왜 중국일까요? 중국도 역시 고대 문명이 번성했던 곳입니다. 지금 사스가 폭발적으로 확산되는 곳은 이전의 황하 문명의 번성지입니다. 여기에 숲은 거의 없습니다.

아사히신문에서 황하 문명이 번영을 누렸던 산시 성 다퉁(山西省大同)의 현재 상태에 대해 읽은 적이 있습니다. 여기는 천 년도 훨씬 전인 수(隨)·당(唐)나라 시대에 숲이 차지하는 비율은 약 30%였고, 중화 인민 공화국이 성립된 1949년에는 겨우 24%였습니다. 현재 중국 정부는 나무 심기에 목숨을 걸고 달려들지만, 숲의 비율은 현재 제로에 가깝지 않은가요? 숲이 없는 것은 물이 없다는 것입니다. 또한, 이 기사에는 '장구벌레가 들끓는 물이라도 장구벌레가 살아 있기 때문에 인간에게 도움이 된다.' 라며 먼저 음식을 만드는 데 쓰고, 그 뒤에 몸을 씻고, 마지막에

---

27) 사스(SARS): 2002년 11월 중국 남부 광둥(廣東) 성에서 발생, 홍콩을 거쳐 세계로 확산된 전염병으로 갑작스러운 발열, 기침, 호흡 곤란이 주요 증상이다. 폐렴으로 진행돼 죽음에 이를 수도 있다. WHO는 이 질병을 '중증 급성 호흡기 증후군(Severe Acute Respiratory Syndrome; SARS)'으로 명명하고 세계에 경보령을 내렸다.

가축에게 준다고 되어 있습니다.

생태계 균형이 이렇게까지 무너졌을 때 새로운 바이러스나 미지의 병원균이 갑자기 인간을 엄습하는 일은 충분히 있을 수 있습니다. 이전의 페스트가 그랬으니까요.

12세기 이래 유럽에서는 대개간이라고 하여, 숲을 철저히 파괴하고 밭으로 전환시켰습니다. 숲의 소멸로 늑대나 여우가 급감하고, 쥐들이 엄청나게 불어났습니다. 이 쥐들이 페스트균을 옮겼지요. 기후의 한랭화로 인한 식량 부족, 면역력의 저하가 페스트를 확산시키는 데 더 힘을 보탰던 것이지요. 1348년부터 1351년 3년 동안 유럽에서는 인구 세 명 중 한 명이 죽는 대참사가 일어났습니다. 같은 시기에 중국에서도 대유행하여, 1331년 중국 전체에 세 명 중 두 명이 사망했다고 합니다. (위의 수치는 야스다 요시노리(安田喜憲) 책 《숲의 마음과 문명》 참조)

지금 인류는 가장 큰 생존 위기에 직면해 있습니다. 한편에서는 미국에 의한 전쟁과 파괴, 또 한편에서는 신종 플루와 HIV로 대표하는 심각한 질병 유행, 거기에 암으로 인한 사망자 증가……. 정말로 숲을 파괴한 문명이 지금 사람을 죽이려 하고 있습니다.

나는 앞으로의 시대는 '숲의 시대'가 되지 않으면 안 된다고 계속 말해 왔습니다. 근대 과학은 이런 인류의 위기를 벗어나는 데 어디까지 힘을 발휘할까요? 미국의 폭주를 멈추게 할 수 있을까요? 신종 플루를 억제한다 하더라도 과학 만능 노선은 새로운 위기만 불러들이는 것은 아닐까요?

'숲에 산다', '숲으로 돌아간다'는 것이 둘러 가는 길로 보일지도 모릅니다. 바로 효과가 나타나는 약은 아닐 것입니다. 그러나 이제까지 인간이 좋다고 해 온 문명이 인간을 멸망시키고 있다는 사실을 명백히 알게 된 이상, 아주 다른 길 '숲에로의 길'을 따를 수밖에 없습니다. 그렇게 하기 위해서는 내가 숲에 사는 것도 그런 작은 걸음의 하나겠지만, 시행착오를 거듭하면서도 많은 도전이 필요합니다. 전쟁과 파괴와 질병을 이겨 내는 진정한 힘도 그 속에서 생겨납니다.

나는 이렇게 써 왔습니다.

인간은 무수한 생명 가운데 하나에 불과합니다. 다른 생명 위에 서 있다는 오만함을 버리고 모든 생명을 존중하고, 그들에게 감동하고, 그들로부터 배우려 하지 않으면 안 됩니다. 다양한 생명의 다양한 연결이 풍요로움이고 아름다움이라는 관점, 아무렇게나 해도 좋은 생명은 하나도 없다는 굳은 신념, 풀 하나 자르는 것도 삼가는 마음을 갖는 것 이런 것들을 배워 나가느냐 못하느냐에 앞으로 인간의 행복과 더 나아가 어쩌면 인간의 생존조차도 걸려 있습니다.

덧붙이는 말 2

새해를 맞이하며

새해 복 많이 받으시라는 신년 인사를 할 수가 없습니다. 화가 납니다.

부시는 아프가니스탄에서 대량 살육 무기를 마음껏 썼음에도 질리지도 않고, 이번에는 이라크에서 더 큰 대규모의 전쟁을 시작하려 하고 있습니다. 미국이 '예스'라고 하면 그것은 '정의'이고, '노'라 하면 바로 '악'이 되는, 그런 가치 기준을 전 세계에 강요하고 있습니다. 정말로 '악의 제국'(미국의 저명한 언어학자 촘스키의 표현)의 본질을 속속들이 드러내고서도 조금도 부끄러운 줄 모릅니다.

그 때문에 수많은 사람이 죽고, 굶주리고, 난민이 급격히 늘어나고 있습니다. 침묵, 무관심은 범죄에 가담하는 것입니다. 전쟁을 허용했던 과거의 전철을 다시 한 번 밟는 것입니다. 더구나 '부시의 전쟁'에 이지스 함(해군함)까지 참전시키는 정부를 그냥 내버려두는 것은 스스로를 모욕하는 것입니다. '납치 문제' 보도와 그것이 선동하는 민족주의에 뭐라 할 수 없는 불쾌함과 위험의 냄새를 느낍니다. 말이 입의 재앙이라는 것은 전쟁 전의 이야기입니다.

숲 속에서는 어떤 생명도 자유롭고 평등합니다. 자신을 위해 어떤 것도 해치지 않고, 어떤 것도 희생시키지 않기에 아름답고, 풍요로운 것입니다. 커다란 나무에서 눈에 보이지 않는 미생물에 이르기까지 모든 생명이 서로 손을 잡는 관계가 이루어져 있기에 숲에서는 행복을 느끼는 것입니다.

숲의 조그만 생명에 대해서조차 부끄러운 것도 인간입니다. 올 한 해 이것을 마음에 새기며 살아가고 싶습니다.

올해도 숲 속 어린이 마을과 숲을 배우는 집을 잘 부탁드립니다.

숲에서 여러분을 기다리고 있겠습니다.

맺는말

    숲은 사람을 바꾼다고 실감합니다. 나는 이전엔 몸을 움직이는 것을 그다지 좋아하지 않아서, 나는 머리를 사용하는 부류의 사람이라고 멋대로 정해 놓고 있었습니다.

    그러던 내가 숲 속에서는 어떤가요? 사계절 내내 온종일 몸을 움직이며 땀을 흘리고 있습니다. 오히려 그런 일이 기분 좋아진다고 생각하게 되었습니다. 반년이나 되는 겨울에는 예전에 그토록 싫어하던 눈 치우기가 그리 고통스럽지 않게 되었습니다. 눈이 내리면 몸이 먼저 반응하며 움직이고 싶어 합니다. 산나물 캐기, 버섯 따기, 장작 패기, 오두막 짓기, 목욕통 물 데우기……. 그 무엇을 하더라도 즐겁습니다.

    나는 삼십 몇 년 전에 유명한 의사가 포기한 몸이었건만, 아이들과 숲에서 생명을 받아 지금은 건강합니다. 74세가 되어서도 아직 근력이 남아 있습니다. 감기에 걸려도 노천 가마솥 목욕통에 들어가서, 계곡물을 뒤집어쓰면 낫게 됩니다. 숲에서는 싫어했던 것이 좋아지게 되고, 할 수 없었던 것들이 가능하게 되며, 새로운 자신과 만나게 됩니다. 숲의 신비함입니다. 그저 몸을 움직여서 단순한 것을 반복하는 것처럼 보여도, 실은 숲에 있을 때 사물에 대해 가장 많이 생각하고 있습니다. 숲과의 일체, 그 밖의 생명과의 일체라는 감성은 머리로 생각해서 몸에 익히는 것이 아닙니다.

나는 아직도 숲에서 배우는 1학년이지만, 숲에 빠져 있는 것만은 다른 사람에게 뒤지지 않을 자신이 있습니다. 빠진다는 것은 행복, 기쁨, 살아 있다는 실감에 마음을 맡기는 것입니다.

책 읽기는 밤에 2시간 하는 것으로 정해 놓고 있지만, 최근 1~2년간 읽은 책의 수는 젊은 시절보다 훨씬 많습니다. 숲이 계속해서 과제를 물어 오기에 덤덤히 읽는 것과는 다릅니다. 나는 전문 분야를 가지고 있지 않은 그저 '숲 할아버지'이지만, 읽는 책의 분야는 고고학, 숲과 문명사, 민속학, 종교, 아이누 문제부터 버섯의 생태, 수생 곤충의 삶까지 폭넓습니다. 너도밤나무 숲을 걸으면 조몬 문화, 에미시의 역사, 산사람의 문화, 미야자와 겐지, 그리고 동북 문제란 무엇인가, 과학 문명이란 무엇인가……에까지 생각이 넓어져 갑니다. 지식을 쌓았다는 느낌은 별로 안 들지만, 시대가 필요로 하는 감성에 대해서 조금은 갈고닦은 기분이 듭니다.

참고 문헌을 열거하면, 수백 권에 다다를 것입니다. 특별히 들자면, 나카이 마사카즈와 우메하라 다케시(梅原猛) 씨의 저서에 영향을 받았다고 할 수 있습니다. 나카이는 나의 장인으로, 나에게는 마음의 고향과 같은 깊이를 가진 사람입니다. 우메하라 씨의 모든 책을 읽지는 않았지만, 숲과 문명, 일본 불교에 관해서 배울 점이 많습니다. 너도밤나무 숲에 대해서는 니시구치 지카오(西口親雄) 씨의 저서, 환경 고고학에 대해서는 야스다 요시노리(安田喜憲) 씨의 저서에 따른 부분이 적지 않습니다. 나는 깊은 산 숲에서 살아가는 남자입니다. 그리고 위의 누구와도 알지 못합니다. 참고가 된 문헌명과 저자명은 일일이 말하지는 못하지만, 숲에 계속 살아가도록 힘이 된 것은 사실입니다.

20~30여 년 동안 해바라기문고와 숲 속 어린이 마을을 통해서 지지해 주고 계신 모두에게, 이 자리를 빌려서 마음 깊이 감사를 표하고 싶습니다. 또한 아내 도키코, 딸들, 다키니시에서 함께 사는 젊은이들, 어린이들, 여러분의 도움 없이는 이 책도 없었기에, 정말 감사하다고 말하고 싶습니다. 20여 년 동안 한결같이 따뜻하게 맞이해 준 다키우에쿄와 마을 사람들 모두에게도 고마움을 전합니다.

옮긴 이를 대신하여

'기쁩니다. 오지지의 숲에 대한 삶의 철학을 함께 읽을 수 있게 되어 정말 기쁩니다.'

남편이 살아 있어 이 글을 쓴다면 제일 첫 문장에 이렇게 썼을 거라고 생각하여 아내인 제가 대신하여 씁니다.

남편이 그렇게 갑자기 우리 곁을 떠날 줄 모르고 바쁘다는 핑계로 하루 이틀 미루었던 《숲에서 배우다》가 결국 남편이 우리 곁을 떠나고 나서야 이렇게 책으로 출판되었습니다.

저 역시 정말 기쁩니다. 더 솔직하게 말하자면 마음의 짐을 이제 덜었다고 할까요? 남편이 우리의 곁을 떠나기 얼마 전에 이 책을 출판하는 일에 내가 관심을 가지지 않아서 섭섭하다는 뜻을 지나가는 말로 전한 적이 있었습니다. 그때는 몰랐습니다. 남편이 이렇게 빨리 떠날 줄을……. 어디에선가 남편이 이 책을 보고 환하게 웃고 있을 거라고 생각하니 나도 이제는 웃을 수 있겠다는 생각이 듭니다.

남편은 일본인 지인 도마 상의 소개로 2003년에 처음으로 이 책에 나오는 홋카이도에 있는 숲 속 어린이 마을(코도모노 무라)에 가 보게 된 이후로, 가고, 또 가고, 세 차례 다녀오면서 나에게 틈만 나면 이 숲 속 학교에 대해 이야기했습니다. 그럴 때마다 조금은 건성을 실어 "응, 응, 그래요." 고개를 끄덕였지만 정말 온몸으로 느낌이 오지는 않았습니다. 그걸 눈치챘는지 어느 날 함께 홋카이도에 가자고 했습니다. 물론 여행이라는 밑밥을 던지면서요. 솔깃했죠. 그러다가 2008년 여름 드디어 홋카이도에 가게 되었습니다. 열흘 동안의 일정으로 계획을 잡아 떠나서 삿포로에서 이틀을 지내며 여기저기를 둘러보고, 코도모노 무라에 사흘 동안 있었습니다. 우선 그곳에는 전기가 없습니다.(밤에는 모든 사람들이 헤

드랜턴을 사용합니다.) 취사를 위한 가스도 없습니다. 휴대 전화, 컴퓨터도 물론 없습니다. 숲 속에 텐트를 치고 계곡 근처에 돌을 쌓아 화덕을 만들고 장작에 불을 붙여 그 불로 밥을 하고 카레를 끓이고, 닭볶음 요리(물론 우리나라 요리와는 양념이 다릅니다.), 두부 요리도 해 먹고 있었습니다. 불가능하다고 생각했던 일들이 실제 행해지고 있었습니다. 아이들의 모습은 모두 행복해 보였습니다. 신선한 충격이었습니다. 비슷한 나이의 아이들로 조를 짜서 함께 텐트에서 생활하며, 아침에 오지지와의 만남 시간을 가지고 나면 아이들끼리 그냥 숲에서 사는 것입니다.(물론 숲 속 학교를 운영하는 일을 맡고 있는 어른들의 도움을 받기도 합니다.) 정말 놀라운 새로운 세계였습니다. 디지털 시대의 아날로그 세상! 그때서야 남편이 오지지의 삶의 철학에 왜 그렇게 목말라 하는지 알게 되었지요. 그 후로도 남편은 네 차례나 더 홋카이도로 가서 오지지지와 함께 생활하며 많은 것을 배웠다고 했습니다. 그 배워야 할 내용이 이 책 《숲에서 배우다》에 다 나와 있다면서 번역을 하기 시작했지요.

출판을 위해 남편의 유고를 처음 대했을 때는 많은 생각들이 떠올라 읽을 수가 없었습니다. 남편이 떠나고 거의 1년이 지나갈 무렵 문득 정신이 들면서 더 늦어지면 안 되겠기에 마음으로 다잡고 읽어 보기 시작했지요. 읽고 또 읽으면서 숲에 대한 많은 새로운 것들을 알게 되어서 기뻤고, 남편이 힘들게 온갖 사전을 찾아가면서, 홋카이도의 오지지에게 갈 수 없을 때는 전화해서 물어보면서 번역을 했던 이유를 깨달았습니다. 많은 분들이 이 책을 읽고 숲에 대한, 자연의 모든 생명에 대한 새로운 생각을 가질 수 있게 되었으면 좋겠습니다.

원문 번역 확인을 위해 애써 주신 일본에 있는 최문자 씨, 남편이 형님이라 불렀던 도마 토오루 씨 정말 고맙습니다. 그리고 일본에서 일이 생길 때마다 자신의 일처럼 최선을 다해 준 후배 강종식 씨도 정말 고마웠습니다. 또한 번역 글을 우리말로 다듬는 일을 도와주신 남편의 오랜 친구 이기주 선생님 고맙습니다.

그리고 한국어 출판을 흔쾌히 허락해 주신 오지지와 갈 때마다 진정한 마음으로 반겨 주시는 오바바에게 감사의 말씀 꼭 전하고 싶습니다.

남편의 2주기 기일에 맞추어 출판하려고 애써 주신 고인돌 출판사 정낙묵 사장님과 도와주신 편집실 여러분들 모두 고맙습니다.

이 책 7장 '미앙게 사상'에서 아이누 민족의 '곰 보내기' 의식이라는 내용이 나옵니다. 곰이 이세상에 와서 많은 미앙게(곰의 몸)를 우리 인간에게 주고 저세상으로 돌아간다고 하는 사상이지요. 먼저 간 남편이 우리들에게 남기고 간 이 선물을 남아 있는 우리들이 기꺼운 마음으로 즐기면 언젠가는 또 다른 미앙게가 우리에게 오지 않겠습니까?

　남편의 영전에 이 책을 바치며, 많은 사람들이 이 책 저자의 뜻과 남편의 뜻을 함께할 수 있기를 바랍니다.

2013. 3. 5. 옮긴 이의 아내 박진주